深埋隧道主体结构受力特征与破坏模式

何本国　张志强　王　旭　鲁　宇◎著

中国铁道出版社有限公司

2025年·北　京

内 容 简 介

本书围绕我国高地应力大断面隧道修建过程中所面临的主体结构破裂与破坏这一关键科学问题,从现场工程调查、物理模型试验、数值模拟、理论推导和综合原位监测到典型工程应用,进行了系统地研究。着重研究了高地应力交通隧道衬砌破裂机制和典型破坏模式,分析了含空洞交通隧道衬砌的典型破坏模式,对盲管限量排水和防水板隔水计算理论进行了推导和完善,并应用于富水区公路隧道涌水量控制和优化中,系统性分析了高地应力富水大断面隧道衬砌结构受力特征。所得结论可以为相关工程人员提供借鉴和参考。

本书可作为高等院校土木工程、交通工程、采矿工程等相关专业的学生用书,也可作为工程领域科研人员、技术人员的参考用书。

图书在版编目(CIP)数据

深埋隧道主体结构受力特征与破坏模式 / 何本国等著. -- 北京 : 中国铁道出版社有限公司, 2025. 3.
ISBN 978-7-113-32183-3

Ⅰ. U459.9

中国国家版本馆 CIP 数据核字第 2025K4X468 号

书　　名:深埋隧道主体结构受力特征与破坏模式
作　　者:何本国　张志强　王　旭　鲁　宇

策　　划:李露露
责任编辑:李露露　　**编辑部电话:**(010)51873240　　**电子邮箱:**790970739@qq.com
封面设计:郑春鹏
责任校对:刘　畅
责任印制:高春晓

出版发行:中国铁道出版社有限公司(100054,北京市西城区右安门西街 8 号)
网　　址:https://www.tdpress.com
印　　刷:北京盛通印刷股份有限公司
版　　次:2025 年 3 月第 1 版　2025 年 3 月第 1 次印刷
开　　本:787 mm×1 092 mm　1/16　**印张:**8.5　**字数:**211 千
书　　号:ISBN 978-7-113-32183-3
定　　价:50.00 元

前　言

随着我国综合国力不断提升，一大批现代化国家级重点交通基础设施开始兴建，大埋深隧道数量日益增加，其中大量隧道处于高地应力环境中。高地应力隧道建设具有投资大、施工周期长、施工技术复杂、不可预见风险因素多等特点，是一项高风险建设工程。隧道主体结构在高地应力下呈现出复杂的力学模式和变形特征，造成衬砌变形、破裂甚至完全失效。因而主体结构的破裂机制和破坏模式是高地应力大断面隧道修建过程中的关键科学问题，亟待突破。

在多年的工作积累中，作者团队参与了诸多山岭高地应力交通隧道的设计和施工工作，通过大量的现场调查、模型试验、理论分析和数值模拟研究，在高地应力富水隧道衬砌的受力分析和破坏特征研究领域取得了大量的科研成果和工程经验。为了更好地与专业人士交流，作者团队将取得的科研成果和工程经验结合典型隧道工程实例汇编成书，供各位同行参考和借鉴。

本书围绕高地应力大断面隧道修建过程中面临的主体结构破裂与破坏这一关键科学问题撰写，充分考虑地应力对衬砌破裂机制和破坏模式的影响，对富水大断面隧道衬砌的变形、内力和弯矩以及破坏模式进行了系统性分析，并与原设计方案进行对比介绍，既有设计理论方面的改进创新内容，也有工程实际案例应用参考。当然，隧道衬砌的设计和计算理论目前尚未成熟，仍处于发展阶段，隧道工程领域科研、设计人员对衬砌设计理论的认识也不是一致的，因此在实际应用中读者应注意，不能简单套用。

本书由何本国、张志强、王旭、鲁宇共同撰写。具体编写分工如下：东北大学何本国撰写第1章、第2章、第3章3.3和3.4节、第4章4.4节、第5章5.1节、5.3和5.4节，西南交通大学张志强撰写第3章3.1和3.2节，川藏铁路有限公司王旭撰写第4章4.1~4.3节、第5章5.2节，东北大学鲁宇撰写第5章5.5和5.6节、第6章。全书由何本国统稿。

本书得到国家重点研发项目（2018YFC0407006）、国家自然科学基金青年项目（51809038）和国家自然科学基金优秀青年基金项目（52222810）的支持。西南交通大学、东北大学、川藏铁路有限公司、兰渝铁路木寨岭隧道工程技术人员，以及东北大学深部工程硬岩研究团队也对本书给予了大量的帮助。此外，本书在编写过程中东北大学李红普、付洪源以及李淇等给予了帮助，在此一并表示感谢。

限于著者水平，书中难免存在疏漏和不足之处，敬请广大读者批评指正。

著　者

2024 年 11 月于沈阳

目　录

1 绪　论

随着我国综合国力的提升，一大批现代化国家级重点交通基础设施开始兴建，大埋深隧道数量日益增加，其中大量山岭隧道处于深部岩体的高地应力环境中。高地应力对隧道安全及建成后的可靠度有着重要的影响，甚至关系到工程的成败。隧道围岩稳定性和主体结构的力学特性是深埋隧道两个关键科学问题。深埋交通隧道建设过程中，构造应力场为主的地区应力重分布和支护结构受力特征更加复杂，其动态力学行为和能量、应力、变形及塑性区的变化特征更是难以预测。目前，国内外学者从隧道主体结构衬砌稳定性、衬砌破坏模式、支护力学特性以及隧道物理模型试验等方面开展了大量的研究，显著加强了对隧道主体结构的力学特性和破坏模式方面的认识，为深埋隧道得到设计和施工提供了理论和技术支撑。

1.1　深埋隧道研究背景

随着我国基础设施建设水平的快速发展，大埋深的隧道数量日益增加。如我国 20 世纪 80 年代建成的成昆线关村坝隧道，其埋深最高达 1 650 m；锦屏水电站引水隧道最大埋深达 2 500 m；秦岭隧道埋深达 1 600 m。随着隧道埋深的增大，地应力也随之增大，岩石力学性质、物理力学等强度指标、变形和破坏特性等相较浅部岩体更加复杂。在深埋隧道建设过程中，由于高地应力引发的重大安全事故更加常见，如硬岩隧道中的岩爆，软岩中的大变形、主体结构变形、破坏和拱顶塌落甚至冒顶现象等。

在深埋隧道中，地应力对岩土开挖的变形与破坏影响十分明显，岩体中的天然应力是由几种不同应力联合作用而形成的。在不同条件下，地应力场中各种应力所占的比例差异较大，但通常来看，上覆岩体的重力加上由地壳运动的外力引起的构造应力占主导。前者的应力方向竖直向下，所以又称为垂直地应力；后者的应力方向为水平或近水平，所以又称为水平地应力。从地应力的成因出发，将地应力分为区域因素产生的应力和局部因素产生的应力。区域因素作为形成因素，是产生一个地区应力场的基本背景，而局部因素作为影响因素，使地应力在其所影响的范围内发生局部变化。在隧道开挖后，岩体初始平衡状态被打破，致使应力进行重分布、围岩不断变形。隧道主体结构在不同的应力场作用下，会导致受力和变形的不协调，进而产生不同的破裂机制和破坏模式。主体结构一旦被破坏往往会导致施工停工，短则几个月，长则半年甚至数年，大幅度降低了经济效益，造成严重的负面影响。而在治理此类问题时，往往只是应急处理，仅仅针对个别特殊情况，缺乏系统的规律性指导。亟须明确在构造应力场下，不同的应力状态与隧道主体结构破坏之间的对应关系和内在联系；厘清不同应力状态下隧道的失稳模式及破坏位置，研究不同侧压力系数下隧道的变形开裂与破坏模式；分析构造应力场下的衬砌结构的受力状态，研究综合多条件影响下隧道的稳定性，并给出相应的控制措施与维修方法。

目前，在隧道开挖的设计和施工过程中，大多仅考虑了岩体的自重应力场，忽视了水平地应力大于竖向地应力的工程实际。尤其是在围岩稳定性较差、埋深不大的地质环境下，往往只考虑自重应力场的作用。客观上讲，不考虑侧压力系数的地下工程开挖力学效应是不科学的。应当根据隧道工程设计和施工需要，还原真实的初始应力环境，充分考虑构造应力场对主体结构的影响。

为了研究构造应力场对大断面交通隧道的影响，需着眼于不同侧压力系数与隧道失稳破坏模式之间的联系，采取模型试验的方式，对不同的加载条件进行约束，将所得结果与非线性有限元数值模拟的破坏模式对比分析，以期为复杂构造应力场条件下深埋隧道设计和施工提供参考。

1.2 深埋隧道主体结构研究现状

隧道主体结构稳定性受地质结构、地应力、岩体力学性质、工程因素和地下水及时间条件等多种约束，但地应力是影响地下隧洞稳定性的最根本因素之一。地应力的各向异性、数值大小、最大水平主应力的方向与洞轴线的夹角等因素均对隧道的稳定性产生不同程度的影响，而高地应力是危及深部隧道工程安全性的主导因素。高地应力对隧道围岩的影响主要表现为两种形式：一是对岩质坚硬、完整性好的围岩，高地应力易造成隧道岩爆灾害；二是对软岩情况下的隧道，高地应力易造成大变形破坏。在现场施工中，若所选取的支护措施与围岩级别不匹配，则会导致初期支护变形较大乃至侵限换拱的现象。

1.2.1 深埋交通隧道衬砌稳定性

黄锋等[1]利用模型试验的方法，研究了特定应力场下无支护隧道围岩的渐进破坏机理。对模型试验工况采用有限元软件 Abaqus 进行基于德鲁克—普拉格屈服准则的损伤模型分析，并在此基础上，对不同初始地应力场的工况进行了扩展分析。夏勇[2]以蒙华铁路阳城隧道现场试验段为研究对象，基于现场监测数据，将实测值与目前主流的三种不同围岩压力计算公式的计算值进行对比，对比分析了基于现场实际情况下红砂岩深埋隧道围岩压力与分布模式。杜明庆等[3]采用室内模型试验与扩展有限元数值模拟相结合的方法，对不同加载模式下仰拱底鼓的基本破坏模式进行了研究，并将试验结果与扩展有限元模拟进行比较，相互验证了不同加载模式下仰拱底鼓破坏的破坏模式与破坏位置的准确性。梁宁等[4]针对关山隧道开挖过程中围岩变形破坏现象明显，围岩等级低于前期岩体质量分级，表现出强烈的岩体质量劣化和各向异性的问题，采用矿物成分和微结构分析等手段进行研究；此外，使用现场结构面统计分析对围岩质量劣化和各向异性进行描述，并运用自行研发的钻孔电视，进一步分析开挖前后一定时间间隔内围岩的渐进式变形和破坏。徐国文等[5]通过对汶马高速公路鹧鸪山软岩隧道多次出现的大变形现象进行分析，将围岩破坏分为三大类，即软岩塑流、板梁弯曲变形及结构面滑移，同时开展了两台阶开挖参数优化试验及两台阶与三台阶开挖工法的比选试验。杨青莹[6]以吉莲高速公路永莲隧道工程为研究对象，对该隧道穿越断层破碎带进行变形破坏数值模拟研究，并在此基础上，分析了断层破碎带厚度、倾角以及水头压力对围岩变形的影响。

徐世军[7]为研究富水溶洞对隧道白云岩围岩稳定性的影响，以隧道横断面富水溶洞为研究对象，采用数值模拟研究手段，针对不同的溶洞位置、水压力和溶洞内壁到隧道内壁距离等参数，选取48种不同工况对围岩稳定性进行了分析。针对不同的溶洞参数，给出了施工中各项安全参数取值建议。郭小龙等[8]为分析高应力陡倾层状软岩隧道变形破坏机理，以新建成兰铁路杨家坪隧道为例，分析隧道变形特征，论述了隧道开挖后围岩应力重分布特点；并结合岩石单轴抗压强度试验，分析了层状围岩的强度及变形破坏的各向异性；还采用FLAC软件进行隧道开挖数值模拟，分析围岩塑性破坏特点，提出了高应力陡倾层状软岩隧道变形破坏机理。周森[9]针对湖南某高速公路隧道仰拱底鼓破坏、二次衬砌变形开裂等病害情况，采取现场调查、破损检测等手段进行了详细分析研究，通过多重技术手段，查明了隧道病害发生原因，并对隧道仰拱底鼓破坏机理进行了探讨。涂瀚[10]以同马山隧道为工程背景，对水平层状砂质板岩隧道的稳定性及破坏机理进行研究，旨在提高水平层状砂质板岩围岩隧道在不同影响因素下的安全稳定性，切实解决水平层状砂质板岩隧道围岩施工中的安全问题。艾光读[11]以大连市陈家店隧道为工程背景，详细比较分析四种软弱围岩隧道施工方法，给出了合理选择施工方法的建议，但并未考虑实际的构造应力分布与水压力的加入。丁少梅[12]围绕断层区域工程特性，分别对隧道围岩的稳定性和断层破碎区域隧道围岩的稳定性研究现状进行了论述，总结了围岩稳定性的影响因素和岩体失稳破坏的机理，研究分析了断层的工程特性和断层形成时的应力状态，并研究了断层接触面摩擦滑动的影响，最后总结了断层接触面的类型。罗鑫[13]以成武高速公路武都西软岩隧道为工程背景，考虑了隧道形变与时间之间的关系，支护结构的受力，发生大变形的地质原因以及不同支护方案下的支护效果，虽然仅针对发生大变形破坏的软岩隧道，但其对支护结构受力分析与地质原因的查找值得认真学习与借鉴。沙鹏等[14]针对利用常规的控制手段不能很好地解决隧道强烈各向异性的变形破坏，导致现场频繁采取补强支护措施的问题，综合应用现场工程地质调查、室内试验、现场测试以及数值模拟的方法，深入分析了研究区域层片状围岩的结构大变形的破坏机制。成晓峰[15]以有限变形理论结合真实破裂过程分析软件RFPA，建立了能够同时考虑材料破坏及结构失稳渐进破坏的新分析方法。王文谦[16]基于压力拱效应，对工程地质和大断面隧道的稳定性进行了分析研究。陈红宾[17]综合现场测试和室内模型试验的方法，对超大断面隧道初期支护的稳定性进行了详细探讨。高啸也[18]对断层破碎带附近的隧道围岩稳定性进行了研究，提出了控制围岩变形的新方法。

在地质方面，当隧道穿越断层破碎带、裂隙发育带、土石结合部等不良地质时，由于其裂隙较发育，岩体抗病害能力较弱，稳定性不佳，且隧道开挖时的爆破振动对围岩稳定性产生一定的破坏，在长期构造应力场的作用下，围岩的整体稳定性非常差，致使衬砌承受的围岩压力增大，最终在衬砌上形成大量的裂缝。在山西省的运营隧道中，黄土隧道所占比例较高。黄土地层属第四纪松散堆积物，孔隙、裂隙、孔洞较发育，尤其在上更新统黄土中，其垂直节理较发育，裂隙较发育，稳定性不佳。尤其在其洞口浅埋段，受到风化和构造应力双重作用下，导致隧道洞口段常常出现裂缝。

在施工方面，隧道衬砌的施工质量要求较高，任何细节上的疏漏都将影响隧道衬砌的整体效果。在防水混凝土衬砌施工过程中，若其水灰比控制不合理，养护不当，混凝土在硬化过程中体积收缩将引起干缩裂缝；若水泥用量、入模温度、水泥强度等级过高就会导致混凝土的早期温度过高，后期温度下降后将产生裂缝，导致其在开始阶段便产生裂缝。

地应力是影响深部地下结构安全性的重要因素之一，对隧道等结构发生破坏的可能性有着重要影响。隧道衬砌的设计必须能承受地应力，以便留有足够的安全设计冗余。根据以往经验，当围岩压力荷载水平超过 1 MPa 时，隧道衬砌可能无法承受总的外部地应力。由于作用在衬砌上的地应力的复杂性，隧道衬砌上的任何位置都可能会产生裂缝。因此，研究地应力对隧道衬砌力学性能的影响是十分必要的。合理解释并识别地应力引起的隧道衬砌开裂是一个非常重要的问题[19-25]。研究透彻这一问题，设计者就可以在衬砌的薄弱部位实施针对性的支护，有效地防范衬砌失效带来的风险。

高地应力区建设的隧道中，衬砌开裂现象最为普遍，运营期隧道的衬砌开裂对隧道的安全运行构成了重大威胁。过去的几十年中，研究人员一直致力于隧道周边岩体的应力集中方面的研究，并未注重衬砌破坏过程的演变，相关研究成果大幅提升了学界对隧道衬砌稳定性的认识深度[26-32]。然而，侧压力系数（即水平地应力分量与垂直地应力分量之比 K）对马蹄形隧道衬砌破坏模式的影响尚未得到进一步探索。

采用工程现场监测方式监测作用在隧道衬砌上的内力，从开始施工阶段一直持续到工程结束，已成为工程界的普遍做法，此方式对维持隧道衬砌的安全性有极大帮助。然而，现场监测成本非常高昂，因而监测点的布设数目有限。尤其是在运营服务期间，很难获得隧道结构的详细破坏模式。国内外大量研究通过现场测试和数值模拟相结合的手段研究了隧道侧壁开裂的原因、变形机理和破坏模式，但并未涉及地应力对隧道破坏的影响[33-38]。

一般而言，外部荷载在特定隧道钢筋混凝土衬砌所产生的损伤（开裂）方面起主导作用。数值模拟方法用于评估隧道衬砌的力学行为是工程界广泛采用的方法，该方法有助于优化结构设计参数。例如，有限元（FEM）方法被用来分析开挖引起的隧道衬砌的弹性行为。但是弹性理论并不能很好地表征隧道衬砌的开裂过程，因为这种变形过程必然是不连续的。许多设计者也尝试使用非线性技术分析圆形隧道衬砌，以考虑开挖尺寸、覆盖层厚度以及衬砌厚度等变量[39-42]。工程现场实际中，铁路隧道的横截面很少是真正圆形的，因此数值模拟方法无法阐明更常见的马蹄形隧道衬砌中发生的破坏模式。

以上学者的研究工作大幅提升了学界对隧道衬砌力学性能的认识深度。然而，侧压力系数 K 对衬砌力学性能的影响还没有得到令人满意的结果，特别是位于深埋地下隧道的构造应力场中。实际上，不同的 K 值会导致隧道衬砌出现各类破坏模式，以及在隧道周围出现非常不同的开裂模式。设计者需要综合考虑这些差异，并合理制订衬砌参数。到目前为止，上述问题还没有得到充分的研究，仍需要进一步的探索。因此，研究地应力对隧道衬砌结构稳定性的影响，可为以上具有重大意义的问题提供有价值的见解。

本书旨在阐明地应力对马蹄形隧道衬砌的力学行为和开裂模式的影响，特别是侧压力系数 K 的影响。借助物理模型试验，分析地应力对隧道衬砌变形、内力以及开裂模式的影响。采用数值模拟方法进一步验证试验结果的准确性，并提出衬砌内部变形和破坏机理。研究结果将有助于在特定地应力条件下设计隧道结构时，优化结构设计参数，对衬砌中易出现破坏的部位采取相应的支护措施，降低衬砌故障的发生率。

1.2.2 含空洞高速公路隧道衬砌破坏模式

隧道衬砌后方空洞会显著降低隧道衬砌的可靠性，从而影响深埋地下结构的力学性能及使用寿命，这已成为隧道工程界面临的关键问题之一。衬砌内空洞的成因多种多样。例如，衬砌渗漏可能携带岩层中的细粒成分，造成隧道衬砌与围岩接触不充分；处于岩溶地区的隧道，围岩中石灰石的溶解以及施工过程中的损坏也可能导致上述情况的发生；此外，在隧道掘进时,尤其是采用钻爆法开掘隧道,往往会出现超挖现象;随后喷射混凝土施工不可避免地填满超挖空间,导致衬砌后方留下空隙;从地质学的角度分析,渗水会导致碎屑岩的流失,从而在隧道衬砌后方形成空隙和空洞[43,44]。

无论衬砌空洞的成因如何,其对衬砌结构与衬砌与围岩之间的相互作用有显著影响,会导致衬砌支护作用不均匀。隧道衬砌空洞对隧道结构的完整性存在负面影响。由围岩提供的变形抗力不能直接作用于隧道衬砌上。前人研究结果表明隧道衬砌在不均匀荷载作用下可能出现偏压状态[45,46]。偏压会导致一系列的隧道病害情况,比如衬砌渗漏、冻融冻胀、衬砌内部配筋腐蚀。总的来看,衬砌后方空洞会缩短隧道的使用寿命,威胁运营期隧道内车辆的安全。因此,探明衬砌空洞导致的衬砌破坏位置是一个基础性问题。存在安全隐患的隧道需要进行维修加固工程,以延长老旧病害隧道的使用寿命。针对不同地应力条件下隧道衬砌可能出现破坏的位置、破坏顺序以及破坏模式的研究迫在眉睫,对制订实施有效加固方案至关重要。

工程现场实测表明,地壳构造运动导致水平构造应力大于垂直自重应力,对于深埋隧道尤甚[28,37]。侧压力系数 K 在影响隧道衬砌变形(以及隧道内力状态)方面起主导作用。近几十年以来,学界开展了大量研究工作,加深了对隧道衬砌与围岩相互作用的认识,促进了隧道稳定性研究的快速发展[40,47]。然而,衬砌空洞与侧压力系数 K 之间的相互作用,即衬砌空洞与侧压力系数 K 之间关系对隧道结构力学性能的影响,尚未得到深入的研究。实际上,由于围岩的重力作用,大多数衬砌空洞都出现在隧道拱顶后方。此外,在隧道日常检修工作中很难有效察觉这些空洞,直到衬砌发生严重病害,产生开裂,衬砌剥落以及完全失稳破坏等。

隧道衬砌后方有空洞,一般是在衬砌支护结构发生严重破坏时才会表现出来。不同大小的空洞会导致不同的隧道破坏模式,破坏模式与侧压力系数 K 密切相关。设计人员在选取隧道的支护结构参数时,应该充分考虑到这一点。据文献调研可知[48,49],到目前为止,此类关键工程问题并没有得到充分详细的研究。因此,十分有必要对含空洞隧道衬砌变形和破坏模式进行深入详细的研究,并进一步给出建议。

1.2.3 高地应力富水隧道支护力学特性

高地应力富水给隧道围岩稳定性带来了挑战,除了“主动”排水、变形释放荷载以外,进行“被动”支护,其支护力学特性也尤为重要,直接关系围岩失稳和坍塌[50-55]。

Lipponen 等[56]研究了地质因素对富水隧道岩体裂隙长期稳定性的影响,并且提出了相应的支护方法。YANG 等[57]采用显示有限差分的方法,研究了岩体扩容和孔隙水压对浅埋隧道围岩稳定性的影响。郭富利[58]以堡镇隧道工程为背景,研究了地质偏压效应,为在层状岩体中开挖隧道引起的支护受力和变形不对称问题提供了依据。王树栋[59]以堡镇隧道工程为背景,探讨了不同岩体条件下隧道大变形的控制技术。宋嘉辉[60]以两水隧道为背景,研究了千枚岩的变形特性和支护力学行为。吴广明[61]探讨了高地应力软岩大变形隧道快速施工技术,为保证软岩隧道的施工和支护方法提出了安全建议。陈志敏[62]在研究高地应力基础上,推导了包含初始地应力和隧道洞壁位移的形变压力解析式。胡广磊[63]在总结岩溶地区监控量测基础上,提出了回归公式,给类似工程提供了参考。赵天熙[64]以关角隧道为背景,研究了高地应力富水隧道的施工对策。张波[65]利用数值模拟的方法,对高地应力隧道的支护参数进行了优化。黄庆文等[66]以两水隧道为背景,提出了初期支护、二次衬砌以及施工机械的配合施工方法。杜立新等[67]以兰渝铁路隧道为依托,详细论述了四大风险源并给出了应对策略。姜云等[68]针对华蓥山隧道地质特点,提出了隧道涌水的工程对策。刘春[69]在隧道模型试验的基础上,建立失稳的尖点突变模型。赵瑜[70]探讨了复杂网络裂隙的分布规律,建立了水力学模型,实现了裂隙渗流场与应力场的耦合计算。罗俐[71]研究了围岩应力释放,利用修正的芬纳公式提出了合理支护时机。杨彩红[72]考虑了岩体在水影响下的蠕变现象,建立了流固耦合的力学模型。陈寿堂[73]在现场调查和数值模拟基础上,研究了地下水对围岩分级的修正。郭富利等[74]对黑色炭质页岩进行了三轴试验,探讨了残余强度和体积变化的相互关系。刘中华[75]在研究隧道大变形机理基础上,提出大变形支护措施。苗德海等[76]以宜万铁路隧道为背景,提出了动态设计的方法。侯艳娟等[77]在研究富水围岩隧道大变形段力学特性试验基础上,提出了二次衬砌的合理时机。

P. Egger 和 Tor Geir Espedal 等对欧洲铁路隧道穿越高地应力地区遇到岩爆和大变形问题进行了研究,探讨了支护受力与围岩蠕变的关系,建立了围岩支护特性曲线[78,79]。张志强等[80]采用数值模拟方法,对圆梁山隧道高水压段围岩稳定性进行分析,提出注浆圈能极大地减小衬砌的荷载,通过系统分析得到圆梁山隧道最优的加固圈厚度。乔春生等[81]通过室内岩土力学试验、现场量测和数值模型手段,对围岩的变形规律进行了系统研究,提出了饱水黄土隧道的变形特性。郭富利等[82]通过电液伺服岩石三轴试验仪,研究了不同饱水时间和围压下的软岩强度,探讨了时间、围压对岩体强度的作用机制。郭小红等[83]结合现场监控量测的数据和地质雷达波形图,研究了隧道初期支护发生变形和破坏的原因,结合工程实践,提出了有效支护方案和建议。任松等[84]以共和隧道为研究对象,进行页岩蠕变力学试验,根据测试数据,建立蠕变模型和蠕变公式,并进行数值模型得到了页岩隧道条件下锚杆的合理长度。藤宏伟等[85]采用岩体基本力学性能测试,得到水对页岩强度的影响规律。许振浩等[86]统计了大量的工程实例,用层次分析法研究了隧道突水突泥的主要影响因素和控制权重,提出了一套长大隧道突水突泥的风险评估方法,为类似的工程提供参考。黄明等[87]采用 FLAC3D 的二次开发,嵌入含水劣化特性围岩的蠕变本构,数值模型得出的计算结果与现场吻合,验证了计算程序的正确性。张志强等[88]针对厦门海底隧道,研究了不同水位条件下排水量与衬砌背后水压力之间的相关关系,为水底隧道合理的排放标准提供了理论依据。吉小明等[89]利用水力耦合的模型,得到了渗透条件下的变形特性、力学响应,研究得出富水环境下必须考虑水才能得到比较真实的结论。王永红等[90]应用浅埋暗挖技术,根据铁矿破碎岩体的特性,形成一套铁矿巷道稳定性控制技术体系,推动"浅埋暗挖"技术的新进展。

1.2.4 高地应力富水隧道模型试验

瑞典的 Lisa Hernqvist 等[91]提出一种统计方法来确定富水隧道围岩是否需要注浆加固,并且在现场进行了验证。Wang 等[92]综合解析法、数值模拟和模型试验,提出一种"限量排放"的衬砌结构形式,指出注浆圈能减小衬砌背后水压,并且确定了注浆圈的最优半径。中铁西南科学研究院有限公司进行了模型试验,探讨了边界透水条件下,采取变水头渗透试验[93],研究了全排和全封堵时衬砌背后水压力分布。龚书贤[94]采用模型试验研究了层状岩体各向异性的特征,并指出了对隧道围岩稳定性的影响。胡维芬[95]采用隧道排水试验,研究了隧道内排水的水力特性。张霄[96]进行了富水区隧道的注浆模型试验,研究了水泥的封堵和凝固效果,确定了扩散范围及影响因素。沈乐[97]研究了岩体的渗流特性、地下水腐蚀和支护结构对围岩稳定性的力学效应。魏星等[98]以北岗隧道为背景，研究了隧道突泥塌方的发生条件、发生过程及影响因素。李利平[99]研究突水机制，建立了预警和控制为一体的技术体系，并给出工程对策。宋占辉[100]指出了现行公路隧道防水设施的不足，提出了自带水密塑料组件防水层，重点探讨其在工程中的应用及前景。丁浩等[101]利用多组的模型试验，研究影响水压力的主要影响因素，确定注浆渗透系数、排水量和水位的敏感度。陈林杰等[102]通过模型试验研究了衬砌背后水荷载的主要影响因素，指出了衬砌背后水压力与外界水头成平方关系。谭忠盛等[103]自行研制了模型试验系统，布置了光纤光栅测试围岩及结构的力学特性，分别探讨了不同防排水方式下二次衬砌外水荷载，试验中水头是利用水银管控制的模型水压系统。冯雨[104]根据隧道贯通后的涌水量，采用数值模拟方式进行了反演计算，获得了合理的山体宏观渗透系数。李大伟[105]以老岭隧道为研究背景，针对隧道衬砌的渗漏水进行试验，并提出相应的控制措施。沈东东[106]以长基岭隧道为对象，进行分析围岩稳定性与涌水处治技术，并且给出岩溶水的排放和处理工程对策。陈红江[107]针对节理岩体在渗流场和应力场双重作用，研究了岩体损伤过程，裂纹起裂、扩展、贯通机理，对高地应力富水隧道的预防失稳提供理论依据。赵晋乾[108]以铜锣山高速公路隧道为对象，探讨了隧道渗漏水的原因，进行了注浆试验，建立了一套集注浆工艺、监测方法和监测标准于一体的技术体系，为今后类似的渗漏水隧道提供科学依据。马栋[109]探讨了岩溶隧道衬砌背后水压力的影响因素，分析了注浆圈对高水压隧道的影响，确定了不同防排水方式下隧道衬砌背后水压力的计算方法，指出即使在全排条件下，衬砌也要承受水压力，为富水区隧道设计提供了参考。赖志乐[110]利用数值模型研究了渗流场和应力场耦合，指出考虑耦合的计算结果更接近于解析法，若不考虑渗流场，所得到的结果偏于不安全，给隧道带来潜在安全隐患。李鹏[111]进行了化学腐蚀环境下的砂岩的蠕变试验，在此基础上建立了蠕变模型。姜帅[112]利用声发射手段，研究了浸泡对石灰岩凯塞效应的恢复性。莫阳春[113]在西南交通大学岩土试验中心进行了模型试验，研究了隧道底部溶腔和隧道间距对隧道围岩稳定性和支护力学特性的影响。李苍松等[114]进行了水压力渗流模型试验，研究了全封堵、堵排结合及排放方式下衬砌背后水压力规律，提出了计算公式，给出了不同地质条件下地下水对围岩稳定性影响规律。潘海泽[115]将隧道渗漏水进行分类，建立渗漏水概率和分级预测模型。北京交通大学王秀英等[116]利用模型试验，研究了不同防排水方式下的隧道水压力影响，得出在全封堵条件下衬砌背后的水压力不会有所折减。重庆大学刘新荣等[117]结合模型试验和数值分析数据，研究管涌发生的准则，指出围岩裂隙很容易引发突水突泥工程事故。李树忱等[118]经过多次调试材料的配合比，研制出一种新的流固耦合材料，可模拟富水区渗透效应，为后来的模型试验提供了新的思路。陈伟君[119]在调查水文地质原理及数值模拟基础上，深入研究了隧址区断层涌水量的大小及发生概率。刘记[120]采用数值模拟研究了岩溶区隧道突水的主要影响因素，并建立了最小防突厚度的计算公式。王遇国[121]针对岩溶隧道突水进行了模型试验，研究浆液在岩土体中的扩散效应。汪成兵等[122]进行模型试验研究了降雨导致浅埋隧道的坍方，探讨了隧道破坏模式、地表变形特性，以及围岩力学响应。

2 高地应力交通隧道衬砌破裂机制

在高水压隧道支护结构设计时，合理的确定衬砌上荷载是结构设计关键，衬砌结构承受高水压，轴力和弯矩发生极大变化，高地应力下衬砌结构力学响应与普通隧道相比可能出现很大差异。目前，国内外学者进行了一些高地应力富水环境下隧道衬砌的受力特征试验，但是没有反映工程的实际情况，不能正确地模拟衬砌与地层环境相互作用。这就迫切需要研究不同隧道埋深条件下衬砌结构的受力特征、破坏模型、裂纹发展规律和极限承载力，相关研究成果将具有重要的理论价值和工程应用价值，进而指导深埋隧道的设计和施工。

2.1 地应力分布特征

近年来，水利水电、交通隧道、地下矿山、地下实验室等不断向深部发展，深部工程面临的高地应力问题愈加突出。笔者通过文献总结了1979—2019年期间建造的260多个典型的深部工程项目的地应力实测数据，如图2-1所示。图中绘制了项目原位测量的应力数据，

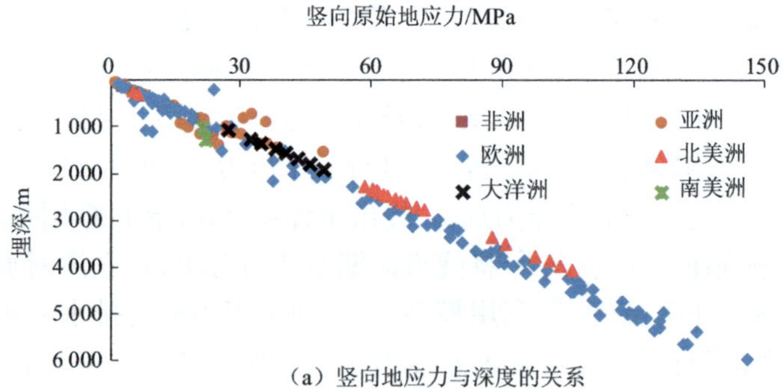

（a）竖向地应力与深度的关系

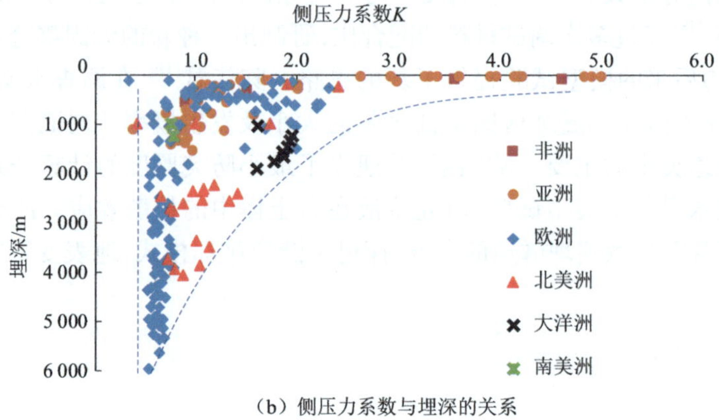

（b）侧压力系数与埋深的关系

图2-1 深部工程地应力现场测试结果

详细数据来源见附录。其中，侧压力系数 K 基本上在 0.5～2.5 之间，而竖向地应力与深度成正比。Brown 和 Hoek[123]对 1978 年之前发表的其他工程地应力统计数据进行了类似的评估，其结论与笔者一致。

2.2 模型试验

本节中以兰渝铁路木寨岭隧道为工程背景，该隧道位于青藏板块、华北板块和扬子板块的交会处。隧道最大埋深为 728 m，地应力测量结果表明，由于板块构造挤压，最大水平应力为 32.0 MPa，最小水平应力为 18.7 MPa，侧压力系数 K 为 1.7～3.0。由于构造应力大且围岩性质较差，隧道围岩的水平变形（937 mm）远大于拱顶变形。此外，隧道衬砌施工后 6 个月，隧道衬砌出现了大量裂缝（图 2-2）。裂纹宽度在 1～5 cm 之间，大部分位于衬砌的内部。

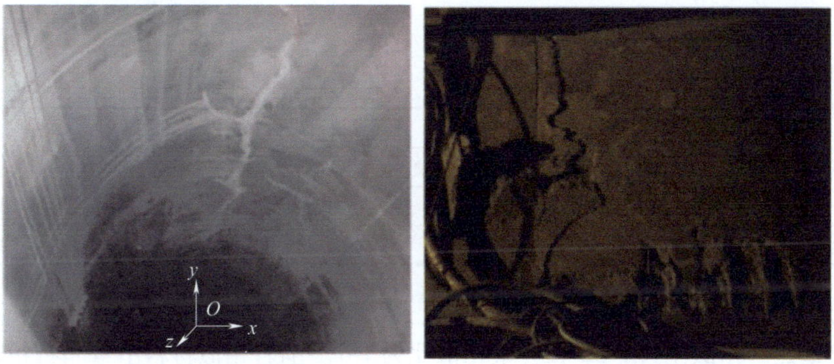

（a）拱顶　　（b）拱脚

图 2-2　木寨岭隧道完工后 6 个月地应力导致的衬砌破坏

2.2.1 相似材料与模型

为研究地应力分布对马蹄形隧道衬砌力学性能的影响，设计了 1∶30 比例的相似物理模型试验。小尺度相似材料模型具有费用低、可重复性强，并能得到准确的测试结果的特点。根据相似理论，模拟衬砌在各种地应力作用下的力学行为，可以较好地反映真实情况下隧道衬砌的力学性能。

此外，根据无量纲分析理论[124]，当使用相似模型时，除了几何尺寸相似外，还需要其他独立参数也应相似[125]。本试验中使用的几何相似比为 $C_L=1/30$，容重 $C_\gamma=1$，其他物理量的相似比如下：

$$\begin{cases} C_\varphi = 1 \\ C_\sigma = C_E = C_c = \dfrac{1}{30} \\ C_N = C_V = \dfrac{1}{27\ 000} \\ C_M = \dfrac{1}{810\ 000} \end{cases} \tag{2-1}$$

式中，C_φ、C_σ、C_E、C_c、C_N、C_V 和 C_M 均为对应的相似比。将试验所得数据按式（2-1）中的相似比进行换算，结果即为原隧道的对应值。

(1)配置并测试石膏衬砌模型

采用水膏比1∶1.4进行预制加工衬砌，并且掺入硅藻土（水硬性材料），衬砌钢筋采用特定直径的铁质材料进行模拟，试件如图2-3和图2-4所示。模拟混凝土强度等级为C30，混凝土原型与模型的力学参数见表2-1。

图2-3　衬砌模拟材料的试样

图2-4　衬砌钢筋模拟

表2-1　模型和实际C30混凝土的力学参数

参　　数	石膏模拟衬砌材料		C30混凝土
	测试值	对应的原型值	
弹性模量 E/GPa	1.10	33.0	34.5
单轴抗压强度 UCS/MPa	1.03	30.9	32.4

(2)围岩模型材料参数

围岩模型几何相似比为1∶30和容重相似比为1∶1。围岩相似材料由重晶石粉、粉煤灰、细砂以及机油按一定比例配制而成，重晶石粉容重大，可以保障混合材料容重与原型相似，石英砂保证围岩的摩擦角，适量废机油可以得到适合的黏聚力。采用直剪试验测定模型的物理力学参数，得出模型围岩的抗剪强度指标黏聚力 c 和内摩擦角 φ，部分工作流程如图2-5所示。

(a) 称量材料

(b) 环刀土

(c) 直剪仪

(d) 材料剪切破坏

图2-5　相似围岩材料参数测定部分工作流程

将环刀内侧涂上一层凡士林，刀刃向下放在土样上。用刮土刀将环刀均匀压入土样，高出环刀上沿1～2 mm为宜，然后用钢丝锯和刮土刀将土样两端刮平。对准上下剪切盒，插上销钉，将土样放入盒内。试样装好后，转动手轮，使测试盒前端与测力计接触。依次安装加压盖、钢珠、加压架。根据试验设计施加垂直压力后，立即拔去销钉，将百分表调零，开动秒表，以1.2 mm/min的速率剪切土样。手轮每分钟6转，根据试样情况最多30转，使土样在3～5 min内剪坏。手轮每转一圈，同时测记百分表读数。剪切结束后，退去测试盒垂直压力，取出土样，进行下一级试验，直至试验结束。根据试验数据，可以分别得出50 kPa、150 kPa、250 kPa、350 kPa垂直压力作用下的剪应力分别为44.31 kPa、110.25 kPa、170.1 kPa、257.25 kPa，可以得出该土样的相关关系曲线，如图2-6和图2-7所示。围岩的物理力学性能与相应的原型进行了对比，详见表2-2。

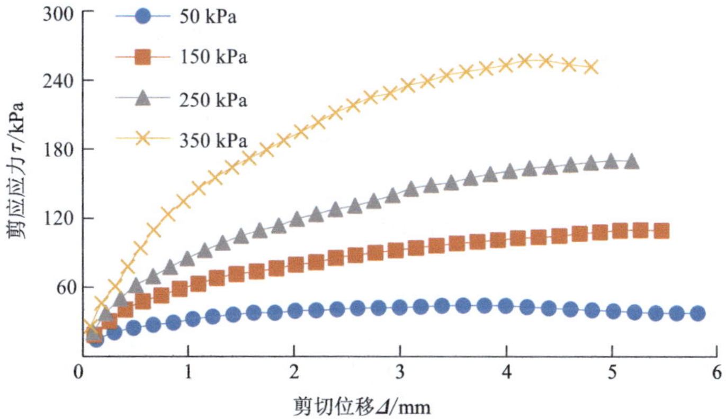

图2-6　不同法向荷载条件下直剪试验曲线

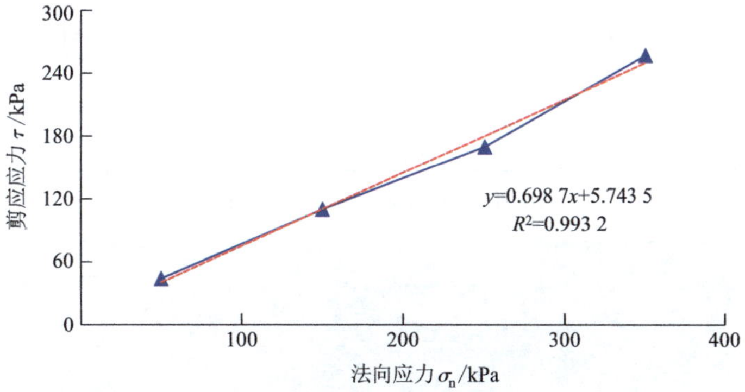

图2-7　剪应力与正应力关系曲线

表2-2　模型围岩和原型的力学参数

项目	黏聚力 c/kPa	内摩擦角 φ/(°)	弹性模量 E/GPa	容重 γ/(kN·m^{-3})
模型土	5.74	35.0	0.057	22
原型	172.31	35.0	1.71	22
相似比	1/30	1	1/30	1

2.2.2 模型试验测试方案

模型试验中，选择我国常用的单洞双线高速列车（设计速度 300 km/h）马蹄形隧道[图 2-8(a)]作为模型尺寸。采用新奥法施工的隧道，在喷上 C25 混凝土及敷设防水层后，须放置钢模板台车[图 2-8(b)]。然后用 C30 混凝土浇筑防水层与钢模台车之间的缝隙，完成隧道衬砌的现场浇筑。

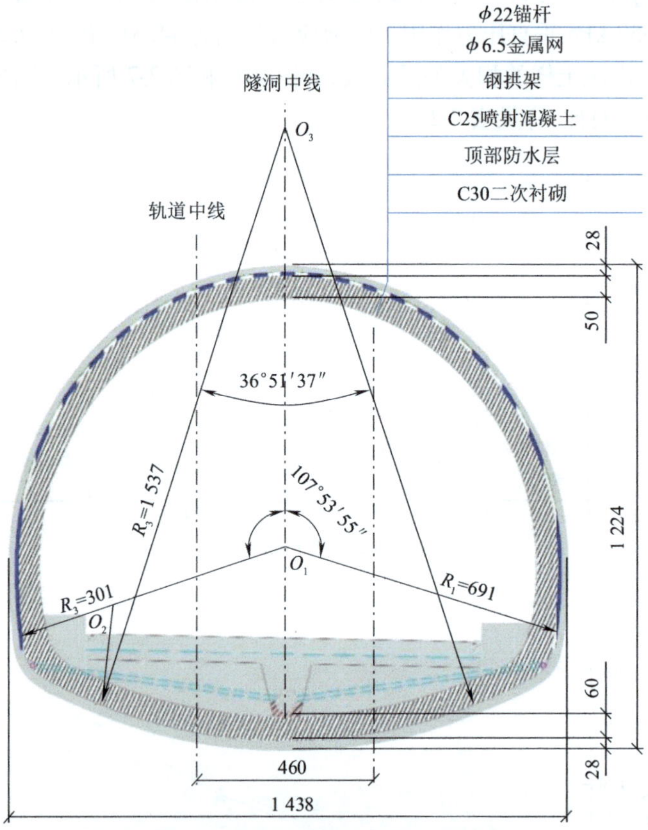

（a）隧道的断面设计参数（单位：mm）

（b）衬砌浇筑台车现场图

图 2-8　单洞双线高速列车（设计速度 300 km/h）马蹄形隧道

在实验室模拟衬砌的整个浇筑过程是非常困难的。本书的目的是分析隧道衬砌在地应力下的力学行为，因此，采用预制衬砌模型的方式。开始实验，先在模拟围岩中心开挖出一个大小合适的空间。然后，放置预制的衬砌模型。最后，采用液压千斤顶对模型围岩的边界施加人工荷载，模拟不同侧压力系数的地应力。施加压力，直到衬砌模型表面出现裂纹。对于木寨岭隧道而言，高地应力引起衬砌开裂，衬砌嵌入的挤压围岩不会产生拱效应。模型试验主要考虑地应力对隧道衬砌的影响，不考虑开挖引起的成拱效应及卸荷效应。

1∶30 比例的衬砌模型使用石膏材料制成[图 2-9(a)]。在测试之前，应变计被安装在预制衬砌模型的内外两侧[图 2-9(b)]，以测量围岩在不同地应力荷载作用下不同位置的应变。应变计轴力 N 和弯矩 M 为

$$\begin{cases} N=\dfrac{1}{2}\times E\times(\varepsilon_{\text{in}}+\varepsilon_{\text{ex}})\times b\times t \\ M=\dfrac{1}{12}\times E\times(\varepsilon_{\text{in}}-\varepsilon_{\text{ex}})\times b\times t^2 \end{cases} \tag{2-2}$$

式中 E——弹性模量；

$\varepsilon_{\text{in}},\varepsilon_{\text{ex}}$——模型内、外的变形量；

b——纵向长度(此处取为 1 m)；

t——衬砌的厚度；

M,N——衬砌结构的弯矩和轴力。

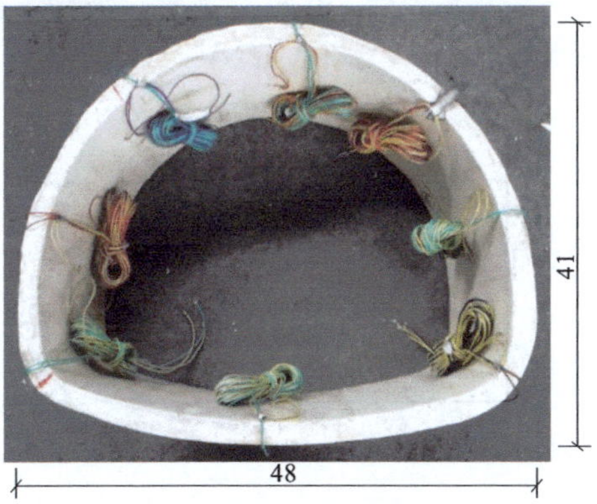

(a) 贴有应变片的衬砌模型

(b) 焊接应变片

(c) 内部有位移计的安装衬砌

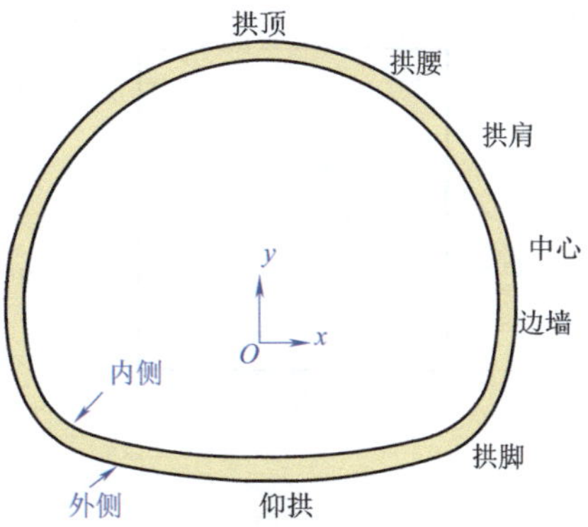

(d) 隧道各部位的命名

图 2-9 试验模型(单位:cm)

2.2.3 试验过程

采用以下步骤研究地应力对马蹄形隧道衬砌模型的影响规律：

①首先在衬砌模型内、外侧焊接应变计[图 2-9(b)]，测试典型位置的应变情况，进一步换算成弯矩、轴力。径向位移计如图 2-9(c)所示，安装在衬砌的典型位置，即拱顶、拱肩、拱腰、拱脚、边墙及仰拱[图 2-9(d)]。

②开挖模型围岩的隧道布置，如图 2-10(a)所示。采用 x、y、z 三种方向对模型围岩的边界施加荷载液压千斤顶[图 2-10(b)~图 2-10(c)]模拟地应力逐步增加，直至衬砌模型出现裂缝。试验过程中采用了负载控制的伺服液压试验系统，实现 x、y、z 三个方向压力分量的独立控制。试验中，同时增加负载，但 $K=\sigma_x/\sigma_y$ 保持不变。y 方向的应力增量设定为 $\sigma_y=25$ kPa，因此，x 方向的应力增量对应于 $\sigma_x=25$ kPa。

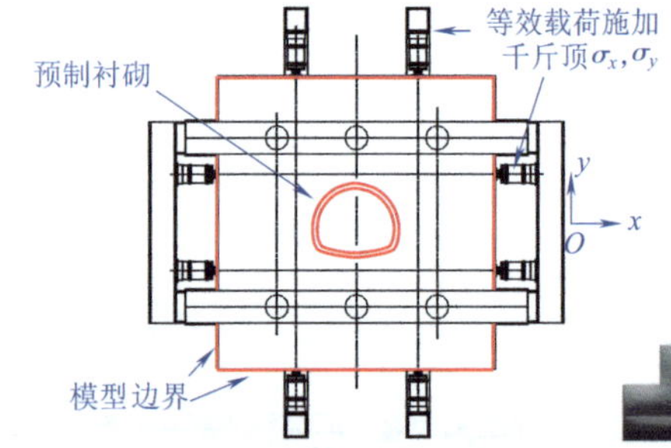

(a) 加载设备正面

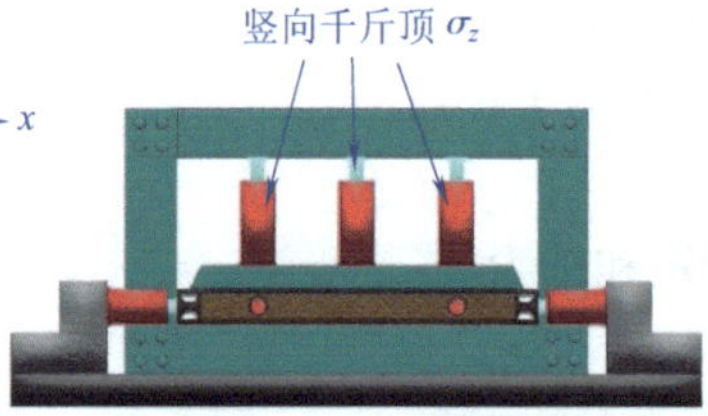

(b) 加载设备侧面

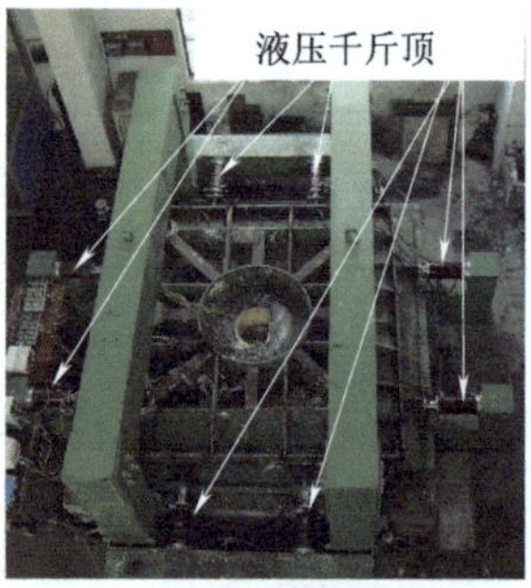

(c) 加载设备俯视

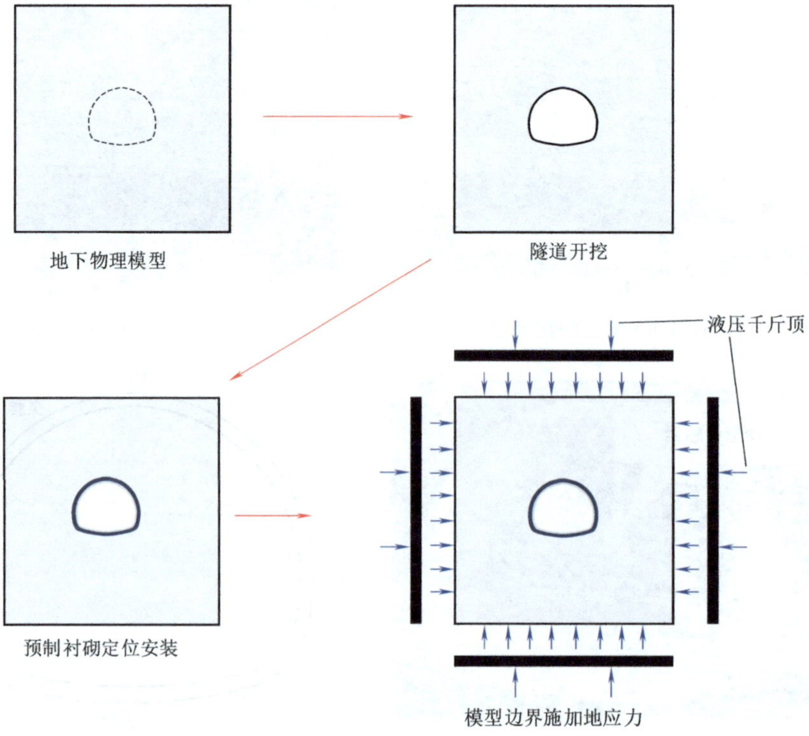

(d) 加载过程示意图

图 2-10 试验设备及详细过程

假设隧道轴线上没有发生开挖引起的变形(平面应变条件),z 方向的应变为

$$\Delta\varepsilon_z = \frac{1}{E}[\Delta\sigma_z - \nu(\Delta\sigma_x + \Delta\sigma_y)] = 0 \tag{2-3}$$

③σ_z是测试中 z 方向所需的应力增量,其中泊松比为 ν[图 2-10(b)]。

④测试步骤在图 2-10(d)中有进一步说明。值得注意的是,测试系统模型水平放置而不是垂直放置[图 2-10(a)],使得相似材料模型的测试更加简便。因此,开挖周围的相似材料围岩的重量不能在这个水平放置的系统中得到恰当的反映。

2.3　地应力作用下衬砌的力学性能

根据附录中的地应力资料统计可知,侧压力系数 K 大多分布在0.3~3.0之间。为了更好地研究隧道衬砌的力学行为,选取典型的开挖应力状态,即 $K=0.6$(自重应力场主导)和 $K=3.0$(构造应力场主导)进行了详细的分析,表 2-3 列出了 6 个实例。

表 2-3　6 种典型工况研究衬砌力学行为

工况	竖向地应力 σ_y/MPa	水平地应力 σ_x/MPa	$K=\sigma_x/\sigma_y$	试验手段
1	1.00	0.60	0.6	模型试验
2	1.90	1.14	0.6	模型试验
3	0.40	1.20	3.0	模型试验
4	0.76	2.28	3.0	模型试验
5	1.50	0.90	0.6	数值模拟
6	0.60	1.80	3.0	数值模拟

2.3.1　衬砌的变形

模型和施加的人工荷载具有对称性[图 2-10(a)和图 2-10(b)],只需分析衬砌的一半力学性能即可代表全部。由于隧道衬砌尺寸的相似比为 1∶30,监测变形量需扩大 30 倍才能反映真实隧道衬砌的实际变形。图 2-11 显示出了两个侧压力系数 K 值的结果。因此,当衬砌模型处于自重应力场主导前提下($K=0.6$)时,其变形与构造应力场主导前提下($K=3.0$)相比具有明显的差异。

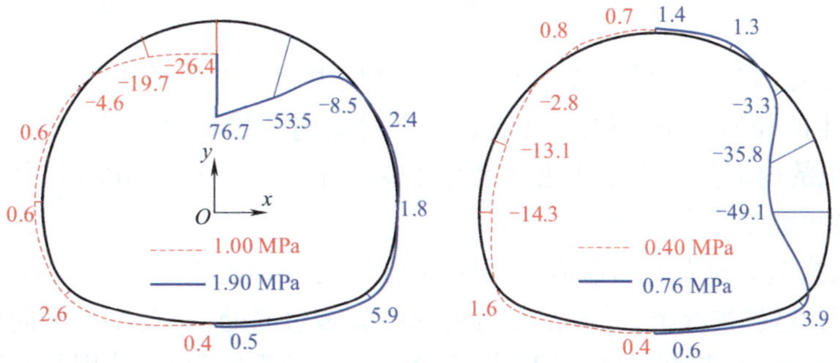

(a) K=0.6　　(b) K=3.0

图 2-11　不同侧压力系数下的衬砌结构径向变形(单位:mm)

侧压力系数 K 在隧道衬砌剖面变形中起着主导作用。在自重应力场主导的前提下($K=0.6$),y 方向的地应力近似为 x 方向的两倍。因此,衬砌在这种情况下变得扁平[图 2-11(a)]。变形最大值出现在隧道衬砌的拱顶,当 y 达到 1.00 MPa 时,拱顶相当于沉降 26.4 mm(向隧道内部)。当 $y=1.90$ MPa 时,拱顶的沉降量达到 76.7 mm。相反,衬砌处于构造应力场主导前提下($K=3.0$)会导致在水平方向出现最明显的变形,即边墙处[图 2-11(b)]。与自重应力场主导前提下完全不同。隧道控制点处径向变形随侧压力系数 K 值变化曲线如图 2-12 所示。

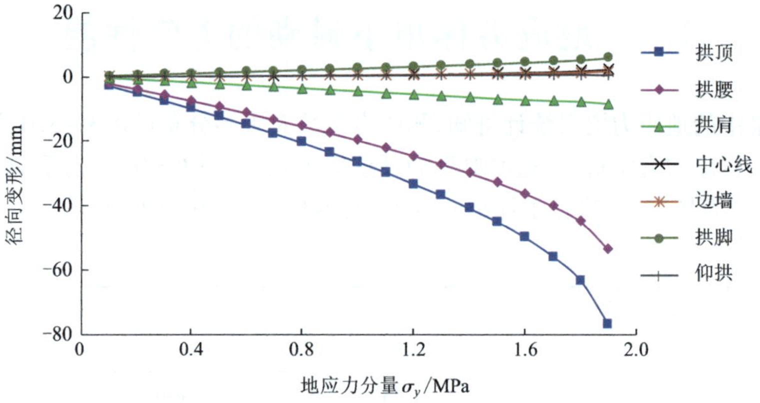

(a) K=0.6

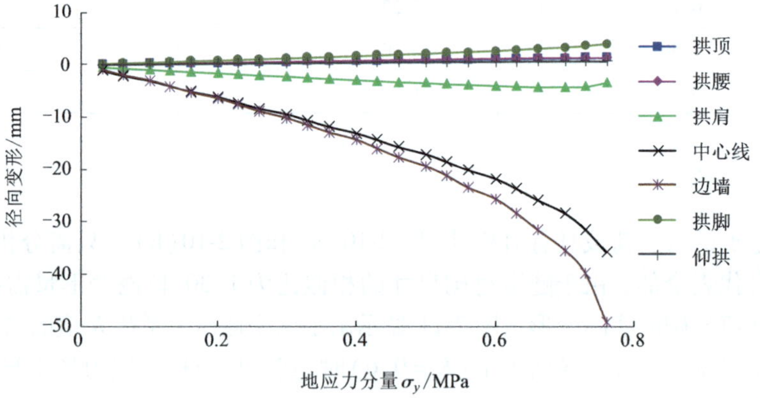

(b) K=3.0

图 2-12 隧道控制点处径向变形随侧压力系数 K 值变化曲线

衬砌模型的径向变形显然取决于所承受的地应力的侧压力系数。图 2-12 给出了在衬砌不同位置产生的径向变形,其中,负值意味着衬砌向内偏转进入隧道内部。很明显,当 $K=0.6$ 时,拱顶的内部变形要比其他位置大得多。当 σ_y 大于 1.6 MPa 时,径向变形开始呈非线性增长,并可能出现微裂纹。

另一方面,当施加较大的构造应力场时,x 方向的变形远大于 y 方向的变形[$K=3.0$,图 2-12(b)]。在这种情况下,最大变形出现在拱脚和边墙处,并会使衬砌向内弯曲。应该注意的是,拱顶和拱肩同时向外略微弯曲,但这种变形的程度很小,特别是与边墙和拱脚相比,基本可以忽略不计。

2.3.2 衬砌的内力

模型试验中,根据衬砌模型表面应变测试结果,结合式(2-2)求得衬砌结构的弯矩,如图 2-13 所示。

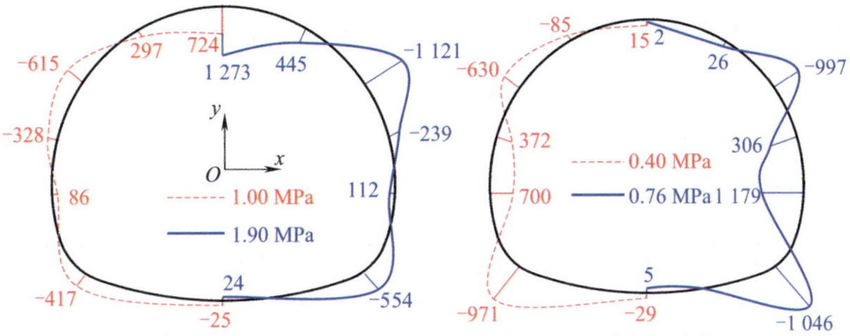

(a) K=0.6 (b) K=3.0

图 2-13 隧道衬砌的弯矩 M 分布(单位:kN·m)

式(2-2)根据应变片测得的数据,可以推导出隧道衬砌的弯矩和荷载关系,如图 2-14 所示。可以看出当 $K=0.6$ 时,隧道衬砌上部的弯矩最大[图 2-14(a)]。弯矩最大值 M 出现在拱顶倾向于向内弯曲,而拱肩向外弯曲的位置。此时,隧道衬砌的墙脚也向外弯曲。然而,在边墙和仰拱处产生的弯矩比衬砌拱顶的弯矩要小得多。值得注意的是,弯矩的分布与衬砌的径向变形分布规律不一致,后者要小得多[图 2-14(a)]。

在构造应力场主导前提下[$K=3.0$,图 2-13(b)],墙脚弯矩向外,边墙弯矩向内,这与自重应力场主导前提下[$K=0.6$,图 2-13(a)]的情况不同。本质上讲,隧道衬砌的力学性能很大程度上取决于侧压力系数 K。

从图 2-14(a)($K=0.6$)中看出,当 $\sigma_y \leqslant 1.60$ MPa 时,衬砌的弯矩与地应力成正比。当 $\sigma_y > 1.60$ MPa 时,弯矩与地应力的关系较为复杂。例如,隧道拱脚处的弯矩随着地应力的不断增加而呈线性增加,一旦 σ_y 超过 1.60 MPa 则迅速减小,衬砌发生开裂破坏。当 $\sigma_x = K\sigma_y$,此时 K 决定了衬砌中的 x 向的地应力分量。

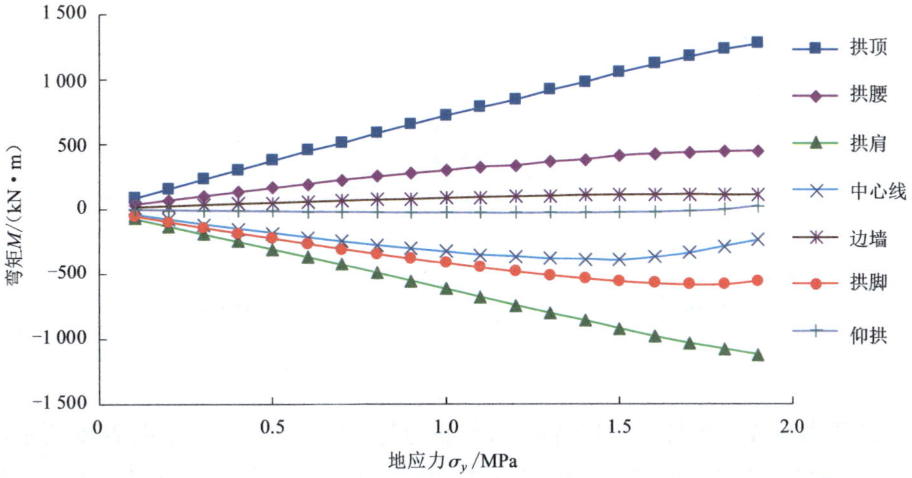

(a) K=0.6

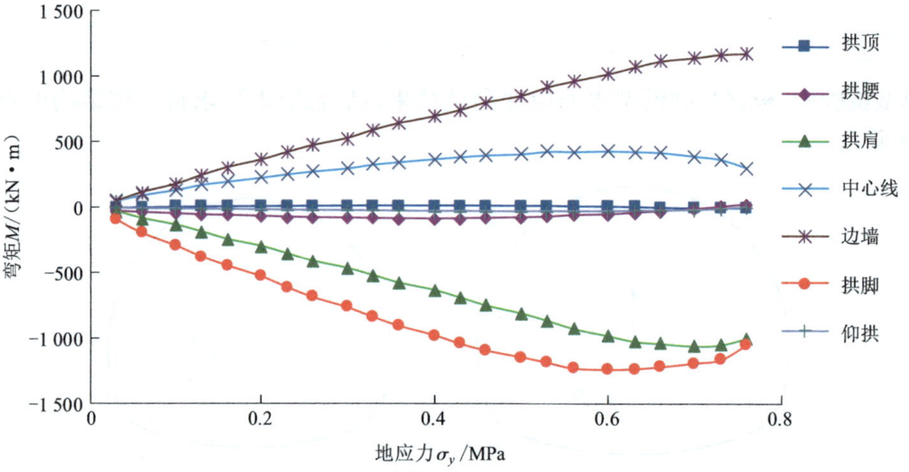

（b）K=3.0

图 2-14 不同侧压力系数下的衬砌弯矩与压力关系

对于 $K=3.0[\sigma_x=3\sigma_y$,图 2-14(b)],当 $\sigma_y\leqslant0.6$ MPa 时,隧道衬砌的弯矩随着地应力荷载的增加而呈线性增加。当 $\sigma_y>0.6$ MPa 时,边墙、拱脚和边墙的弯矩会瞬间下降,因为在此地应力水平下,衬砌发生了破坏。

图 2-15 显示衬砌不同部位所受轴力。一般来说,沿着衬砌的整个圆周的轴力是均匀的,特别是与弯矩的分布(图 2-13)相比。轴力的分布也随着侧压力系数 K 的变化而略有不同,但在模型试验中,最大轴力似乎始终出现在仰拱处。对于自重应力场主导的情况[$K=0.6$,图 2-15(a)],轴力从拱顶向仰拱逐渐增加。此外,对于构造应力场主导的情况[$K=3.0$,图 2-15(b)],轴力从拱顶到边墙先减小,然后增大到仰拱。在这种情况下,仰拱处受到的轴力大小几乎与拱顶处相同。

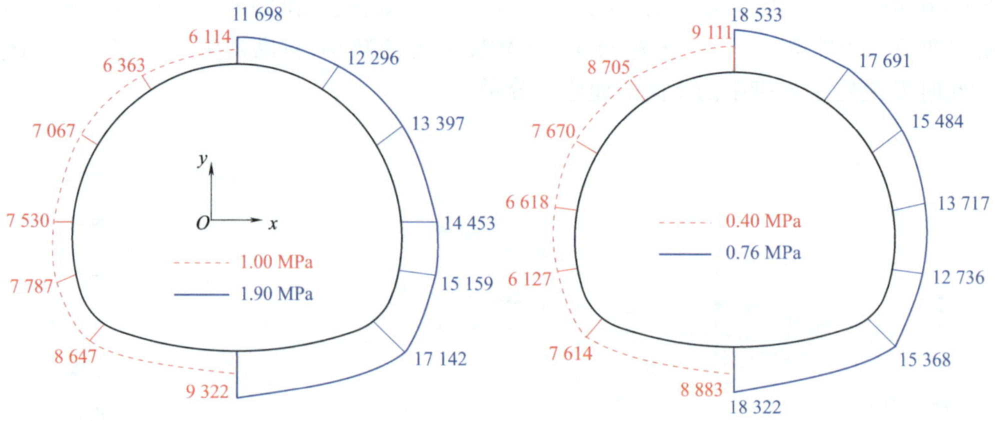

（a）K=0.6　　（b）K=0.3

图 2-15 隧道衬砌的轴力 N 分布(单位:kN)

不同侧压力系数 K 条件下,衬砌各个部位轴力与竖向应力的关系如图 2-16 所示。

图 2-16 给出了衬砌不同部位的轴力结果。从图中可以看出,作用在马蹄形隧道衬砌上的轴力是压应力,与地应力呈线性关系。当 $K=0.6$ 时,仰拱处轴力最大,衬砌拱顶处轴力

最小。当 $K=3.0$ 时,衬砌的典型部位轴力极限差值(即最大轴力值和最小值轴力之差)减小。此外,最大轴向力出现在拱顶处,但最小的轴力出现在边墙处。

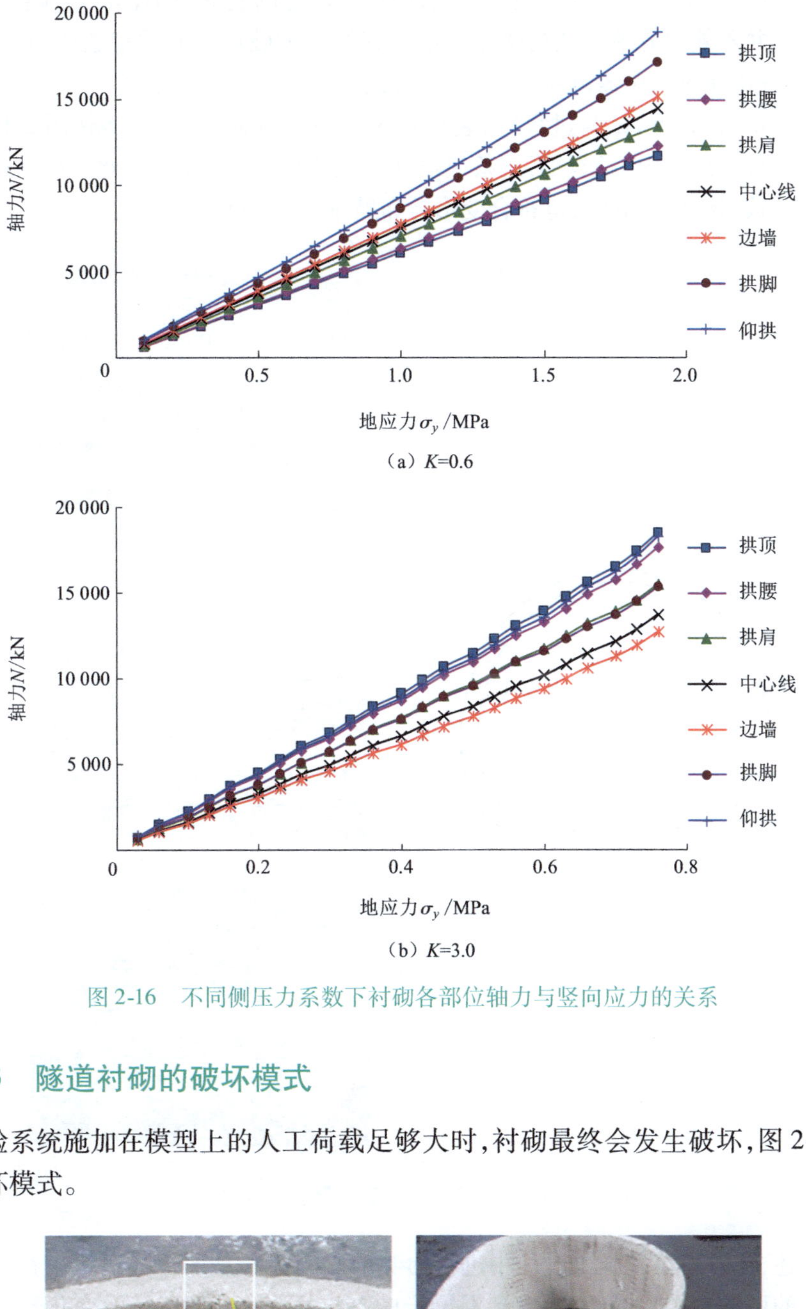

图 2-16 不同侧压力系数下衬砌各部位轴力与竖向应力的关系

2.3.3 隧道衬砌的破坏模式

当试验系统施加在模型上的人工荷载足够大时,衬砌最终会发生破坏,图 2-17 显示了典型的破坏模式。

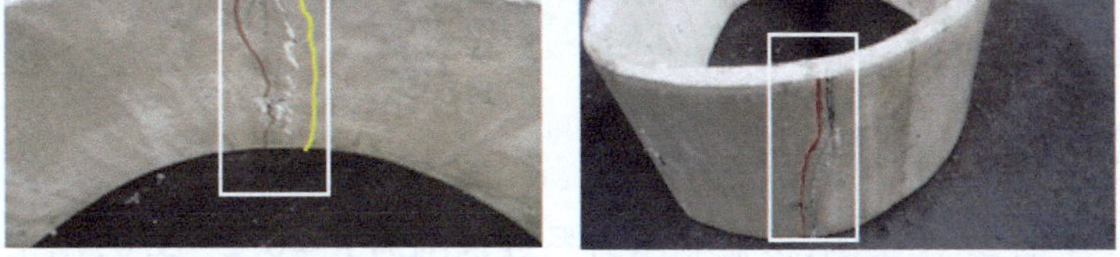

(a) 内侧拱顶　(b) 外侧拱肩

图 2-17 $K=0.6$ 时衬砌模型破坏模式

当 $K=0.6$ 时,由于弯折破坏导致裂缝首先产生在衬砌内侧拱顶,其次是产生在外侧的拱肩。此破坏现象与图 2-14(a)所示的弯矩分布规律相吻合。但该现象不符合图 2-11(a)所示的变形特征,即最大的位移出现在拱顶,但在拱肩处的变形很小,可以忽略不计。所以,有时变形特征并不能很好地反映马蹄形隧道衬砌的实际破坏。但衬砌破坏与弯矩一致,因此,在施工过程中建议采用监测弯矩、轴力的方式来评估结构的安全度。

对于 $K=3.0$ 的情况,试验过程中,裂纹首先出现在衬砌的拱脚外侧(图 2-18)。然后,第二条裂纹出现在拱脚内侧处。第三条裂纹在边墙内侧形成。因此,此工况下的破坏模式与弯矩分布一致[图 2-13(b)],也符合变形分布特征[图 2-11(b)]。

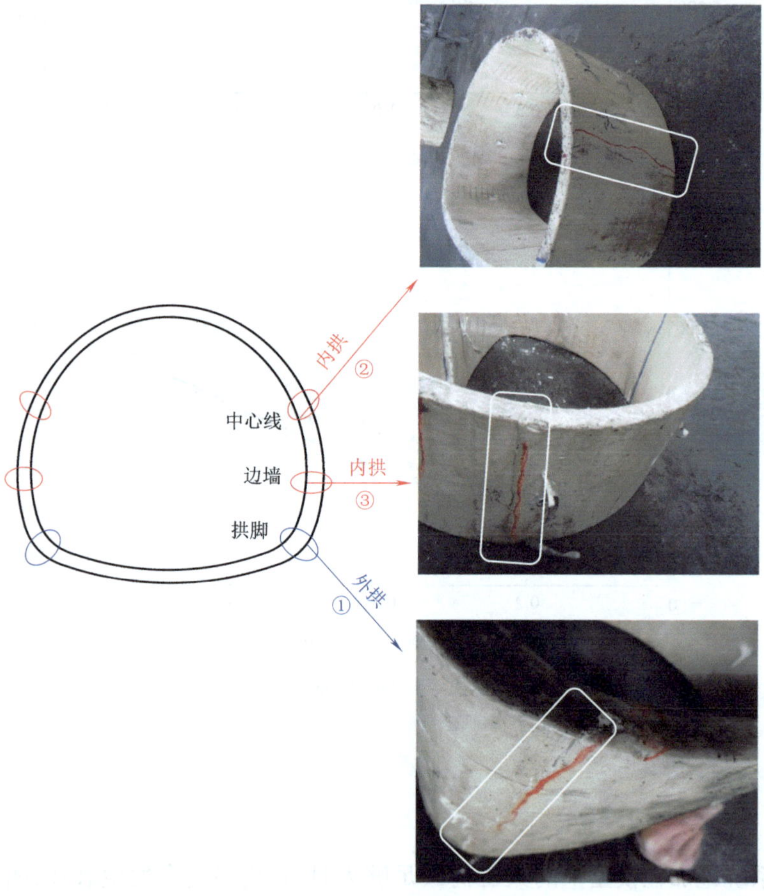

图 2-18　$K=3.0$ 时衬砌模型破坏模式

综上所述,在隧道工程施工过程中进行的变形监测并不是评价隧道衬砌在地应力场中的受力状态的可靠方式。然而,考虑到混凝土的高抗压强度,弯矩 M 的变化规律能较好地反映马蹄形隧道衬砌的破坏模式。

2.3.4　数值模拟与试验

采用表 2-4 中的 29 个实例,覆盖侧压力系数范围为 $K=0.2\sim3.0$,用来研究侧压力系数 K 对隧道衬砌破坏模式的影响。

表 2-4　29 种典型不同侧压力系数工况

$K(=\sigma_x/\sigma_y)$	0.2	0.3	0.4	0.5	0.6	0.4	0.8	0.9	1.0	1.1
σ_x/kPa	89.4	109.5	126.5	141.4	154.9	167.3	178.9	189.7	200.0	209.8
σ_y/kPa	447.2	365.1	316.2	282.8	258.2	239.0	223.6	210.8	200.0	190.7
$K(=\sigma_x/\sigma_y)$	1.2	1.3	1.4	1.5	1.6	1.7	1.8	1.9	2.0	2.1
σ_x/kPa	219.1	228.0	236.6	244.9	253.0	260.8	268.3	275.7	282.8	289.8
σ_y/kPa	182.6	175.4	169.0	163.3	158.1	153.4	149.1	145.1	141.4	138.0
$K(=\sigma_x/\sigma_y)$	2.2	2.3	2.4	2.5	2.6	2.7	2.8	2.9	3.0	—
σ_x/kPa	296.6	303.3	309.8	316.2	322.5	328.6	334.7	340.6	346.4	—
σ_y/kPa	134.8	131.9	129.1	126.5	124.0	121.7	119.5	117.4	115.5	—

注：σ_x与σ_y乘积是 40 000 kPa^2。

(1)三维非线性有限元数值模型

采用三维非线性有限元分析来检验模型试验结果的有效性。模拟中，使用有限元分析软件 ANSYS。混凝土中的钢筋可用“弥散”单元模拟，其中钢筋离散到附近的混凝土中，并在其所在的 SOLID65 型单元内取平均值。一旦衬砌开始开裂，相关元素仍保持连续性，然而，根据该规则所定义的应力—应变关系，总体调整相邻各个单元的强度和刚度的特性，以便分析开裂产生的影响。

隧道衬砌与围岩之间的相互作用采用 Link10 单元模拟。根据 Kolymbas[37] 的研究，隧道衬砌与围岩之间的法向连接刚度(K_s)与围岩的弹性模量(E)、泊松比(ν)和隧道衬砌的局部半径(r)有

$$K_s = \frac{E(1-\nu)}{r(1+\nu)(1-2\nu)} \tag{2-4}$$

考虑到混凝土衬砌的厚度不均匀(拱顶处为 50 cm，仰拱处为 60 cm)，用三维 8 节点非线性单元 SOLID65 和 Von Mises 塑性模型来模拟混凝土的张拉开裂、压缩破裂和塑性变形非线性行为。以此建立的数值模型如图 2-19 所示。C30 混凝土的弹性模量 E 和泊松比 ν 分别为 33 GPa 和 0.20，隧道围岩的力学参数见表 2-2。数值模拟过程中的加载步骤尽可能与上述模型试验中试验系统加载的顺序保持一致。施加在隧道衬砌上的围岩荷载是逐步递增的，而 K 一直保持不变。

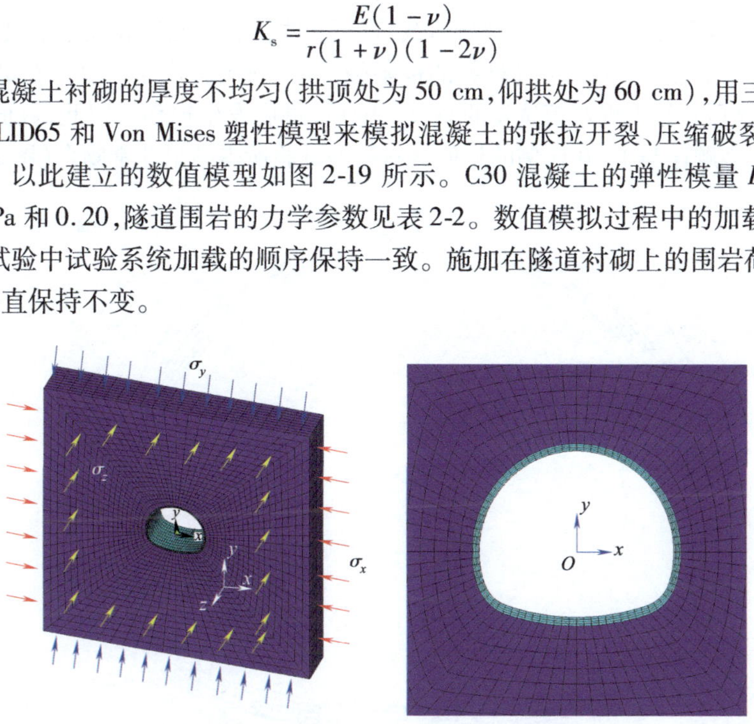

(a) 整体模型　　(b) 局部网格

图 2-19　三维非线性数值模型

(2)数值模拟结果

侧压力系数 $K=0.6$ 时,数值模拟得到的双线铁路隧道衬砌结构主应力分布如图 2-20 所示。

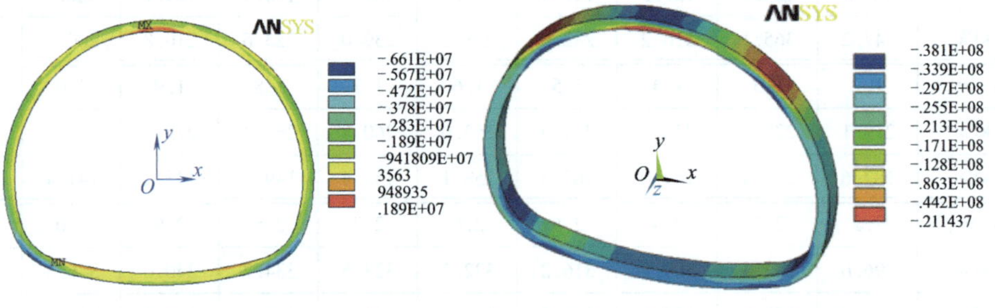

(a) 最大主应力σ_1 (b) 最小主应力σ_3

图 2-20 当侧压力系数为 $K=0.6$ 时衬砌上的主应力分布(单位:Pa)

由图2-20 可见,当 x、y、z 三个方向的荷载分别为0.9 MPa、1.5 MPa 和0.9 MPa 时,隧道衬砌的主应力分布($K=0.6$、泊松比 $\nu=0.375$)。拉应力明显集中在模型的拱顶内侧和拱肩外侧[图 2-20(a)],这使得该区域最容易发生张拉破坏。此结论与物理实验弯矩分布规律非常吻合[图 2-13(a)]。

衬砌中最薄弱的位置在拱顶,其最大拉应力σ_3达到 1.89 MPa,接近 C30 混凝土的极限抗拉强度($f_{ctm}=2.90$ MPa)。此现场隧道衬砌拱顶出现了大范围的拉裂缝,综合分析表明,衬砌内侧的拉应力是造成破坏的主要原因。此外,图 2-20(b)显示模型拱顶外侧的最大压应力(38.1 MPa)超过 C30 混凝土的抗压强度($f_{ck}=30$ MPa)。

利用非线性有限元分析软件 ANSYS,采用塑性分析方法,可以揭示隧道衬砌裂缝的产生过程,如图 2-21 所示。逐渐增加围岩荷载,直至非线性有限元计算模型不收敛,来表征衬砌的破坏过程。显然,当应力超过材料的极限强度时,衬砌会产生裂缝。在破坏的早期阶段,隧道衬砌拱顶开始出现弯矩诱发的裂纹。随后,拱肩发生损伤。因此,数值模型预测的开裂模式和开裂顺序与 1∶30 比例的相似材料模型试验所得结果非常吻合(图 2-17)。

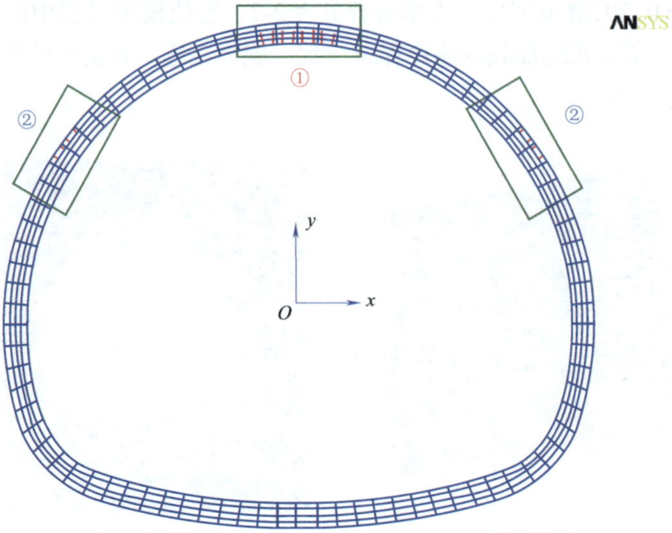

图 2-21 数值计算分析裂缝产生位置与顺序(取 $K=0.6$)

图 2-22 给出了隧道衬砌在构造应力场作用下的破坏现象，即$\sigma_x = 1.8$ MPa、$\sigma_y = 0.6$ MPa、$\sigma_z = 0.9$ MPa（$K = 3$，泊松比 $\nu = 0.375$）。最大拉应力出现在模型边墙内侧处，达 3.27 MPa［图 2-22（a）］，超过 C30 混凝土的抗拉强度$f_{ctm} = 2.90$ MPa。因此，张拉破坏出现在衬砌边墙内侧位置。同样地，最大压应力为 35.5 MPa［图 2-22（b）］，超过了 C30 混凝土的抗压强度（$f_{ck} = 30$ MPa），因此，压缩—剪切破坏出现在隧道衬砌墙脚内侧位置［图 2-22（c）］。非线性有限元模拟结果能够很好地解释图 2-13 中的弯矩分布规律和图 2-18 中衬砌的开裂模式。

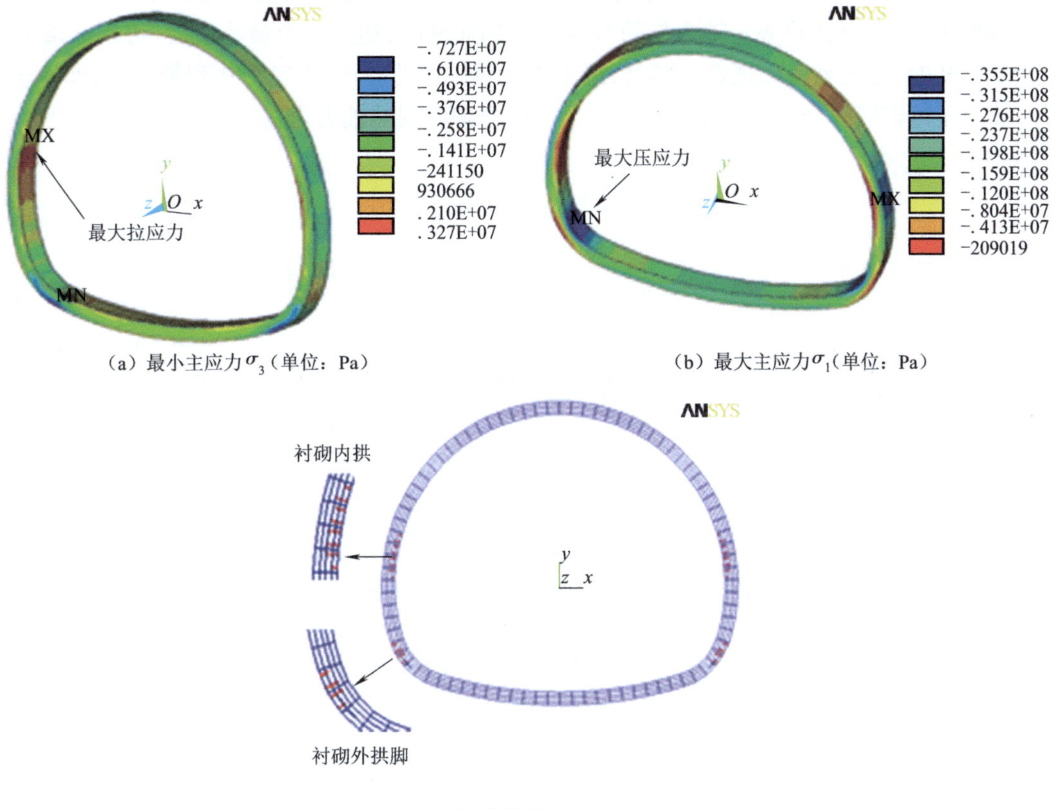

（a）最小主应力σ_3（单位：Pa）　（b）最大主应力σ_1（单位：Pa）

（c）拱脚开裂

图 2-22　$K = 3$ 时主应力分布及拱脚开裂

2.4　侧压力系数对衬砌破坏模式的影响

2.4.1　侧压力系数 K 对衬砌内力的影响

在平面应变条件假设下，应变能等效定理给出了 x 方向和 y 方向应力分量乘积的表达式：

$$E_e = \frac{1}{2} \cdot \frac{\sigma_x \sigma_y}{E} \tag{2-5}$$

利用式（2-5）可以导出一组σ_x和σ_y值，把它们都列在相同的应变能（表 2-4）。在列出的 29 种工况中，σ_x和σ_y的乘积是相同的（40 000 kPa^2），因此应变能保持不变。在恒定应变能条件下,使用表 2-4 中所示的值,研究不同侧压力系数 K 值对 1∶30 比例模型失稳模式的影响。

图 2-23 显示,侧压力系数 K 显著影响作用在衬砌模型的内力,即使在应变能恒定的前提下。当 $K<0.7$ 时,衬砌拱顶出现最大正弯矩,拱肩出现最大负弯矩。如前所述,正弯矩表示衬砌模型内侧受拉(相反,负值表示外侧受拉)。随着 K 的增加,拱顶和拱肩上的弯矩逐渐减小,当 $K=0.9$ 时达到最小值[图 2-23(a)];之后又继续增大。当 $K>0.9$ 时,最大正弯矩出现在衬砌拱脚处,而最大负弯矩出现在墙脚处。

如图 2-23(b)所示,不同侧压力系数 K 值条件下,轴力沿衬砌模型边缘相对均匀分布(与弯矩相比)。总体趋势是轴力先随着 K 的增加而减小,达到一个最小值后,再逐渐增大。当 $K<0.9$ 时,最大轴力出现在拱脚处,最小出现在拱顶处。显然,轴力达到最低值,即 $K=1$ 时,轴力在衬砌周围分布几乎相同。一旦 $K>1$,衬砌周围的轴力之差变得非常小。

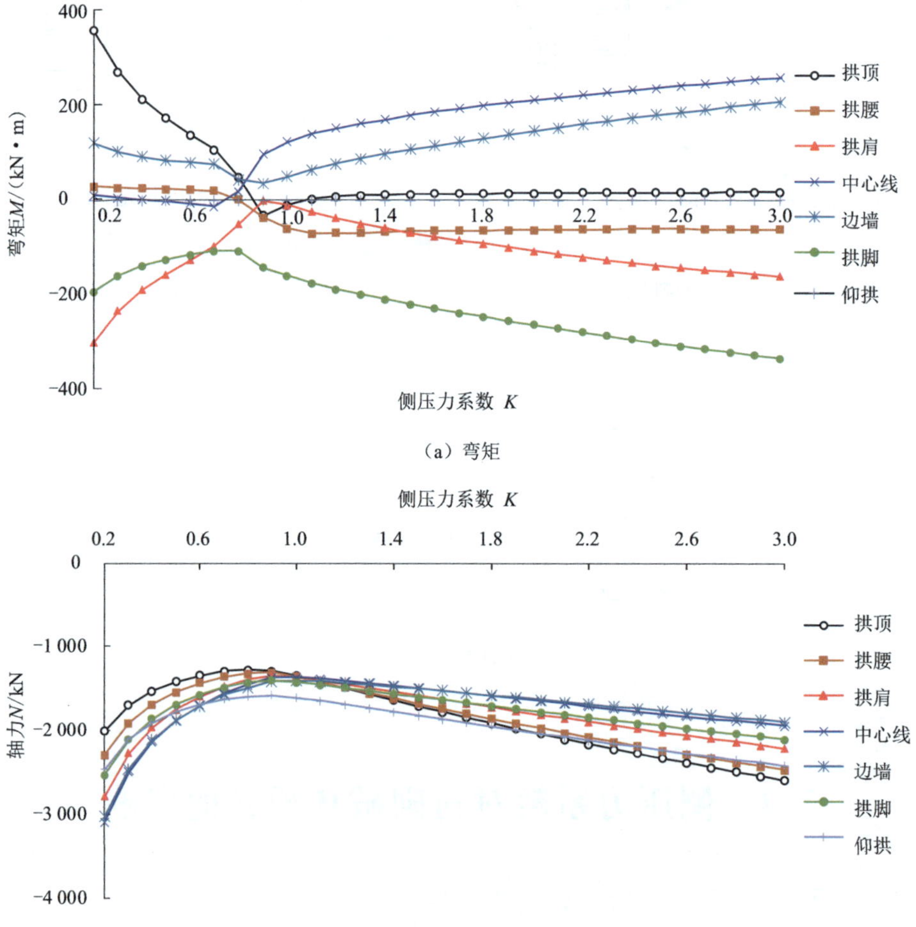

(a) 弯矩

(b) 轴力

图 2-23 侧压力系数 K 值对应衬砌内力的影响

2.4.2 隧道安全性分析

钢筋混凝土衬砌受力分析如图 2-24 所示。图 2-24(a)表示在弯矩 M 和轴力 N 下加筋衬砌构件的应变和应力分布,偏心距为

$$\bar{x}_p = \frac{\sum\left(F_{cc}\dfrac{h}{2} + F_{sc}d' + F_s d\right)}{\sum(F_{cc} + F_{sc} + F_s)} \tag{2-6}$$

式中 F_{cc}——混凝土截面上压力；

F_{sc}——截面上作用于钢筋A'_s上的压力；

F_s——作用于A_s上的压力；

d——衬砌厚度；

截面上其他量含义如图 2-24(a)所示。

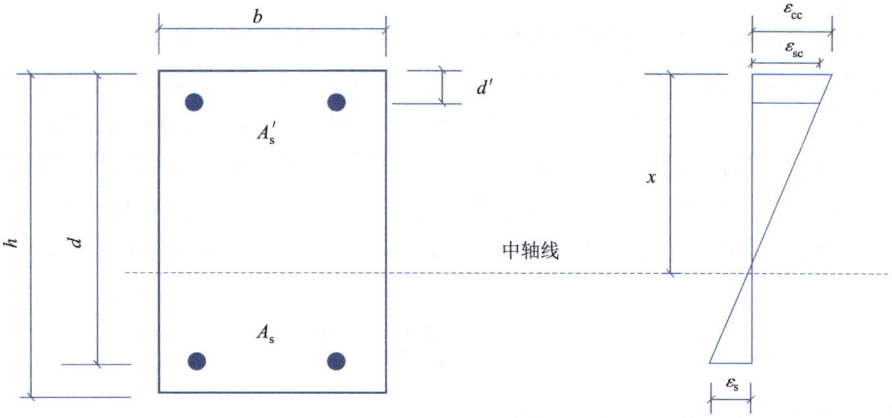

(a) 钢筋混凝土衬砌受力分析

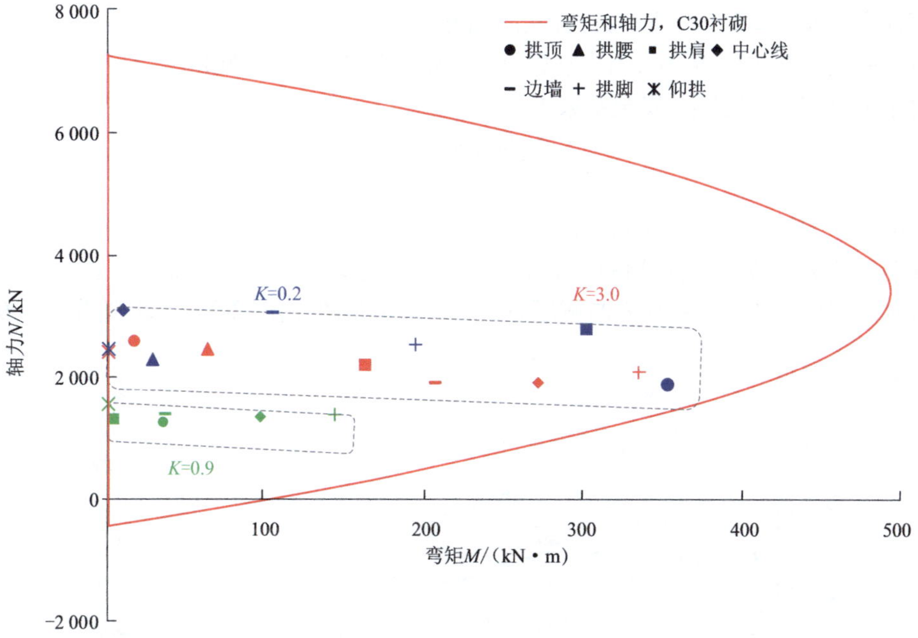

(b) 极限状态分析

图 2-24 隧道轴力弯矩作用原理及包络线

根据欧洲混凝土结构设计规范中给定的极限状态，截面上轴力与弯矩的分布应位于包络线以内，则有

$$N=\begin{cases}0.567f_{ck}b\times 0.8x+f_{sc}A_s'+f_sA_s & 0.8x<h\\ 0.567f_{ck}bh+f_{sc}A_s'+f_sA_s & 0.8x\geqslant h\end{cases} \tag{2-7}$$

式中 f_{ck}——混凝土圆柱体的特征强度；

f_{sc}——截面上钢筋区的压应力；

f_s——截面上钢筋区的拉应力。

质心处的弯矩 M 为

$$M=\begin{cases}0.567f_{ck}b\times 0.8x(\bar{x}_p-0.8x/2)+f_{sc}A_s'(\bar{x}_p-d')-f_sA_s(d-\bar{x}_p) & 0.8x<h\\ 0.567f_{ck}bh(\bar{x}_p-h/2)+f_{sc}A_s'(\bar{x}_p-d')-f_sA_s(d-\bar{x}_p) & 0.8x\geqslant h\end{cases} \tag{2-8}$$

式(2-7)和式(2-8)给出了隧道衬砌极限荷载破坏包络线计算方法。

由于隧道衬砌截面是对称的，弯矩的方向(正负)不需要考虑。因此，衬砌在各个监测点的内力都在 M-N 破坏包络线图中。很明显，K 值对衬砌的安全性有很大的影响。当 $K=0.2$ 时，隧道衬砌易受破坏，尤其是最接近破坏包络线的衬砌拱顶。当 $K=3.0$ 时，可以看到墙脚接近破坏。对于 $K=0.9$ 而言，所有的控制点都远离 M-N 包络线的边缘，因此，衬砌结构是安全的。

为了对衬砌的安全性进行更为可靠的评估，可以采用安全系数。对于 $x>0.55d$，安全系数 F 为

$$F=\frac{0.5R_abd^2+R_gA_g'(d-d')}{Ne} \tag{2-9}$$

式中 R_a——C30 混凝土的极限抗压强度；

R_g——钢筋的抗拉/抗压强度；

e——偏心率；

其他含义如图 2-24(a)所示，符合欧洲规范。

偏心率包含在式(2-9)中，因为它影响中性轴的位置，从而影响应变及应力。

对于 $x\leqslant 0.55d$ 条件下，安全系数 F 为

$$F=\frac{R_wbx+R_g(A_g'-A_g)}{N} \tag{2-10}$$

式中 R_w——混凝土的极限抗弯强度。

安全系数 F 可以用来描述侧压力系数 K 对隧道衬砌力学性能的影响。图 2-25 显示了隧道衬砌不同位置的安全系数 F 与侧压力系数 K 的关系图，由图 2-25 可知，随着 K 从 0.2 上

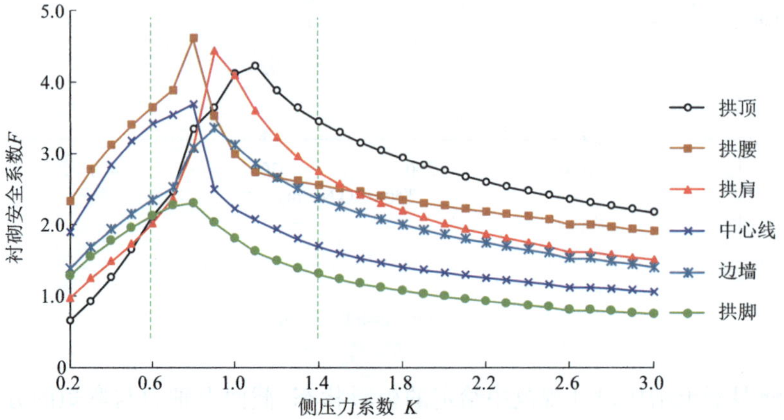

图 2-25 安全系数 F 随侧压力系数 K 变化

升的总体趋势，安全系数先上升，达到峰值，继而下降（不考虑衬砌的位置如何）。此外，当 $K<0.6$ 时，拱顶的安全系数最低，拱肩的安全系数最大。同样，当 $K>1.0$ 时，墙脚是最脆弱的部位，拱顶是最安全的部位。

图 2-25 显示 K 值的最佳取值范围是 0.6～1.2。另外，当 $K<0.6$ 时，最容易破坏的部位是拱顶，当 $K>1.2$ 时，最容易破坏的部位是墙脚。

2.4.3 破坏模式

通过对大量的隧道衬砌相似材料模型进行试验（图 2-26），研究侧压力系数 K 值在 0.2～3.0 范围内对衬砌破坏模式的影响，间隔为 0.1。试验中，压力分量在 x、y、z 方向不断增加（保持 K 恒定且满足平面应变条件），直至衬砌模型破坏，进而检查衬砌的裂缝分布，研究其破坏模式。

图 2-26 隧道衬砌开裂位置与破坏模型

图 2-27 给出了在不同侧压力系数 K 下观察到的开裂破坏模式。这些破坏实际情况证实了 K 值在确定衬砌模型的开裂位置和开裂产生的先后顺序中起着重要作用。

当 $0.2\leqslant K\leqslant0.5$［图 2-27（a）］时，正弯矩使拱顶向内弯曲，顶板区域衬砌模型内部首先出现裂纹。此后，产生负弯矩而向外弯曲的拱肩处衬砌的外部产生裂缝。当 $0.6\leqslant K\leqslant0.8$ 时，随着围岩荷载的逐渐增大，裂缝呈对称性和连续性产生［图 2-27（b）］。也就是说，衬砌模型拱肩的外侧、拱顶内侧出现弯矩诱发的裂纹。然后，第三组裂缝出现在两侧墙脚之间和仰拱之间的区域。最后，第四组出现在墙脚处。此时，衬砌模型再也无法承受围岩载荷，衬砌模型发生完全破坏。

当 $0.9\leqslant K\leqslant1.0$［图 2-27（c）］时，裂缝只在墙脚与仰拱位置之间的对称区形成，其他位置仍保持原状。类似地，只有当 $K=1.1$ 时，墙脚外侧才会发生破坏［图 2-27（d）］。当 $K=1.2$ 时，衬砌出现以下两组裂纹：第一组在墙脚处外侧，第二组是在拱脚内侧出现裂纹［图 2-27（e）］。最后，当 $1.3\leqslant K\leqslant3.0$ 时，三组裂缝相继出现：第一组形成于拱脚外侧，第二组形成于拱脚内侧，第三组形成于边墙内侧。

总的来说，在地应力足够高的情况下，隧道衬砌的开裂模式显然取决于侧压力系数 K。如果在施工前就在工程区测量初始地应力，并求出侧压力系数 K，那么就可以预测隧道衬砌易发生破坏的位置（例如，使用图 2-27）。针对衬砌可能出现破坏失稳部位制定相应的支护措施，以防衬砌在特定的地应力条件下可能发生的破坏。

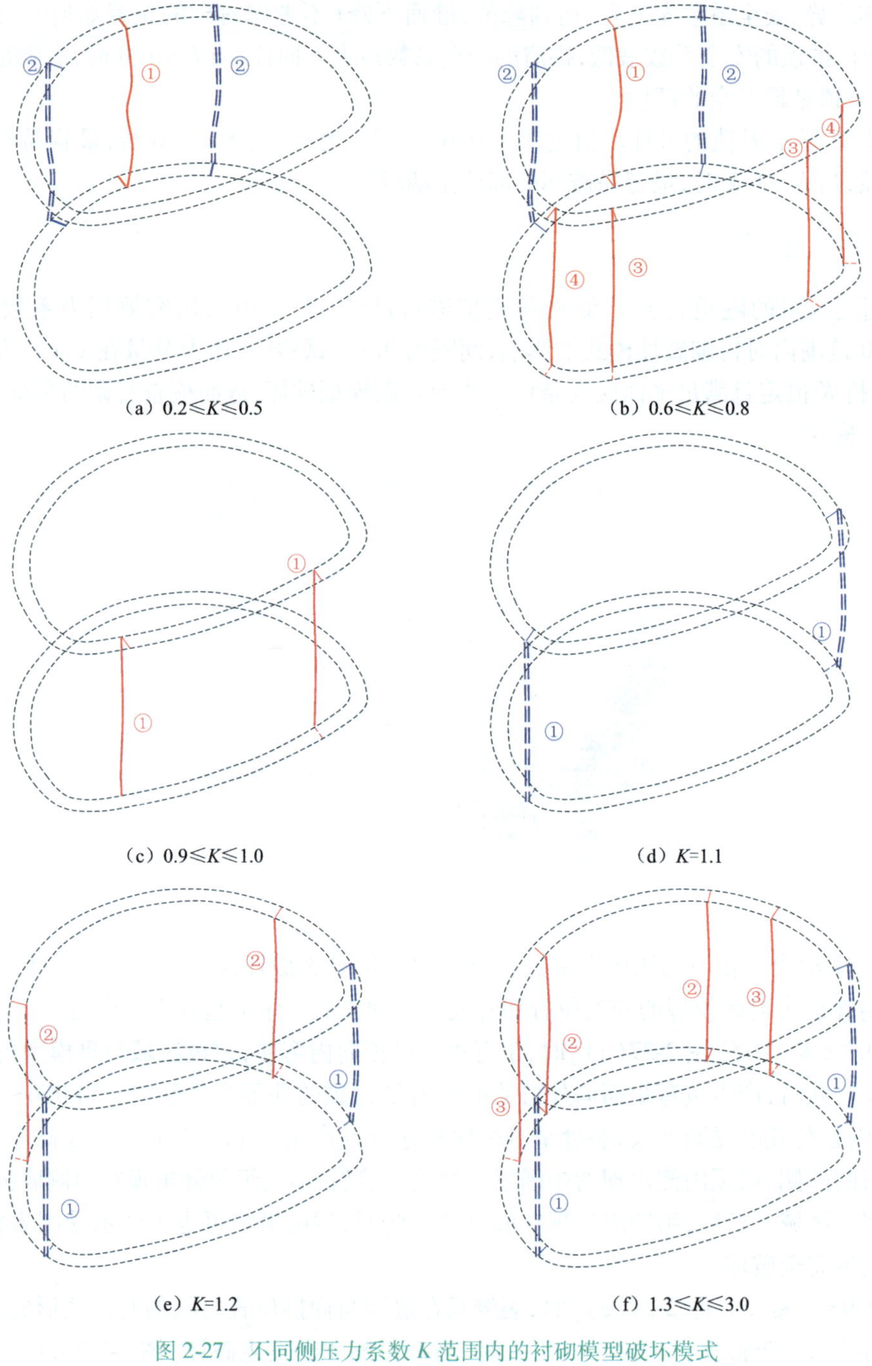

（a）0.2≤K≤0.5　　（b）0.6≤K≤0.8

（c）0.9≤K≤1.0　　（d）K=1.1

（e）K=1.2　　（f）1.3≤K≤3.0

图 2-27　不同侧压力系数 K 范围内的衬砌模型破坏模式

2.5　小　　结

（1）马蹄形隧道衬砌的开裂破坏在较大程度上取决于侧压力系数 K，隧道设计者在选择隧道衬砌设计参数时应充分考虑。当设计隧道结构时，应注意判断衬砌的哪些部位最容易发生破坏。

(2)自重应力场条件下，衬砌拱顶弯矩向内、拱肩弯矩向外；衬砌变形呈现扁平状，拱顶向内弯曲，拱肩变形小。拱顶内侧破坏，拱肩外侧破坏。裂纹发展与弯矩一致，与变形不符。

(3)随着 K 增加，隧道衬砌周围各部位的安全系数先增大达到峰值，然后减小。K 值的最佳取值范围是 0.6 ~ 1.2。当 $K<0.6$ 时，最容易在拱顶发生破坏，但当 $K>1.2$ 时，墙脚是最容易发生破坏的部位。

(4) K 值对衬砌模型的内部受力状态有显著影响。当 $K<0.7$ 时，衬砌拱顶出现最大正弯矩，衬砌拱腰出现最大负弯矩。随着 K 值的增加，拱顶和拱腰的弯矩会迅速减少。当 $K>0.9$ 时，最大正弯矩出现在衬砌内部拱脚处，而最大负弯矩出现在墙脚。

(5)隧道衬砌开裂模式与弯矩分布规律吻合较好。但在自重应力场占主导的情况下，则不能很好地与变形规律相吻合。因此，变形并不总是能够正确地反映衬砌的破坏模式。因此，当隧道处于自重应力场占主导时，监测隧道衬砌的变形可能不会可靠地反映衬砌的力学性能。建议在施工过程中，采用弯矩、轴力作为指标，评价衬砌结构的安全性。

3 含空洞交通隧道衬砌破坏模式

本章的研究涵盖了山西省大部分高速公路的隧道案例,这些隧道案例分布广泛,具有代表性,能够充分反映分布区域及运营年限的不同条件。作者团队对100余条山西省高速隧道进行了实地考察。调查结果表明,大部分衬砌裂缝分布在衬砌的拱顶处[图3-1(a)]。春夏之际,衬砌渗漏现象导致的渗水落在路面,导致车辆经过隧道时轮胎与路面摩擦力不足导致打滑;秋冬时节,山西当地气温低达 -10 ℃,衬砌拱顶渗出的水会凝固并形成冰锥悬于隧道顶部,随时有掉落的可能,对隧道内高速行驶的车辆构成严重威胁[图3-1(b)和图3-1(c)]。综上所述,隧道衬砌顶部的空洞会导致严重的隧道行车安全问题,当然也会缩短运营期隧道的使用寿命。

(a) 拱顶裂缝

(b) 拱脚渗漏

(c) 冬季渗水导致的冰锥

图3-1 隧道衬砌空洞破坏实物

为获取隧道衬砌后方空洞位置及其特征信息,本章使用地质雷达(GPR)对100余条隧道进行实测,如图3-2所示。

雷达电磁脉冲在具有不同电磁特性介质之间的界面上产生反射,可以产生如图3-2(c)所示的雷达图像,从中可以获取大量衬砌后方空洞的细节。实测结果表明,与拱脚和边墙相比,拱顶衬砌后方产生的空洞最多(可能是由于重力作用的影响)。这些空洞的范围可以用

图 3-2(a)中的 φ 角来表示,它对应于隧道中心处于空洞破坏区两边界点连线的夹角。

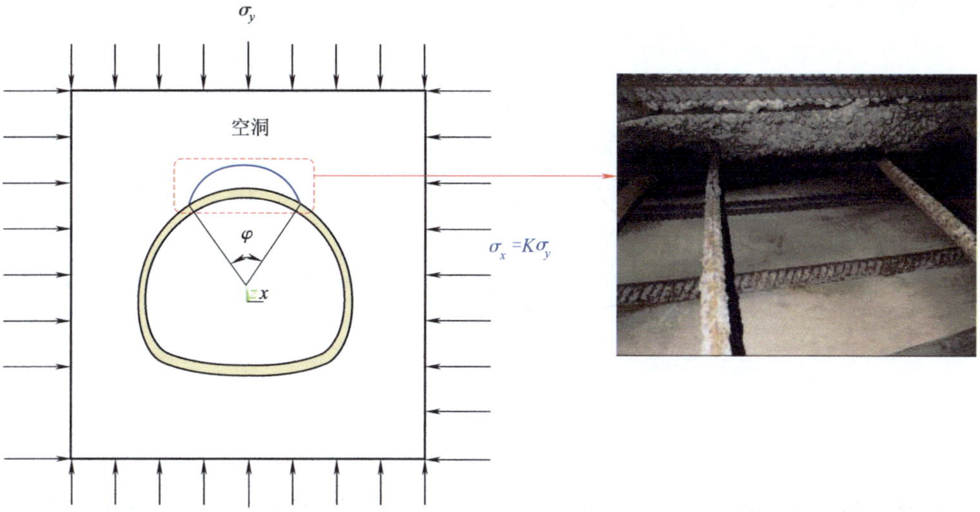

(a) 空洞范围 φ 角

(b) 检测车

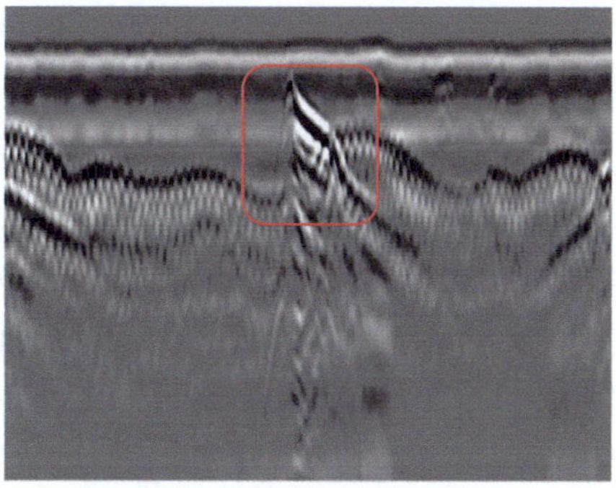

(c) GPR雷达成像

图 3-2　隧道衬砌隐伏空洞检测

3.1　模型试验准备

本节中采用 1∶30 比例的小尺度相似材料模型,分析隧道衬砌在不同空洞范围角(φ 值)与不同侧压力系数 K 条件下的破坏受力特征和破坏模式。试验结果使用三维非线性有限元数值模拟手段进行补充和验证。

在试验中,首先在围岩模型中事先开挖大小合适的空腔,将预制好的衬砌模型放入空腔内,然后在围岩模型周围使用钢板加边界,再使用液压千斤顶在钢板形成的三维边界上施加人工荷载,以模拟地应力,如此加载直至衬砌模型破坏。在试验之前,将应变计安装在衬砌模型内外两侧的控制点处,以测量模型的应变。

试验可以根据不同的水平竖向地应力之比,分析衬砌空洞对隧道衬砌力学性能的影响。主要步骤如下:

(1)如前所述,先在试验之前预制衬砌模型。将衬砌模型置于围岩中,并在衬砌顶部中央位置处开挖角度合适的空腔。

(2)将安装好监测应变计的衬砌模型置于围岩体中,并保证顶部空腔的角度和范围符合要求(图 3-3)。

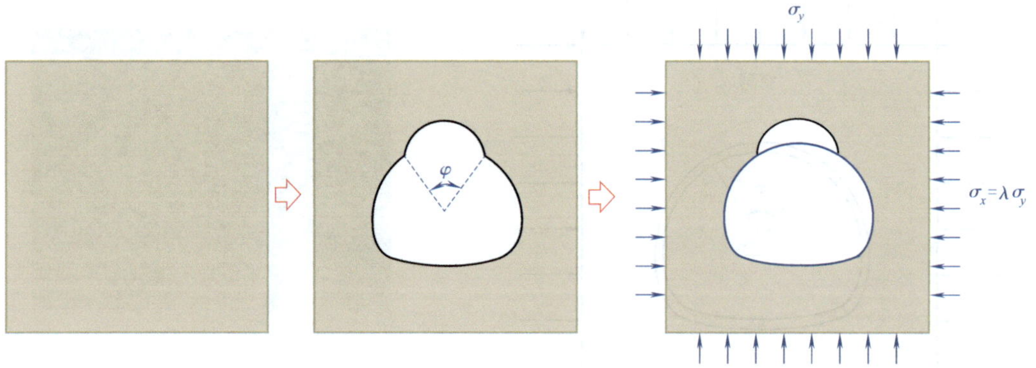

图 3-3 试验模型及试验加载示意

(3)变形测量传感器安装在衬砌模型上(测量在加载过程中模型衬砌变形的变化)。

(4)然后使用液压千斤顶施加人工荷载,直到衬砌模型出现明显裂缝。施加在围岩模型边界上的三向荷载的分量是不同的,以产生不同的侧压力系数。采用伺服液压系统控制加载的荷载变化。

(5)将加载过程中测量到的应变换算成衬砌模型上的内力状态(轴力 N,弯矩 M)。

(6)根据测得内力状态绘制破坏极限荷载包络线图(M-N 图),然后根据此图分析衬砌的结构安全状态、破坏模式、破坏位置及破坏顺序等。

注意,实验系统是水平放置的,以便在围岩模型中安装预制衬砌模型。然而,实际隧道处于深埋地下,重力作用的影响可以忽略。

3.2 空洞对衬砌破坏极限状态的影响

不同侧压力系数 K 与不同空洞大小 φ 的组合工况见表 3-1。表 3-1 中测试的实验结果经过式(2-1)相似比的换算,即为原型衬砌产生的相应值。

表 3-1 不同侧压力系数 K 与不同空洞范围 φ 的组合工况

工况	空洞范围 φ/(°)	σ_x/kPa	σ_y/kPa	$K=\sigma_x/\sigma_y$	极限状态	试验手段
1	0	565	1 130	0.5	是	模型试验
	30	380	760			
	60	110	220			
2	0	950	950	1.0	是	模型试验
	30	585	585			
	60	120	120			
3	0	950	380	2.5	是	模型试验
	30	625	250			
	60	125	50			

续上表

工况	空洞范围 $\varphi/(°)$	σ_x/kPa	σ_y/kPa	$K=\sigma_x/\sigma_y$	极限状态	试验手段
4	0	565	1 130	0.5	是	数值模拟
	60	110	220			
5	0,10,20,30,40,50,60	210	420	0.5	否	
		320	320	1.0		
		360	144	2.5		
6*	0,10,20,30,40,50,60	—	—	0.5	是	模型试验
		—	—	1.0		
		—	—	2.5		

注：σ_x、σ_y和 σ_z同时增加。

3.2.1 弯矩与轴力之间的相互作用关系

根据《公路隧道设计规范　第二册　交通工程与附属设施》(JTG D70/2—2014)和双线公路隧道衬砌结构设计参数，监测控制点处的内力状态如图 3-4 所示，可判断衬砌结构是否发生破坏及其破坏模式。注意，地应力的大小是通过竖向应力σ_y来确定的，相应的水平应力是根据表达式$\sigma_x=K\sigma_y$来确定的。

通过分析表 3-1 的工况 1(自重应力场主导的情况，$K=0.5$)可以得出空洞对隧道衬砌承载能力的影响。如图 3-4(a)中的蓝色符号所示，在引入空隙($\varphi=0°$)之前，极限竖向地应力σ_y为 1.13 MPa，所有控制点处衬砌均承受很高的轴力 N。偏心距 $e=M/N$ 的大小表征隧道衬砌结构的力学状态。显然，e 值很大表明最有可能发生弯矩引起的张拉破坏；相反，e 值很小表明最有可能发生轴力引起的压缩破坏。

在图 3-4(a)(自重应力场主导的情况 $K=0.5$)中，在没有空洞($\varphi=0$)的前提下，蓝色虚线矩形中的隧道衬砌的拱肩明显易受轴力引起的压缩破坏(较低的 e 值)，由于蓝色三角形位于 C30 钢筋混凝土隧道衬砌的红色的破坏包络线图上。隧道衬砌上的其他位置有很大的安全余度。

当一个较小的空洞存在时($\varphi=30°$)[图 3-4(a)中黑色符号]，会导致衬砌处于不利的内力状态下。隧道衬砌的极限承载能力由 1.13 MPa(无空洞)降至$\sigma_y=760$ kPa。拱顶衬砌轴力 N 大大减小但弯矩 M 则急剧增大，使拱顶成为最容易破坏的部位(黑色圆形符号位于红色 M-N 破坏包络线图边界上)。随着空洞大小进一步增加到 $\varphi=60°$[图 3-4(a)中的绿色符号]，作用在隧道衬砌上的极限竖向地应力达到$\sigma_y=220$ kPa。拱顶的标志(绿色圆圈)再次位于红色的 M-N 破坏包络线图边界上，这表明拱顶成为最易受损的位置。

总体来说，衬砌轴力随着 φ 的增加而迅速降低。试验结果表明，当 $\varphi=0$ 时，衬砌破坏模式从轴力引起的压缩破坏向 $\varphi=60°$时弯矩引起的张拉破坏转变。因此，隧道衬砌拱顶后方的空洞降低了隧道衬砌的承载能力。

考虑表 3-1 中静水压力条件($K=1.0$)的工况 2。无空洞隧道衬砌的承载力为$\sigma_y=$ 950 kPa，相应的试验点位于图 3-4(b)所示的蓝色虚线矩形内。这种情况下，衬砌的墙脚最易发生(压缩)破坏，蓝十字符号位于红色 M-N 破坏包络线图边界上。一旦空洞范围扩大到 30°，此时，拱顶成为最易损的位置，因为其黑色圆符号达到红色 M-N 破坏包络线图边界，并与低轴力和高偏心率 $e(e=M/N)$相关。在 $\varphi=60°$时，衬砌的承载能力进一步下降，达到最小值$\sigma_y=120$ kPa。

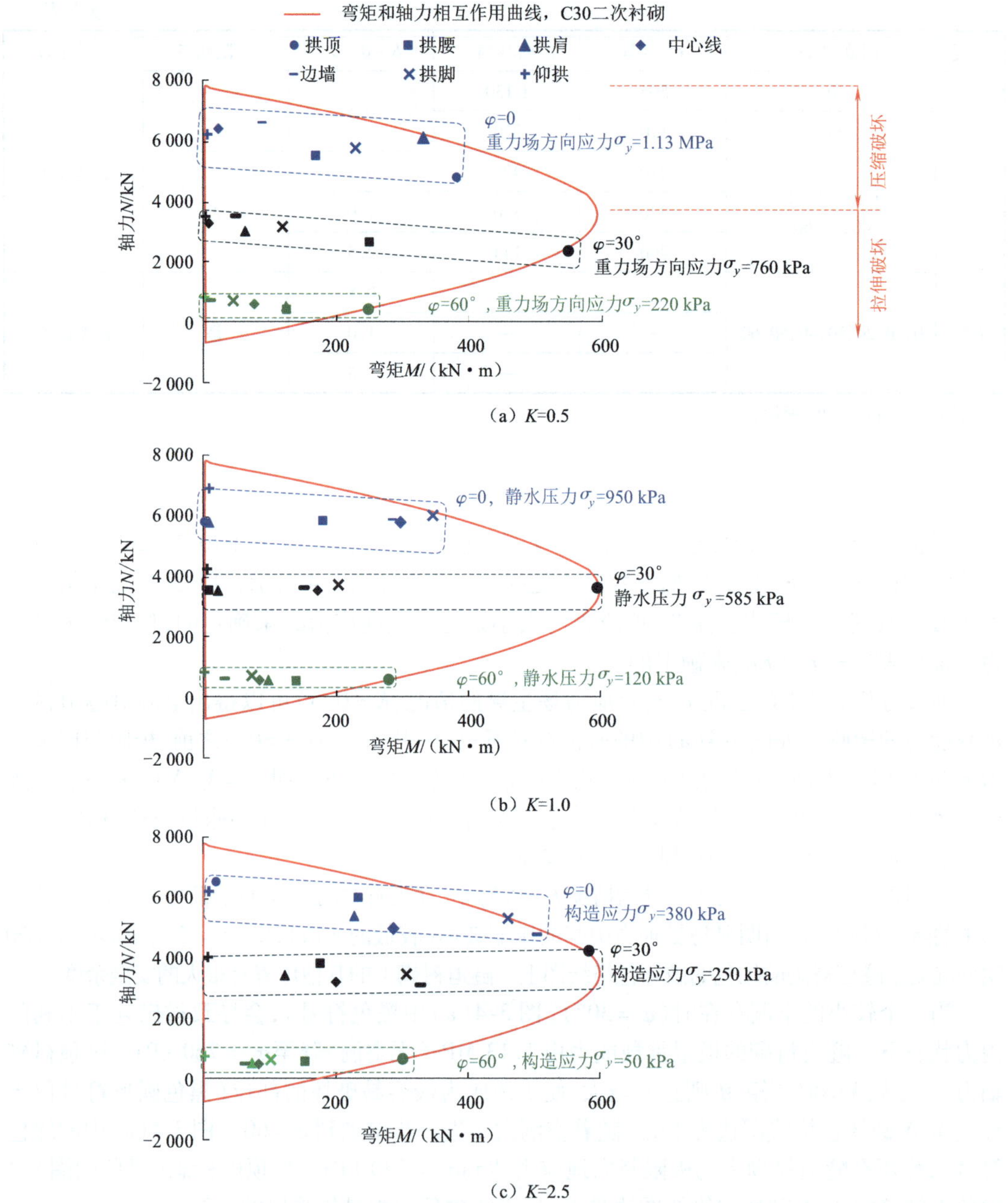

图 3-4 不同侧压力系数与不同空洞范围条件下极限破坏

在构造应力场主导的情况下（$K=2.5$，表 3-1 工况 3），无空洞极限承载能力（$\varphi=0$）为$\sigma_y=380$ kPa，水平地应力对应于$\sigma_x=K\sigma_y=950$ kPa。最易破坏的位置位于墙脚［图 3-4（c）中的蓝色十字符号］，这是由轴力引起的压缩破坏。虽然衬砌拱顶所承受的轴力很大（蓝色圆点），但其弯矩较小。因此，拱顶是安全的，远离红色 *M-N* 破坏包络线图边界。对于小空洞（$\varphi=30°$），极限承载力降低到$\sigma_y=250$ kPa；然而，在此工况下，衬砌的拱顶则是最易发生破坏的位置。将空洞的范围扩大到 60°，极限承载能力进一步下降至$\sigma_y=50$ kPa，最易发生破坏的位置是拱顶，此处极易发生弯矩引起的张拉破坏。

为了更好地研究衬砌空洞对整个马蹄形隧道衬砌力学性能的影响，绘制了极限状态下弯

矩 M 的分布(图 3-5)。当在自重应力场主导的情况下($K=0.5$),无空洞($\varphi=0$)时,衬砌上的弯矩呈蝴蝶形[图 3-5(a)]。此时,正弯矩表示衬砌内部受拉,而负弯矩表示衬砌外部受拉。在自重应力场主导的情况下,最大的弯矩集中在衬砌的上半部,拱脚处出现最大负弯矩和拱顶处最大正弯矩。当空洞范围为 $\varphi=30°$ 时,最大弯矩产生在拱顶。空洞改变了弯矩的大小,但一般不会影响弯矩的方向。当 $\varphi=60°$ 时,极限状态下的弯矩变小,表明衬砌极限承载力进一步降低。

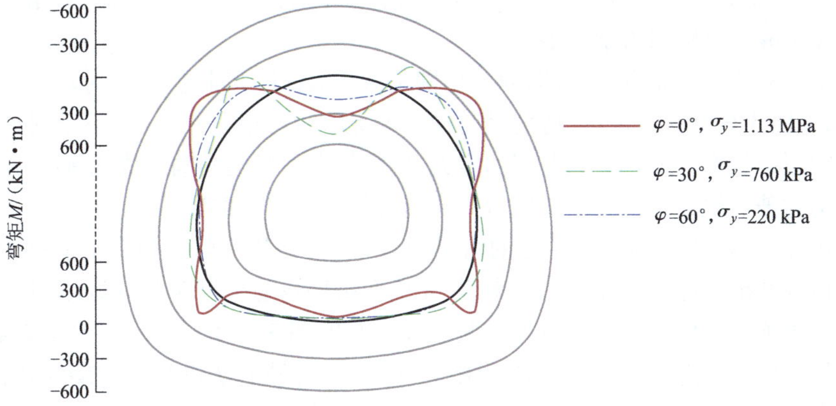

(a) K=0.5

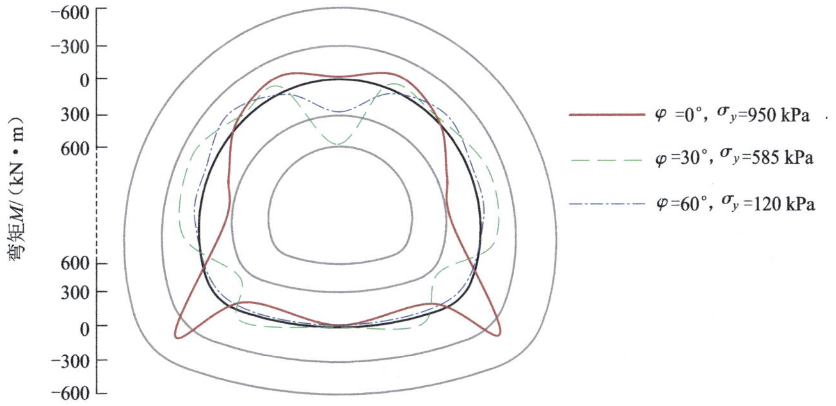

(b) K=1.0

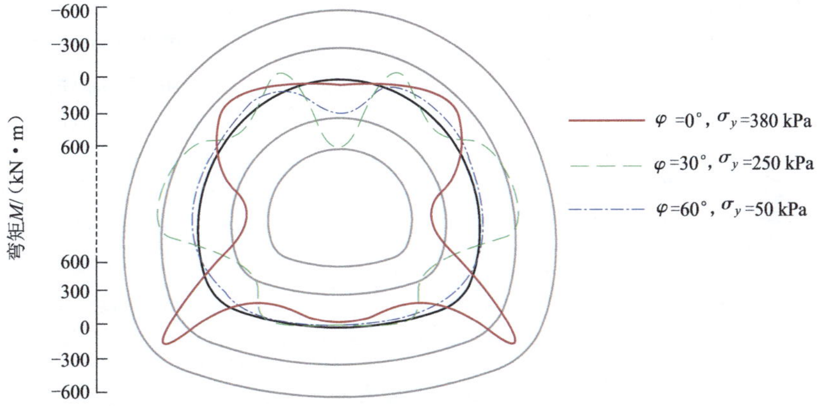

(c) K=2.5

图 3-5　不同侧压力系数下的弯矩分布

图 3-5(b)给出了在静水压力场条件下($K=1.0$)衬砌的弯矩分布。最大弯矩出现在墙脚处,并且倾向于使衬砌发生向外弯折破坏。第二大弯矩位于边墙处,并使其向内弯折。拱顶的弯矩很小,可以忽略不计。当 $\varphi=30°$时,弯矩分布情况与无空洞时完全不同。值得注意的是,拱脚处弯矩方向发生变化[图 3-5(b)中绿色虚线]。当空洞的范围增加到 $\varphi=60°$时,弯矩集中分布在拱顶,而其他位置的弯矩几乎为零。

如图 3-5(c)所示,构造应力场主导的情况($K=2.5$)弯矩的分布与图 3-5(b)所示(静水压力条件下)相似,但在构造应力场主导的情况下弯矩的值要大得多。显然,增加空洞的范围显著劣化了隧道衬砌的力学性能。

虽然空洞对弯矩分布有显著的影响,特别是对于 $K\geqslant1.0$ 时,但空洞对轴力分布的影响要小得多,如图 3-6 所示。显然,特别是与图 3-5 所示的弯矩分布相比,整个衬砌受到轴力相当均匀的压缩状态。随着空洞范围的增大,极限状态下衬砌的轴力成比例减小,表明马蹄形断面衬砌的破坏模式由小偏心压应力主导向大偏心拉应力主导转变。

图 3-6(a)表明,自重应力场主导的情况($K=0.5$),作用在隧道衬砌上的轴力在极限状态下从拱顶到仰拱处逐步增加。总的来说,无论在拱顶衬砌是否存在空洞,作用于仰拱的轴力是作用于拱顶的两倍。在静水应力情况下[$K=1.0$,图 3-6(b)],沿整个隧道衬砌的轴力 N 的大小几乎相同。构造应力场主导的情况($K=2.5$),轴力从拱顶到边墙先逐渐减小,然后逐渐增大到仰拱。因此,在拱顶轴力 N 的大小与在仰拱处的大致相同。

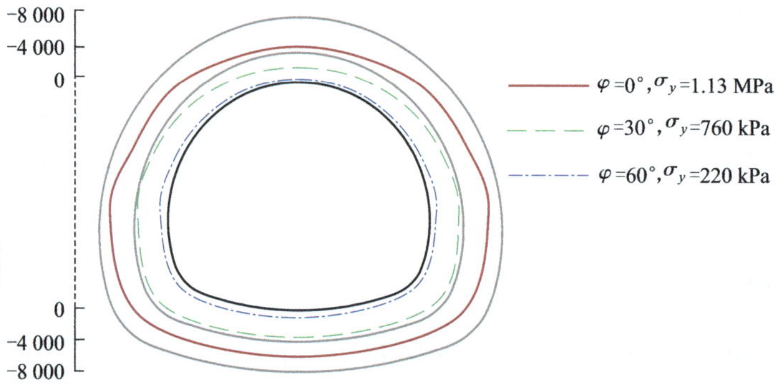

(a) K=0.5

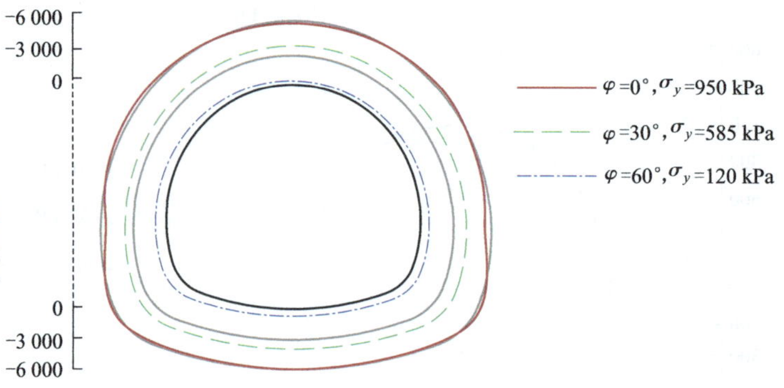

(b) K=1.0

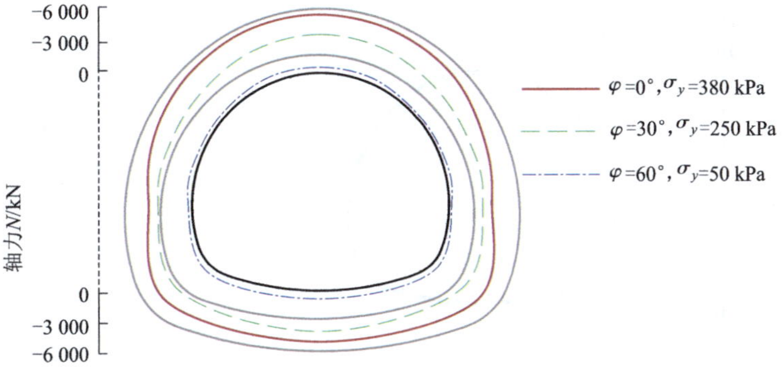

（c）K=2.5

图 3-6 不同侧压力系数下带有空洞衬砌轴力分布

总的来说，空洞不但会大大削弱隧道衬砌的承载能力，更会改变衬砌破坏位置及破坏模式。无空洞条件下，隧道衬砌最有可能在拱脚或墙脚产生轴力引起的压缩破坏。另一方面，当空洞 $\varphi \geqslant 30°$时，隧道衬砌最有可能发生弯矩引起的张拉破坏，最有可能的破坏位置是拱顶。

3.2.2 衬砌空洞对隧道衬砌变形特征的影响

需要指出的是，衬砌模型测量的变形需要乘以物理相似比 30，以反映实际情况下隧道衬砌的变形特征（几何相似比为 $C_L = 1:30$）。图 3-7 显示了衬砌在不同应力场中对不同尺寸的空洞的变形。结果表明地应力和空洞大小在确定衬砌变形中起着决定性的作用。

无空洞的隧道衬砌（$\varphi = 0°$）在自重应力场主导的情况下的变形趋近于扁平，特别是在拱顶[图 3-7（a）]。拱脚向下的变形较小，可以基本忽略不计。当衬砌拱顶出现空洞时，顶部的荷载消失。此外，隧道衬砌上的反力也会失效。弯矩作用使得拱顶的衬砌在空洞位置（$\varphi \geqslant 30°$）向外弯折，这与无空洞（$\varphi = 0°$）的拱顶衬砌的破坏情况相反。

当 $K \geqslant 1.0$[图 3-7（b）和图 3-7（c）]和 $\varphi = 0°$时，水平方向的变形导致拱顶的沉降。在极限土压力作用下，衬砌向内弯折，边墙处的变形最大。在衬砌拱顶后方引入空洞（$\varphi \geqslant 30°$），极限状态下衬砌的水平方向变形迅速减小，而拱顶向外弯折进入空洞。因此，空洞 φ 大小对衬砌的变形有相当大的影响。而且，随着 K 值的增大，变形影响效应的幅度越大。

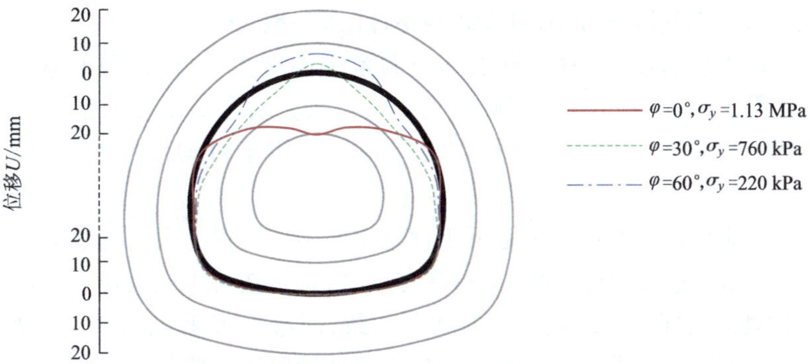

（a）K=0.5

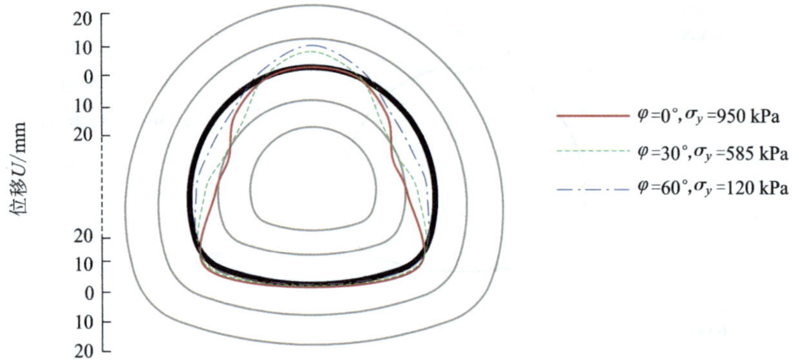

(b) K=1.0

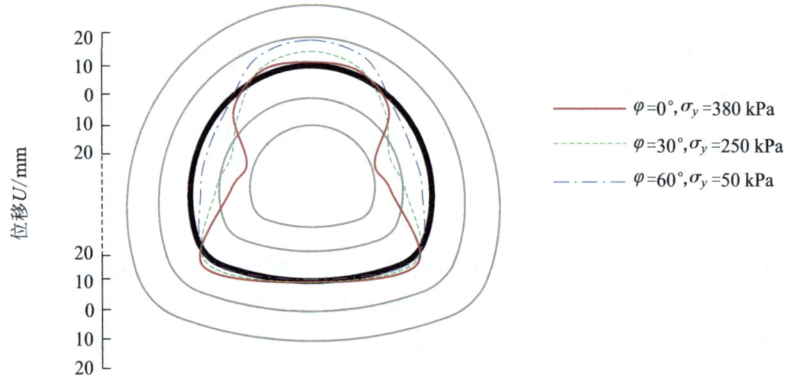

(c) K=2.5

图 3-7　不同侧压力系数条件下极限状态时隧道衬砌变形

3.2.3　衬砌破坏模式

$K=0.5$ 时不同空洞范围衬砌破坏位置如图 3-8 所示。

当施加在衬砌模型上的外部荷载足够大时，衬砌模型就会发生破坏。例如，考虑自重应力场主导的情况下（表 3-1 的工况 1）。在没有空洞（$\varphi=0°$）的情况下，衬砌的拱肩出现压裂缝，因为该点的偏心率 e（$e=M/N$）值较低，如图 3-8 中的左图。衬砌的破坏模式可以通过考虑所承受的内力来解释[图 3-5（a）和图 3-6（a）]。大部分衬砌变形发生在拱顶，并向内部集中。相比之下，拱脚变形非常小，可以忽略不计[图 3-8（a）]。

从图 3-4（a）可以看出，随着衬砌顶部空洞范围的增大，衬砌拱顶的偏心率 e（$e=M/N$）显著增大。因此，当 $\varphi \geq 30°$ 时，衬砌拱顶会发生最大负弯矩诱发的张拉开裂，见图 3-8 中的拱顶处。此外，隧道衬砌的破坏模式可以根据作用于衬砌上的内力[图 3-4（a）]来分析。

目前，隧道衬砌变形监测已成为地下工程施工的标准流程。大量模型试验结果表明，变形监测并不总是判断这类结构安全性的可靠方式，特别是在自重应力场主导的情况下（$K=0.5$）。然而，衬砌的破坏模式总是与内力状态一致，即弯矩 M 和轴力 N。这表明应变测量应该作为必要的预防措施，并在施工和运营期进行持续监测。监测的应变可以通过式(2-2)计算产生的弯矩和轴力，并用于评估隧道的结构安全性。

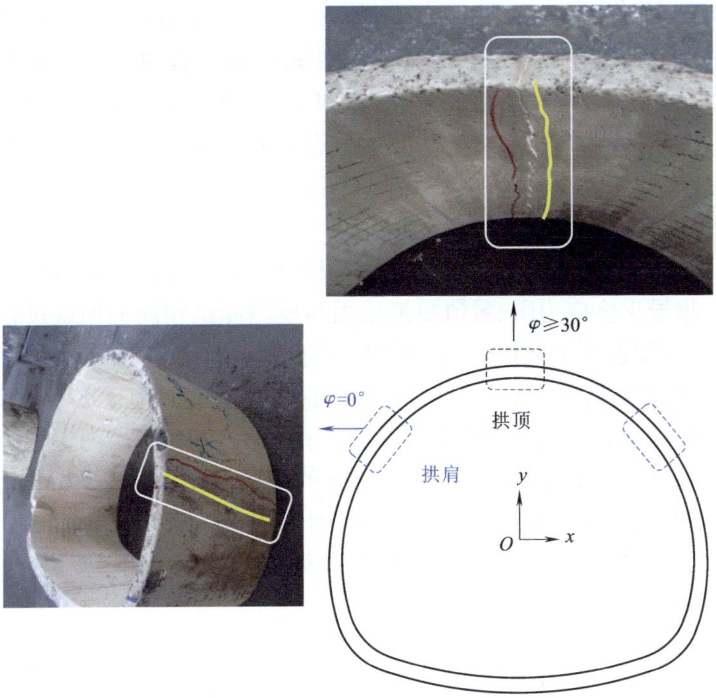

图 3-8　衬砌模型的破坏实拍

3.2.4　数值模拟对比

(1)三维数值模型

使用 ANSYS 中的“弥散”单元来模拟配筋,隧道衬砌的挤压可以用塑性算法来计算,而张拉可以用非线性材料模型来处理。开裂后,钢筋混凝土单元在平行于拉应力方向上的弹性模量为零。非线性有限元模型的尺寸[图 3-9(a)]和力学性能与原型相同。模拟中使用了 LINK10 单元,模拟隧道衬砌与围岩之间的接触关系,同 2.4 节中所描述的一致。

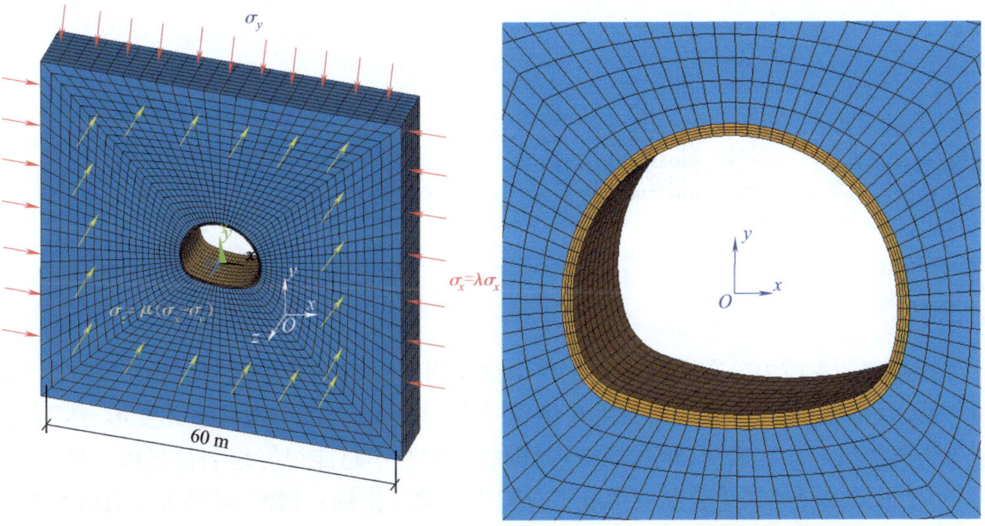

(a) 模型边界条件加载示意图　　(b) 网格划分示意

图 3-9　数值模型示意

本构模型方面,遵循 Von Mises 准则的三维 8 节点 SOLID65 单元来模拟隧道衬砌中的压缩/张拉裂缝。此外,采用摩尔—库仑屈服条件来模拟围岩的非线性行为。为了方便起见,仅给出在地应力场作用下,衬砌有无空洞(即 $\varphi=0°$ 和 $60°$)的详细数值分析结果。如图 3-9(a)所示,数值模型的边界用表 3-1 的工况 4 所示的应力加载,隧道衬砌的放大如图 3-9(b)所示。

(2)数值分析结果

隧道衬砌主应力的分布特征在模型试验中很难得到。然而,数值模拟可以很容易地通过非线性有限元推导出主应力图,数值模拟采用与模型测试相同的加载过程[图 3-3(d)]。根据胡克定律,统一增加了 x、y 和 z 方向上的荷载分量。

图 3-10 为无空洞的情况下的计算结果。此时,垂直荷载对应于$\sigma_y=1\ 130$ kPa,水平值为$\sigma_x=565$ kPa($K=0.5$),对应于表 3-1 中工况 4 中的第一种情况。图 3-10(a)表明,隧道衬砌拱顶的拉应力为 0.68 MPa,远低于 C35 混凝土的抗拉强度$f_{ctm}=2.90$ MPa。因此,在地应力条件下,拱顶不会发生张拉破坏。另一方面,图 3-10(b)显示了在衬砌拱脚内侧出现了 36 MPa的压应力,与 C35 混凝土的抗压强度非常接近($f_{cm}=38$ MPa)。因此,衬砌的拱脚极易产生压缩破坏。

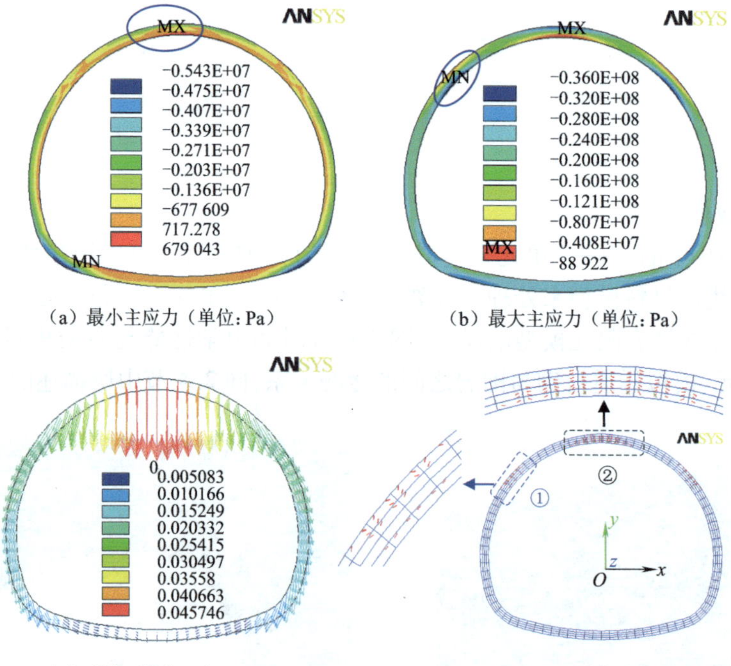

(a) 最小主应力(单位:Pa)　(b) 最大主应力(单位:Pa)

(c) 变形(单位:m)　(d) 裂缝分布

图 3-10　无空洞数值模型的模拟结果

分析衬砌的主应力分布有助于优化模型试验得出的破坏包络线图,如图 3-10(a)中蓝色符号所示。衬砌的大部分变形发生在拱顶[图 3-10(c)],拱肩则几乎无变形,然而,此处可能发生压缩破坏。这表明(地力场中)衬砌的变形并不总能很好地表征衬砌的破坏模式。实际中,变形监测已经成为公路隧道施工过程中的重要指标。然而,这种方法有时并不一定是可靠,特别是在地应力场中。如果荷载进一步增大,轴力诱发的压裂缝将首先出现在拱肩,然后在拱顶内部出现裂纹[图 3-10(d)]。因此,数值模拟结果能够合理地解释试验过程中衬砌模型的开裂位置和开裂次序。

自重应力场下，空洞范围为 60°时的数值模拟结果如图 3-11 所示，分别为主应力、变形和裂缝的分布。

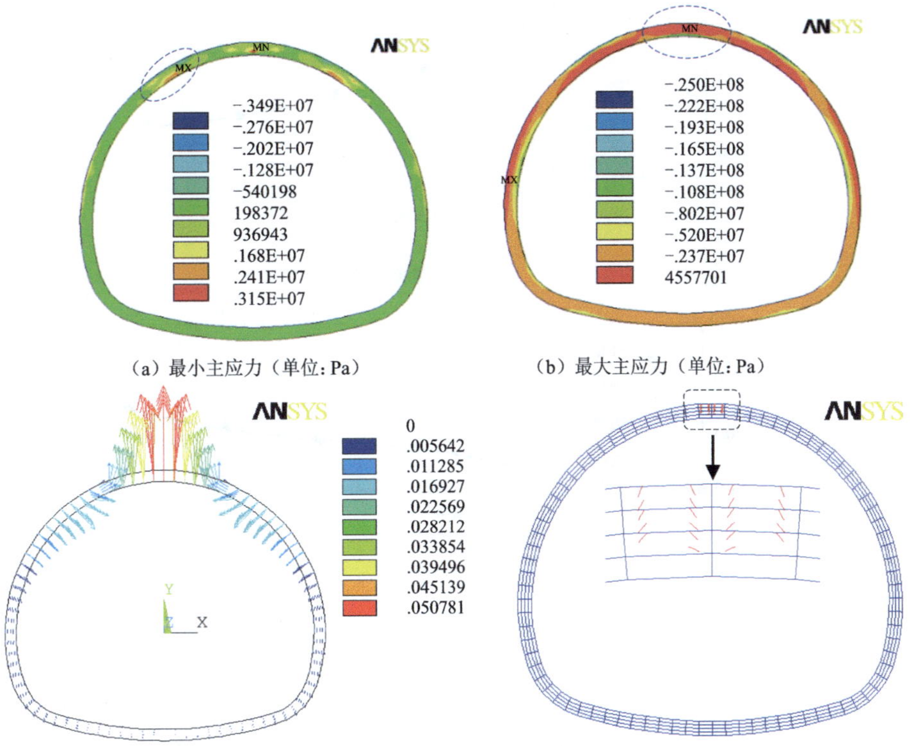

(a) 最小主应力（单位：Pa）　(b) 最大主应力（单位：Pa）

(c) 变形（单位：m）　(d) 裂缝分布

图 3-11　含有空洞的数值分析结果

现在讨论表 3-1 中的工况 4 的第二个例子，其中存在一个空洞，其范围为 $\varphi=60°$时，在这种情况下，混凝土内部的拉应力σ_3为 3.15 MPa[图 3-11(a)]，超过了 C35 混凝土的抗拉强度 $f_{ctm}=2.90$ MPa。也就是说，隧道衬砌的上半部很可能受到弯矩引起的张拉破坏。另一方面，拱顶处的压应力σ_1仅达到 25.0 MPa[图 3-11(b)]，远远低于 C35 混凝土$f_{cm}=38$ MPa 的抗压强度。因此，隧道衬砌最有可能发生弯矩引起的张拉破坏，而不是轴力引起的压缩—剪切破坏。隧道上方由于空洞不能提供拱顶反作用力。因此，拱顶突然向外变形，变形量高达 51 mm[图 3-11(c)]。空洞引起的变形改变了隧道衬砌的轮廓线。除了拱顶，衬砌的上半部向内变形，而边墙的变形可以忽略不计。竖向应力的增加导致拱顶裂缝的形成[图 3-11(d)]。综合考虑主应力分布和变形特征，拱顶处的破坏模式为弯矩引起的张拉破坏。

3.3　侧压力系数 *K* 对衬砌破坏的影响

3.3.1　侧压力系数 *K* 对内力的影响

前述研究了在一系列空洞范围内，侧压力系数 *K* 对内力的影响。对于特定 *K* 值，地应力分量的大小在数值模拟中保持不变，结果如图 3-12 所示。

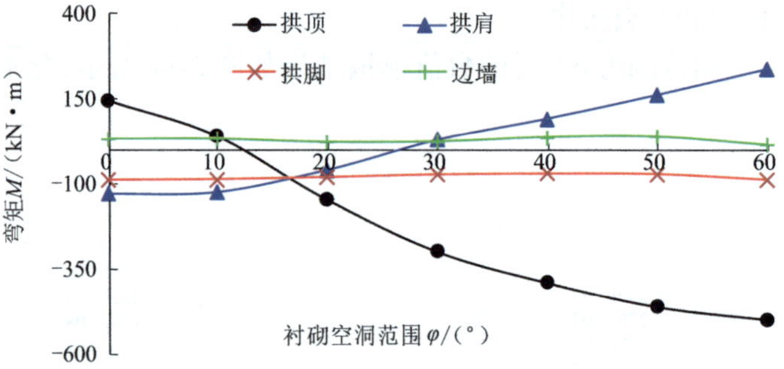

（a）弯矩

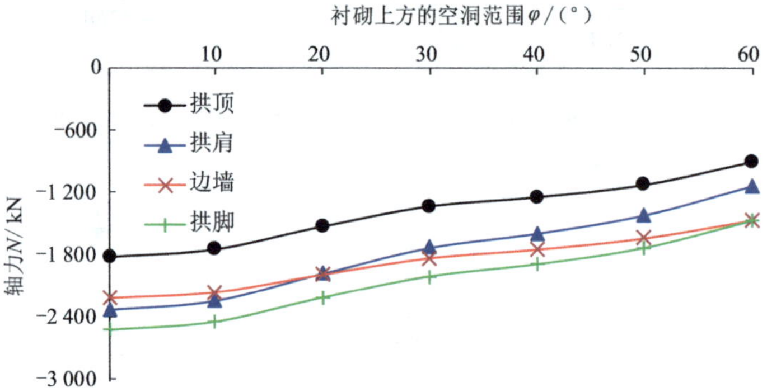

（b）轴力

图 3-12 侧压力系数 $K=0.5$ 时不同空洞角的弯矩和轴力

图 3-12 给出 $K=0.5$ 时的结果。在无空洞条件下($\varphi=0°$)，衬砌拱顶受到正弯矩作用，而负弯矩出现在拱脚和墙脚。随着 φ 的增加，衬砌拱顶的弯矩大幅度减小，方向由正变负，当弯矩诱发的拉应力超过抗拉强度，在衬砌外侧形成拉裂纹。拱顶上方存在空洞，围岩不能为隧道衬砌提供支撑以抵抗弯曲，这意味着拱顶衬砌将向外弯曲。与此同时，拱脚的弯矩缓慢增加。墙脚处的弯矩几乎保持不变，此区域不受空洞的影响。还要注意的是，对于 $\varphi\geqslant20°$ 的空洞，最大的弯矩出现在拱顶处。图 3-12(b)给出整个衬砌承受的轴力。最小的轴力在衬砌的拱顶处，最大的轴力出现在边墙处。随着空洞范围 φ 的增加，轴力的大小逐步下降。由于空洞的存在，隧道衬砌的破坏模式由拱肩的压缩—剪切破坏模式，转变为拱顶的张拉破坏模式。

图 3-13 显示 $K=1.0$(静水压力场条件下)的结果。无空洞($\varphi=0°$)时，隧道衬砌的受力状态良好，即弯矩小，衬砌受压均匀。最大的弯矩和轴力出现在墙脚处[图 3-13(b)]。因此，此种工况下最易受损的位置是墙脚。随着 φ 的增加，拱顶的弯矩急剧下降。相比之下，在 $\varphi<30°$时，拱肩的弯矩基本为零。墙脚处的弯矩 M 似乎也保持不变，直到 $\varphi\geqslant40°$，M 略微增大。

隧道衬砌中使用的混凝土通常具有较高的抗压强度(f_{cm})，但抗拉强度(f_{ctm})相比要低得多。因此，最容易破坏的位置分布：无空洞时($\varphi=0°$)为拱脚，由于轴力诱发的压缩—剪切破坏导致衬砌的开裂；随着空洞范围的增大($\varphi\geqslant30°$)，衬砌的破坏模式转变为弯矩诱发的张拉破坏，衬砌最易发生破坏的部位是拱顶。

图 3-14 给出 $K=2.5$(构造应力场主导下)的结果。变化趋势与 $K=1.0$ 时基本相似(静水压力条件下，图 3-13)。当 $\varphi=0°$时，构造应力使墙脚承受最大负弯矩，边墙承受最大正弯矩

[图 3-14(a)]。然而,拱顶几乎没有弯矩。轴力加上弯矩的组合作用使得墙脚和边墙成为最易产生破坏的位置。轴力对空洞范围 φ 不敏感[图 3-14(b)]。随着空洞范围 φ 增加,拱顶的弯矩显著增加,轴力相应减少。因此,弯矩诱发的张拉破坏很可能发生在衬砌的拱顶。

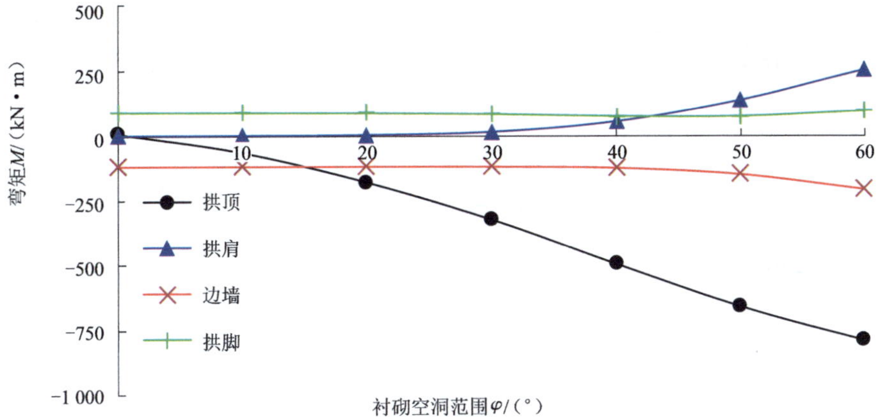

(a) 弯矩

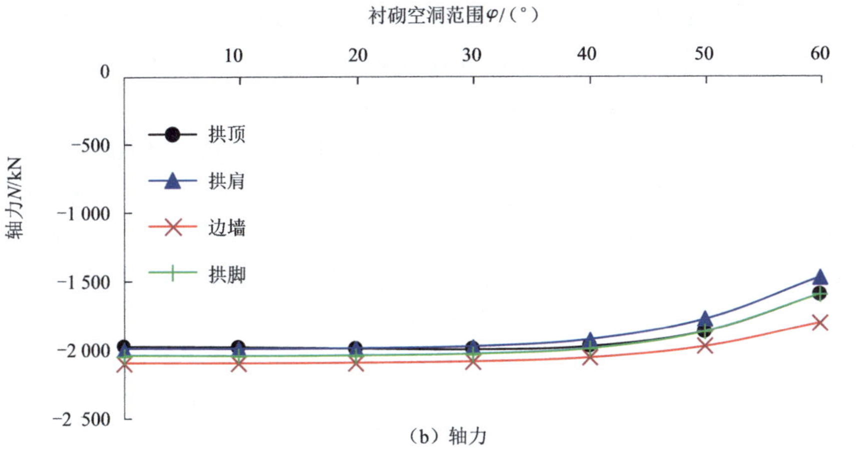

(b) 轴力

图 3-13 侧压力系数 $K=1.0$ 时不同空洞角的弯矩和轴力

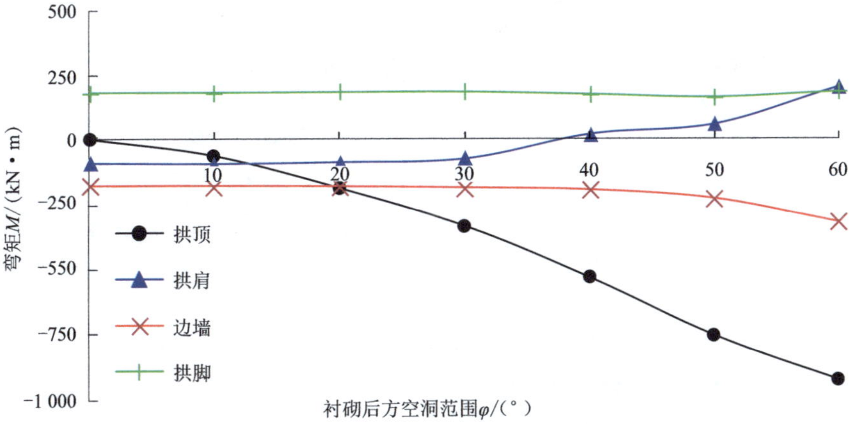

(a) 弯矩

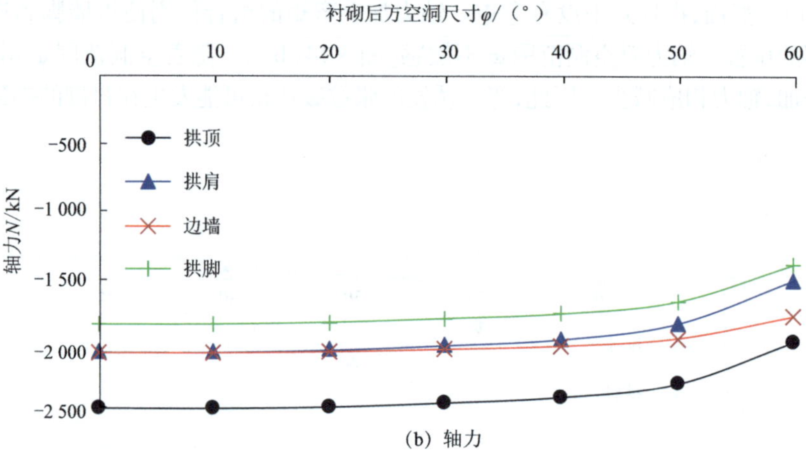

(b) 轴力

图 3-14　侧压力系数 $K=2.5$ 时不同空洞角的弯矩和轴力

3.3.2　隧道衬砌空洞范围对衬砌力学性能影响

通过改变侧压力系数 K 值的大小,可以得到衬砌极限破坏状态下的应力 σ_x 和 σ_y 值。因此,基于式(2-5)中的能量计算方法得出的等效地应力为 σ_e,其表达式为

$$\sigma_e = \sqrt{\sigma_x \sigma_y} = \sqrt{K}\sigma_y \tag{3-1}$$

图 3-15 给出了 σ_e 与 φ 的关系曲线。图中的数值均根据极限破坏包络曲线得到。隧道衬砌在静水压力作用下具有最大的承载能力。然而,在构造应力场主导下($K=2.5$),衬砌承受外部等效地应力 σ_e 的能力最差。图 3-15 还表明,在 $0° \leqslant \varphi \leqslant 20°$ 范围内,隧道衬砌的承载力受空洞的影响较小。然而,在 $20° < \varphi < 50°$ 的范围内,隧道衬砌所能承受的 σ_e 突然减小。当 $\varphi > 50°$ 时,空洞对衬砌承载能力的影响再次变小。

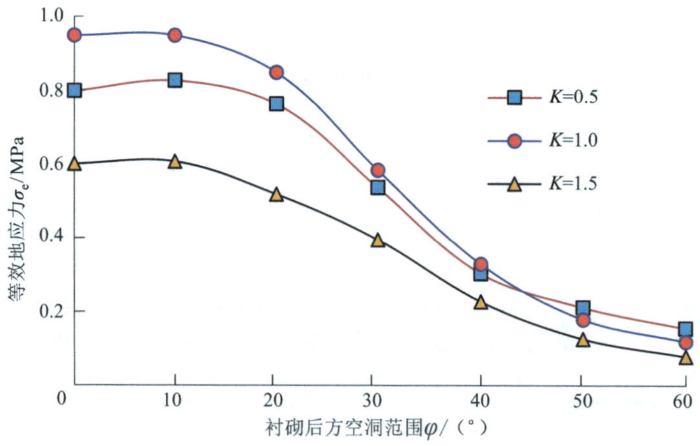

图 3-15　等效地应力与隧道空洞角之间的关系

3.3.3　衬砌空洞对破坏模式影响

如果可以预测隧道衬砌的潜在破坏模式,则可以更有效地制定和实施局部支护措施。因此,进行空洞范围与破坏位置的相关关系研究显得尤为重要。在本节中,σ_x、σ_y 和 σ_z 同步

增加,直到衬砌模型破坏。

对于不同的 K 值,图 3-16 比较了破坏位置和隧道衬砌中破坏的顺序。在每种情况下,土压力分量在 x、y 和 z 方向是一致增加以保持 K 恒定,直到衬砌模型失稳破坏。不同方向的弯矩在衬砌的两侧产生张力,导致衬砌产生内侧裂缝(实心红色单线)和外侧裂缝(虚线蓝色双线)。

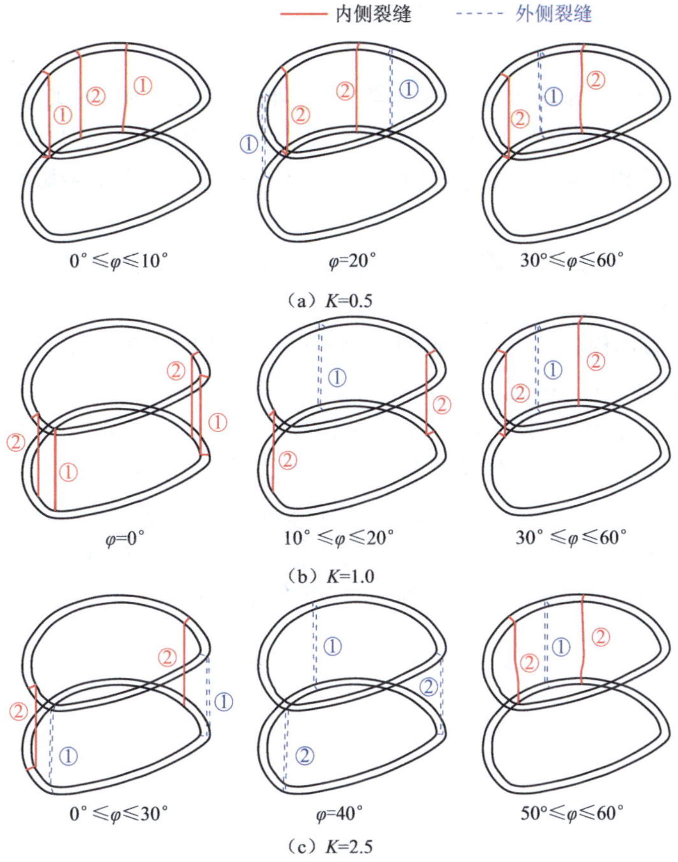

图 3-16 隧道衬砌开裂位置示意

图 3-16(a)给出了在自重应力场主导下的分析结果($K=0.5$,即水平地应力的大小是垂直地应力大小的一半)。当 $0°\leqslant\varphi\leqslant10°$时,由于轴力诱发的压应力,裂纹首先出现在拱肩内侧,负弯矩使衬砌模型向外弯曲。接着,拱顶裂缝形成,正弯矩使衬砌向内弯曲。当 $\varphi=20°$ 时,裂纹首先在拱脚内侧形成,然后在拱肩内侧出现。当 $30°<\varphi<60°$时,由于失去了围岩的反力支撑作用,衬砌拱顶向外弯曲。由于弯矩引起的拉应力导致裂缝首先出现在拱顶外侧。此外,在拱脚内侧又出现了一组裂缝,与 $0°\leqslant\varphi\leqslant10°$时的破坏模式完全相反。

图 3-16(b)给出了静水应力条件下($K=1.0$)的试验情况,在没有空洞的情况下,裂缝首先在墙脚内侧出现。然后裂缝出现在边墙内侧。这与图 3-4(b)中上蓝色虚线矩形中的蓝色符号一致。当 $10°\leqslant\varphi\leqslant20°$时,在拱顶外侧出现弯矩诱发的拉裂缝,拱脚内侧出现裂缝。当 $30°\leqslant\varphi\leqslant60°$时,开裂模式基本与 $K=0.5$ 时相同。

图 3-16(c)给出构造应力场主导情况下($K=2.5$)的试验结果。无空洞时,裂缝首先发生在墙脚外侧,负弯矩使墙脚向外弯曲。然后,裂缝出现在边墙内侧。当 $\varphi=40°$时,所有的

裂缝都出现在衬砌的外侧(拱顶和墙脚处)。当 $50° \leqslant \varphi \leqslant 60°$ 时,裂缝首先出现在拱顶外侧(弯矩诱发的拉应力),在拱脚内侧产生一系列裂缝。值得注意的是,当空洞分布 $\varphi \leqslant 20°$ 时,隧道衬砌的破坏模式直接取决于水平应力与竖向应力之比 K。然而,当 $\varphi \geqslant 50°$ 时,衬砌的破坏模式完全取决于空洞分布 φ 而不是 K[即与应力条件无关,图 3-16(c)]。

3.4 小　　结

(1)当隧道衬砌拱顶后方有空洞($\varphi \leqslant 20°$)时,水平地应力与竖向地应力的比值 K 对隧道衬砌的力学性能有显著影响。隧道衬砌受到轴力诱发的压破坏与高轴力和小偏心距有关(在隧道衬砌的拱脚和墙脚)。无论 K 值如何,空洞在很大程度上不会影响隧道衬砌的承载能力。

(2)当 $\varphi > 20°$ 时,衬砌最易破坏的位置是拱顶,拱顶承受的轴力较小,但偏心距高。拱顶的弯矩从正变为负。破坏是由于弯矩引起的拉应力造成,与没有空洞的衬砌完全不同。因此,空洞使衬砌破坏模式从轴力引起的压缩—剪切破坏转变为弯矩引起的张拉破坏。维修开裂的隧道衬砌时,应明确这些差异,以防止衬砌进一步破坏。

(3)隧道衬砌无空洞时,其破坏模式取决于侧压力系数 K。当 $\varphi \geqslant 50°$ 时,破坏模式完全取决于空洞范围,而不是 K。破坏位置和破坏顺序也与 K 值无关。

(4)隧道衬砌的变形并不一定能够反映其真实的力学状态,特别是在自重应力场占主导的情况下;但破坏模式与内力状态是一致的。建议在加筋隧道衬砌中预先安装应变计,以监测应变的变化,并将其换算成弯矩和轴力,可以有效地评估隧道衬砌是否安全。

4　考虑盲管排水和防水板隔水的隧道支护解析解

近年来交通工程和水利水电工程建设规模越来越大，几乎所有的长大隧道都不可避免遭遇地下水灾害，导致隧道衬砌开裂现象时有发生，带来潜在的运营风险。支护体系分担水荷载和防排水设计体系是富水区山岭隧道修建过程中的两个关键性问题，亟待突破。

现有 10 km 以上的隧道基本都采用排水法，排水可以降低衬砌水压力，局部采取注浆，但衬砌往往仍会渗漏水，存在问题较多。衬砌背后依次是防水板、盲管、初期支护，通过盲管进行排水，防水板使得二次衬砌本身并不渗流排水，现有的解析公式与现实情况存在一定差距，因此值得进一步研究，更新盲管排水的解析公式概念，以期更好地指导支护结构设计，具有重要理论意义和实践价值。

4.1　盲管限量排水和防水板隔水解析

目前隧道涌水量的理论公式都是基于衬砌渗流排水，未考虑盲管限量排水与防水板隔水效应，而现实隧道中采用盲管进行排水（图 4-1）。从隧道壁面向围岩深部的支护体系，依次是：二次衬砌、防水板、盲管、初期支护、注浆圈、围岩，即盲管位于防水板和初期支护之间。

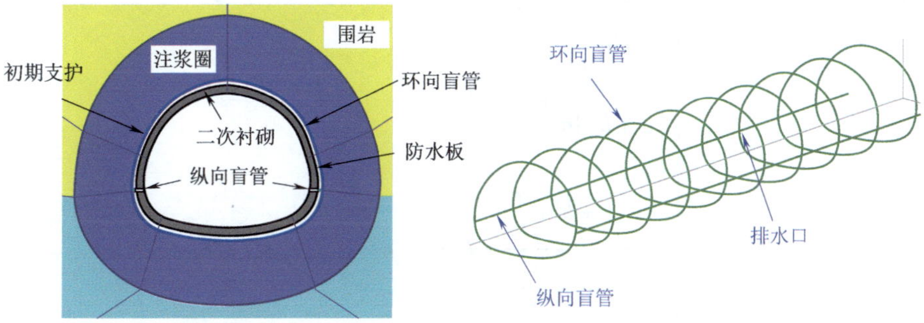

（a）横断面　　　　（b）立面图

图 4-1　隧道防排水设置

4.1.1　盲管限量排水和防水板隔水解析

取隧道轴线方向为 z 轴，隧道半径方向为 r 轴的柱坐标系统，渗流模型如图 4-2 所示。地下水依次经过围岩、注浆圈、初期支护以及防水板，然后地下水由盲管限量排出。r_0 为二次衬砌内半径，r_1 为二次衬砌外半径，r_2 为衬砌支护外半径，r_3 为注浆圈外半径，r_4 为所研究的区域半径。k_1 为二次衬砌渗透系数，k_2 为初期支护渗透系数，k_3 为注浆圈渗透系数，k_4 为围岩渗透系数，P_i 为压力阀控制相应地值，H_0 为总静水压力。

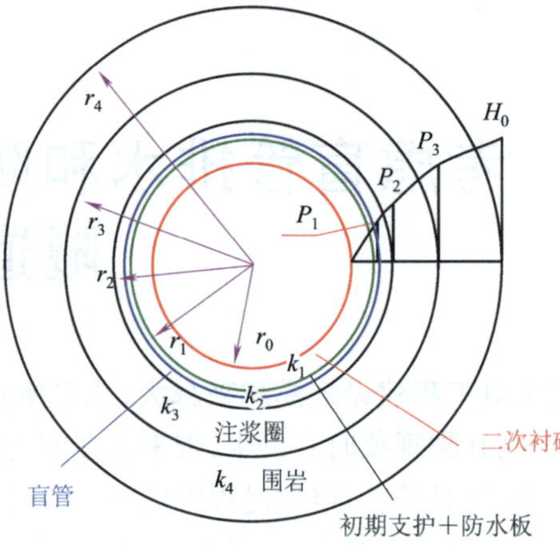

图 4-2　隧道支护体系防排水示意

当排水量较小时，为低流速条件，沿程水头损失与流速成正比，围岩发生径向稳定渗流场，满足达西定律，遵从连续性方程：

$$\nabla^2 p_w = 0 \tag{4-1}$$

$$\frac{\partial^2 p_w}{\partial r^2} + \frac{1}{r} \cdot \frac{\partial p_w}{\partial r} + \frac{\partial^2 p_w}{\partial z^2} = 0 \tag{4-2}$$

长隧道的截面可以近似认为平面应变状态，垂直于 z 轴，故 $\frac{\partial p}{\partial z}=0$，故式(4-2)可简化为

$$\frac{\partial^2 p_w}{\partial r^2} + \frac{1}{r} \cdot \frac{\partial p_w}{\partial r} = 0 \tag{4-3}$$

利用边界条件(水压力和渗流速度)的连续性，得出

$$p_w = \begin{cases} \dfrac{c\ln\dfrac{r}{r_0}}{(a+b)\ln\dfrac{r_1}{r_0}} \cdot H_0\gamma & r_0 \leqslant r \leqslant r_1 \\ \dfrac{c\ln\dfrac{r_2}{r} + b\ln\dfrac{r}{r_1}}{(a+b)\ln\dfrac{r_2}{r_1}} \cdot H_0\gamma & r_1 \leqslant r \leqslant r_2 \\ \dfrac{b\ln\dfrac{r_3}{r_2} + d\ln\dfrac{r}{r_2}}{(a+b)\ln\dfrac{r_3}{r_2}} \cdot H_0\gamma & r_2 \leqslant r \leqslant r_3 \\ \dfrac{a\ln\dfrac{r}{r_3} + b\ln\dfrac{r_4}{r_3} + d\ln\dfrac{r_4}{r}}{(a+b)\ln\dfrac{r_4}{r_3}} \cdot H_0\gamma & r_3 \leqslant r \leqslant r_4 \end{cases} \tag{4-4}$$

式中

$$a = k_1 k_2 k_3 \ln \frac{r_4}{r_3} + k_1 k_2 k_4 \ln \frac{r_3}{r_2}$$

$$b = k_1 k_3 k_4 \ln \frac{r_2}{r_1} + k_2 k_3 k_4 \ln \frac{r_1}{r_0}$$

$$c = k_2 k_3 k_4 \ln \frac{r_1}{r_0}$$

$$d = k_1 k_2 k_4 \ln \frac{r_3}{r_2}$$

则隧道的渗流量为

$$Q = vA = \frac{kA}{\gamma} \cdot \frac{\partial p_w}{\partial r} \tag{4-5}$$

将隧道涌水量分成两部分：盲管排水量 Q'_0和衬砌渗流水量Q''_0。设总的静水压力为H_0，由Q'_0消耗的静水压力为H'_0，由Q''_0消耗的静水压力为H''_0，即

$$H'_0 + H''_0 = H_0 \tag{4-6}$$

当只考虑盲管排水时，通过式(4-4)可知，设置初期支护内表面水压力为0，即 $p_w(r_1 = 0) = 0$，在围岩范围内积分，因此，地下水流量只通过初期支护直接由盲管排出的涌水量为

$$Q'_0 = \frac{2\pi k_2 b}{\ln \frac{r_2}{r_1}(a+b)} H'_0 \tag{4-7}$$

如果在H_0水头下，排出初期支护的水完全有盲管排出，若未通过衬砌排出时，则

$$Q_0 = \frac{2\pi k_2 b}{\ln \frac{r_2}{r_1}(a+b)} H_0 \tag{4-8}$$

当防水板年久失效时，水通过二次渗流，设置二次衬砌内表面水压力为0，即 $p_w(r = r_0) = 0$，并在衬砌内积分，便可得到单位长度隧道通过衬砌的渗流量：

$$Q''_0 = \frac{2\pi k_1 c}{(a+b)\ln \frac{r_1}{r_0}} H''_0 \tag{4-9}$$

由式(4-4)得，衬砌背后水压力为

$$p_w(r = r_1) = P_1 = \frac{c\ln \frac{r_1}{r_0}}{(a+b)\ln \frac{r_1}{r_0}} H''_0 \gamma = \frac{c}{(a+b)} H''_0 \gamma \tag{4-10}$$

4.1.2　防水板年久失效且盲管排水公式推导

(1)外水压力折减系数与导水系数关系

根据岩石水力学定义，衬砌外水压力折减系数$\beta = \frac{p_w(r=r_1)}{H_0} = \frac{cH''_0}{(a+b)H_0}$，因此

$$H''_0 = \frac{p_w(r=r_1)}{H_0} = \frac{\beta a + b\, H_0}{c} \tag{4-11}$$

盲管导水系数为盲管排水量占隧道初期支护渗出水总量的百分比 η，即如果导水系数为1，衬砌背后的水完全由盲管排出，衬砌不承担水压力。如果导水系数为0，此时盲管完全不排水（堵死），防水板年久失效，则衬砌承担由自身渗流压引起的水压力。

$\eta=\dfrac{Q_0'}{Q_0}=\dfrac{H_0'}{H_0}$，由此导出 $H_0'=\eta H_0$，联立式(4-6)和式(4-11)，得 $\eta+\dfrac{\beta(a+b)}{c}=1$，即得到衬砌外水压力折减系数 β 与盲管导水系数 η 关系为

$$\beta=\frac{(1-\eta)\times c}{a+b}=\frac{(1-\eta)\times k_2k_3k_4\ln\dfrac{r_1}{r_0}}{k_1k_2k_3\ln\dfrac{r_4}{r_3}+k_1k_2k_4\ln\dfrac{r_3}{r_2}+k_1k_3k_4\ln\dfrac{r_2}{r_1}+k_2k_3k_4\ln\dfrac{r_1}{r_0}} \tag{4-12}$$

(2)盲管排水量与衬砌渗水量关系

由盲管排水量式(4-7)导出：

$$H_0'=\frac{\ln\dfrac{r_2}{r_1}(a+b)\times Q_0'}{2\pi k_2b} \tag{4-13}$$

防水板年久失效，且盲管限量排放，由衬砌渗流排水量式(4-8)导出：

$$H_0''=\frac{(a+b)\ln\dfrac{r_1}{r_0}\times Q_0''}{2\pi k_1c} \tag{4-14}$$

将式(4-13)和式(4-14)代入式(4-6)，则盲管导水量 Q_0' 与衬砌排水量 Q_0'' 关系式为

$$\frac{\ln\dfrac{r_2}{r_1}(a+b)\times Q_0'}{2\pi k_2b}+\frac{(a+b)\ln\dfrac{r_1}{r_0}\times Q_0''}{2\pi k_1c}=H_0 \tag{4-15}$$

(3)盲管导水量与衬砌外水压力关系

由式(4-11)得衬砌排水损失的水头高度为

$$H_0''=\frac{(a+b)}{c\gamma}p_1 \tag{4-16}$$

联合式(4-13)、式(4-14)和式(4-16)，代入式(4-6)，得到盲管排水量 Q_0' 与衬砌背后压力 P_1 关系为

$$\frac{a+b}{c\gamma}P_1+\frac{\ln\dfrac{r_2}{r_1}(a+b)\times Q_0'}{2\pi k_2b}=H_0 \tag{4-17}$$

4.1.3 防水板完全隔水且盲管排水公式推导

(1)盲管导水量与衬砌外水压力的关系

设当防水板隔水效应良好条件下（衬砌为完全不透水），水只能通过盲管排出。由式(4-13)可得出盲管导水量 Q_0' 消耗掉的静水头 H_0'，而静水头 H_0-H_0' 是完全作用在衬砌上，相当于静水压力，因此，衬砌外水压力为：$P_1=P_1'+(H_0-H_0')\gamma$，其中 p_1' 由式(4-4)求得。

$$P_1=p_w(r=r_1,r_1\leqslant r\leqslant r_2)'+(H_0-H_0')\gamma=\frac{c}{a+b}H_0'\gamma+(H_0-H_0')\gamma=H_0\gamma+\left(\frac{c}{a+b}-1\right)H_0'\gamma$$

其中，H_0' 由式(4-13)代入，得

$$P_1 = H_0\gamma + \frac{\ln\frac{r_2}{r_1}(c-a-b)\times Q_0'}{2\pi k_2 b}\gamma \tag{4-18}$$

(2)衬砌水压折减系数与盲管导水系数的关系

当衬砌为不透水条件下,即采用的防水板隔水效果良好,水只能通过衬砌背后的盲管限量排出。由式(4-18)两边除以静水压力,得

$$\frac{P_1}{H_0\gamma} = \beta = 1 + \frac{\ln\frac{r_2}{r_1}(c-a-b)\times Q_0'}{2\pi k_2 b H_0} \tag{4-19}$$

因$Q_0' = \eta \times Q_0$,由式(4-13),以及$\eta = \frac{Q_0'}{Q_0} = \frac{H_0'}{H_0}$,可得

$$Q_0' = \eta \times Q_0 = \eta \times \frac{2\pi k_2 b}{\ln\frac{r_2}{r_1}(a+b)}H_0 \tag{4-20}$$

将式(4-20)带入式(4-19),即

$$\beta = 1 + \frac{\ln\frac{r_2}{r_1}(c-a-b)}{2\pi k_2 b H_0} \times \eta \times \frac{2\pi k_2 b}{\ln\frac{r_2}{r_1}(a+b)}H_0 = 1 + \frac{c-a-b}{a+b}\times\eta \tag{4-21}$$

4.2 工程实例

兰新铁路增建第二双线祁连山一号隧道地处祁连山中高山区,位于青海省门源回族自治县硫磺沟至甘肃省民乐县小平羌沟间。隧道起讫里程为 DK335 + 650 ~ DK345 + 150,长度 9 500 m,进口位于硫磺沟内,高程 3 572.3 m,出口位于小平羌沟内,高程 3 382.3 m。隧道穿越以全风化砂岩为主的地层,隧址区地下水极为丰富,采用“限量排放”的方式堵水降压,排水量控制在一定范围内,因此渗流速度较小,属于低流速条件,现场照片如图 4-3 所示。

图 4-3 祁连山隧道掌子面现场

隧道断面如图 4-4 所示,其跨度 13.82 m,高度 11.68 m,开挖面积为 139.7 m^2,按照面积等

效,其二次衬砌有效外半径为6.7 m(内径6.2 m)。最大水头为720 kPa(即72 m水头),以$r_4=72+6.2=78.2$(m)为外圈计算半径。

根据混凝土、注浆加固设计和施工实际情况,喷混凝土实际抗渗等级在S3左右,注浆加固圈抗渗等级更低。根据地质勘查报告、现行规范、文献调研,以及工程经验,围岩、注浆圈、初期支护和二次衬砌综合渗透系数见表4-1。

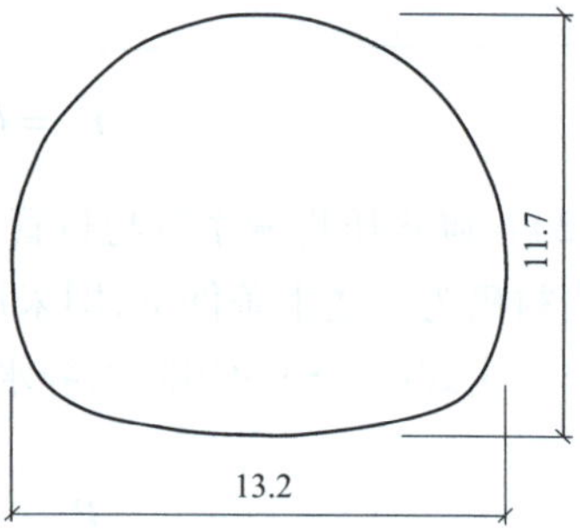

图4-4　高速铁路祁连山隧道断面(单位:m)

表4-1　隧道支护体系渗透系数

类别	二次衬砌	初期支护	注浆圈	围岩
渗透系数/$(m\cdot d^{-1})$	1.0×10^{-5}	1×10^{-4}	0.000 56	0.036
厚度(内径)/m	$r_0=6.2$	$r_1=6.7$	$r_2=7.1$	$r_3=12.1$

4.2.1　防水板年久失效且盲管排水

(1)围岩与支护体系分担水荷载

由式(4-12)和式(4-13)计算了完全由盲管排水时的涌水量为0.286 m^3/d(衬砌完全不承受水压)。当盲管堵死,水完全由衬砌渗流排水时的涌水量为0.048 m^3/d。防水板年久失效条件下,对比是否采用盲管排水工况,衬砌、初期支护、注浆圈、围岩分别承担的水荷载分布曲线如图4-5所示。

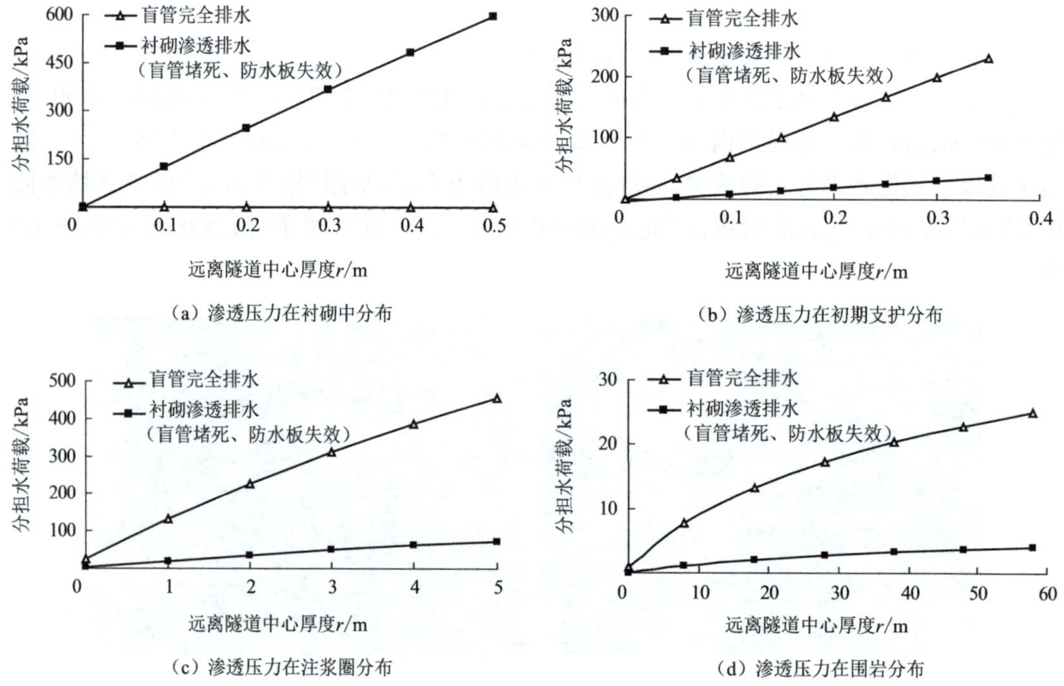

(a)渗透压力在衬砌中分布　(b)渗透压力在初期支护分布

(c)渗透压力在注浆圈分布　(d)渗透压力在围岩分布

图4-5　盲管是否排水条件下围岩和支护结构分担水荷载分布曲线

从图4-5可以看出:是否采用盲管排水,支护结构体系承担的水荷载完全不同。当采用盲管完全排水时，衬砌基本不承受水压；如不采用盲管排水，衬砌将承担约 598 kPa 的水压。当采用盲管完全排水时，初期支护、注浆圈和围岩承担的水荷载与二次衬砌规律相反；初期支护、注浆圈和围岩承担的水荷载较大，特别是注浆圈，发挥了较大的降压作用。因此，高水压隧道应设置盲管排水，并且进行高压注浆止水降压。

(2)不同盲管导水系数支护体系分担水荷载

工程中采用的是“限量排放”，防水板年久失效情况下，当盲管排水为总排水量的25%（盲管排水 0.071 5 m^3/d、衬砌渗水 0.036 3 m^3/d）、50%（盲管排水 0.143 0 m^3/d、衬砌渗水 0.024 2 m^3/d）和 75%（盲管排水 0.214 5 m^3/d、衬砌渗水 0.012 1 m^3/d）时，支护体系和围岩承担的水荷载渗透压分布曲线如图 4-6 所示。

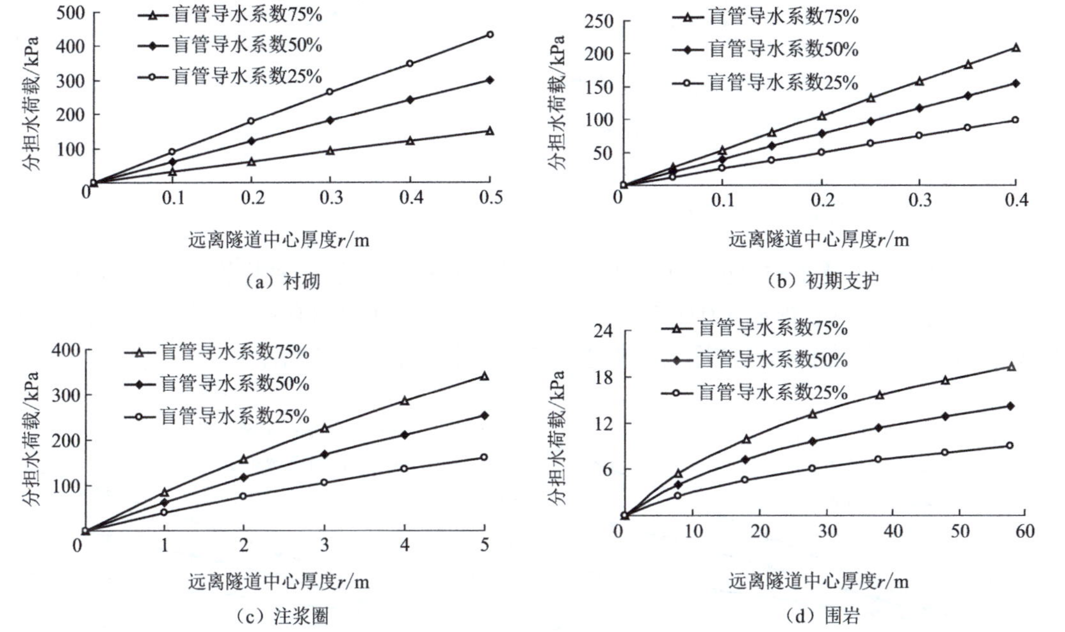

图 4-6　防水板失效时不同盲管导水系数下围岩和支护结构分担水荷载曲线

从图 4-6 看出，盲管排水导水系数 75%和 25%时，围岩和支护体系水荷载差异较大。随着盲管导水系数的增大，衬砌承担荷载减小，初期支护、注浆圈和围岩承担水荷载加大。

防水板年久失效情况下，排水量与盲管导水系数的关系如图 4-7 所示。

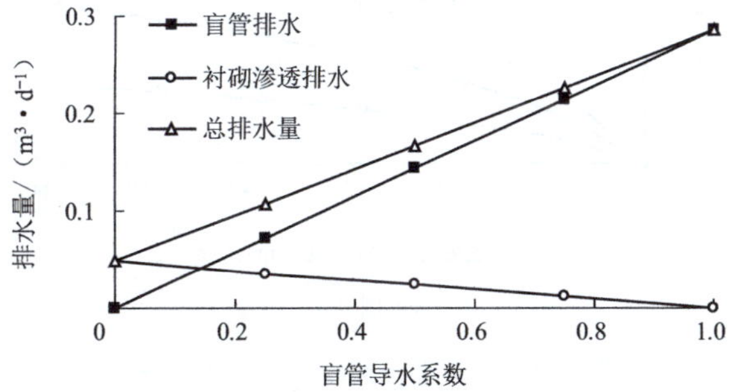

图 4-7　防水板失效时盲管导水系数与排水量

从图 4-7 看出，随着盲管导水系数的增大，盲管排水量增大，而透过衬砌的排水量减小，总水量增大，三者之间存在着动态相关关系。

防水板失效条件下，衬砌外水荷载、总排水量、盲管排水量三者之间存在动态相互关联，如图 4-8 所示。从图 4-8 看出，防水板失效时，盲管排水量减小，透过衬砌的涌水量增大，均会导致衬砌外水压力的增大。

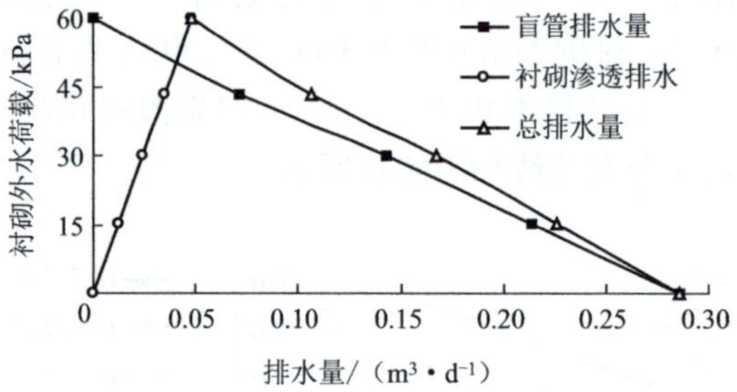

图 4-8　防水板失效时衬砌外水荷载与盲管排水量

4.2.2　防水板隔水良好且盲管排水

衬砌是完全不透水的（防水板效果良好），现实中采用的是“限量排放”。当盲管排水为总排水量的 25%（盲管排水 0.071 5 m^3/d）、50%（盲管排水 0.143 0 m^3/d）和 75%（盲管排水 0.214 5 m^3/d）时，支护体系和围岩承担水荷载分布曲线如图 4-9 所示。

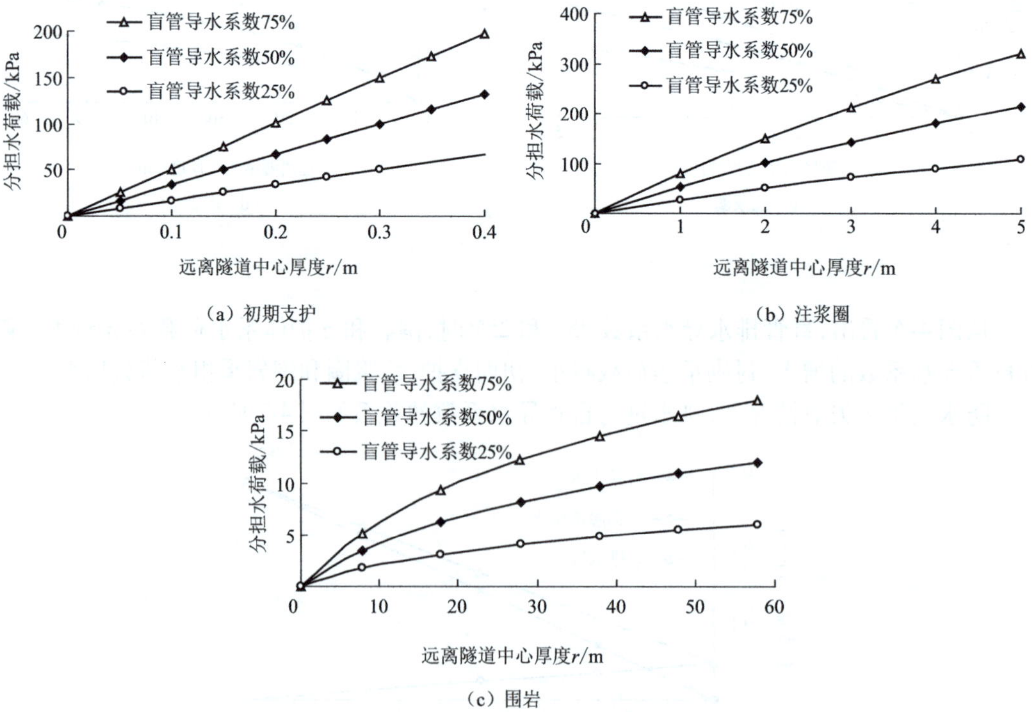

图 4-9　防水板隔水良好时支护结构体系中各构件分担水荷载的曲线

从图 4-9 看出，盲管导水系数 75%和 25%时，围岩和支护体系水荷载差异较大。随着盲管导水系数的增大,衬砌承担荷载减小,初期支护、注浆圈和围岩承担水荷载加大。

衬砌透水(防水板年久失效)、衬砌完全不透水(防水板效果良好)条件下,衬砌水压折减系数与盲管导水系数关系如图 4-10 所示。

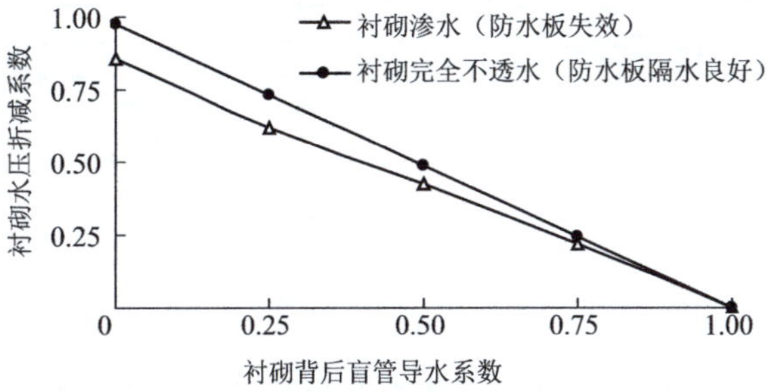

图 4-10 衬砌水压折减系数与盲管导水系数关系

从图 4-10 看出,在盲管导水系数为 0 时(完全堵死),无论防水板是否失效,衬砌背后水压力均很大。当衬砌渗水时,由于水在介质中渗流需消耗一定的水头,因此即使盲管导水系数为 0,外水压力也存在折减。当盲管导水系数为 1 时,衬砌背后的水压力均为 0。

4.2.3 注浆圈加固系数的堵水降压效应

设围岩与注浆加固圈的渗透系数之比为 n,利用前述推导的公式分析注浆圈“堵水降压”效应。假定盲管里面的水全部排出,即衬砌不承担水压力,图 4-11 为不同注浆圈系数条件下,隧道盲管排水量与注浆圈厚度之间变化关系曲线。

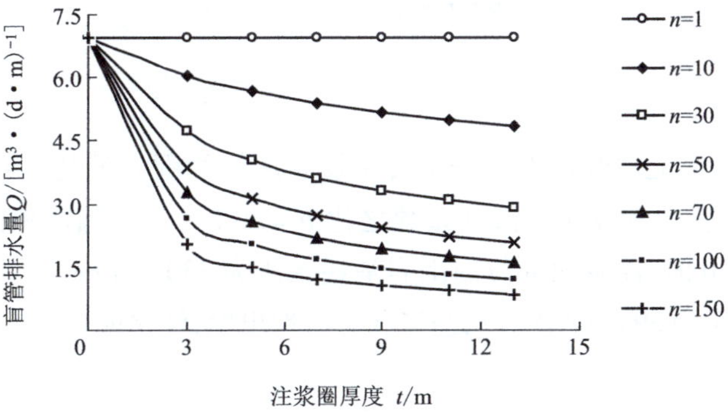

图 4-11 盲管排水量与注浆圈厚度关系

从图 4-11 看出,注浆加固圈具有显著的堵水作用,与无注浆圈相比[横坐标为 0 点,对应的渗水量为 6.936 $m^3/(d \cdot m)$],注浆圈使得隧道涌水量明显减小。在相同的注浆渗透系数下,注浆圈厚度越大,堵水效果越明显,总体呈非线性减小趋势,从经济和堵水效果出发,注浆圈厚度在 5 ~ 7 m 较为合适。相同注浆圈时,注浆圈渗透系数越低,隧道涌水量越小。围岩和注浆圈渗透系数之比在 n = 50 ~ 70 较为合适,注浆圈渗透系数继续降低,控制排水量能力有限。在现有工艺条件下,围岩和注浆圈渗透系数之比 n = 50 ~ 70 可行。假定注浆圈厚度为 7 m,不同注浆圈渗透系数条件下,加固圈分担水荷载与降低水压效果如图 4-12 所示。

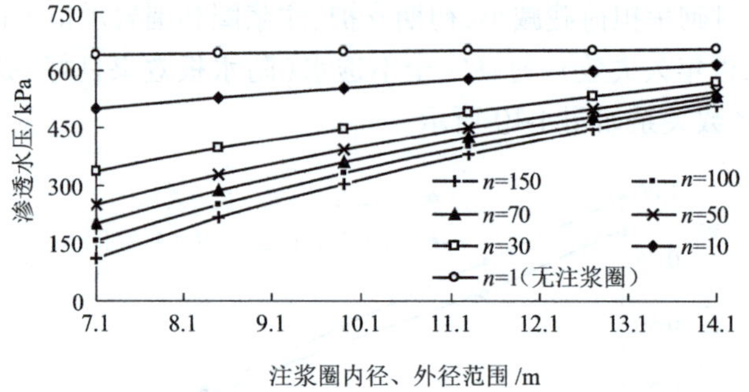

图 4-12 不同渗透系数注浆圈范围内渗透压分布曲线

从图 4-12 看出，注浆圈渗透系数对注浆圈本身的渗流场改变效果明显，渗透系数越小，注浆圈内径、外径的渗透水压越小。不注浆时，即 $n=1$（围岩和注浆圈渗透系数相同），注浆圈内径、外径部位水压基本一致。随着注浆圈渗透系数的降低（即 n 值增大），注浆圈内、外侧的水压差越大，如图 4-13 所示。

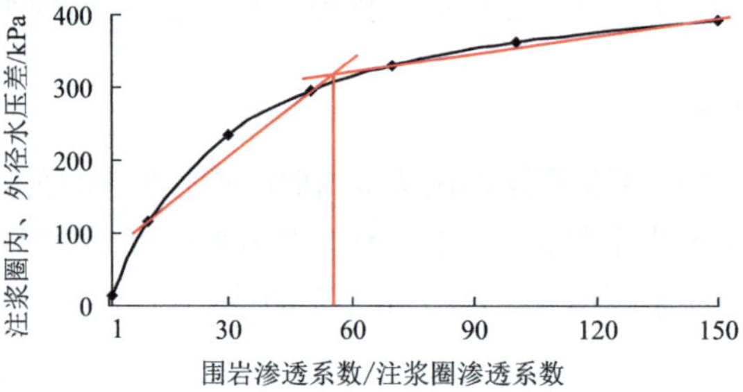

图 4-13 不同渗透系数的注浆圈降压效果

从图 4-13 看出，当无注浆圈时（$n=1$），注浆圈部位的围岩消耗水压（内、外径的水压差）为 15.0 kPa。当围岩和注浆圈渗透系数之比 $n=50$ 时，注浆圈部位的围岩消耗水压为 294.3 kPa。当 $n=70$ 时，注浆圈部位的围岩消耗水压为 330.2 kPa。当 $n=150$ 时，注浆圈部位的围岩消耗水压为 394.2 kPa。从经济和可行性出发，注浆圈渗透系数之比 $n=50\sim70$ 较为合理。

4.3 支护结构的受力特征

上述提出了考虑盲管排水的渗流场及支护体系分担水压解析公式，并以祁连山高速铁路隧道进行了计算，但是没有设计隧道主体结构在水位变化条件下的受力特征、破坏模式。因此，补充了数值模拟不同水压条件下，隧道主体结构（二次衬砌）在水压作用下的力学响应，分析裂纹发展过程、部位以及极限承载力。

4.3.1 计算模型

采用 ANSYS 有限元软件，衬砌为不等厚的实体单元（拱顶 50 cm、仰拱 60 cm），可模拟钢筋混凝土开裂过程，采用整体式配筋形式。建立三维非线性模型，计算网格如图 4-14 所示。

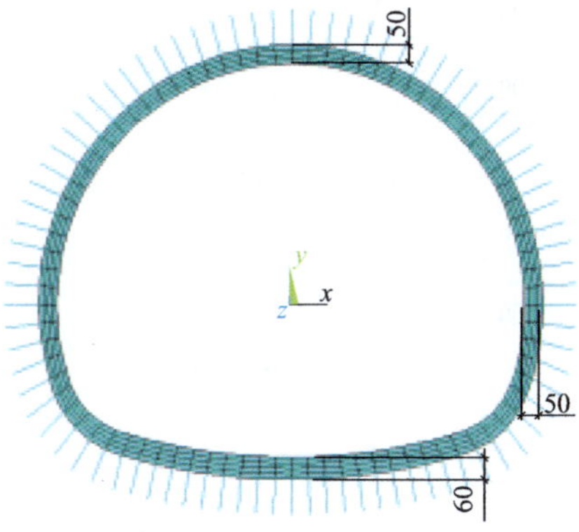

图 4-14　有限元计算模型（单位：cm）

4.3.2　数值模拟结果

假定衬砌先承担接触压力 0.2 MPa，再逐级增大水压，按照“上小下大”的灯泡形施加，当水压为 0 时（即只有 0.2 MPa 土压）和 300 kPa（即 30 m 水头）时，衬砌的弯矩、轴力分布如图 4-15 所示。

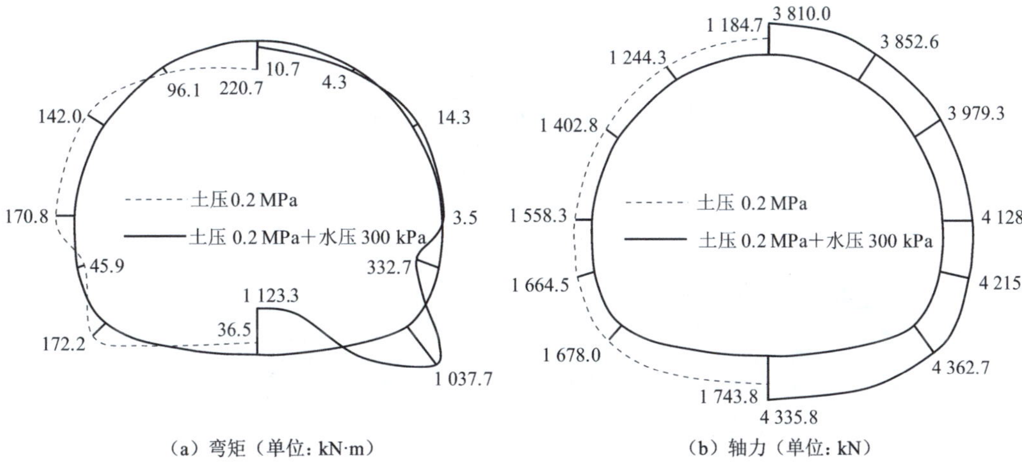

图 4-15　衬砌内力分布

从图 4-15 看出，土压为 0.2 MPa 时，弯矩峰值出现在隧道拱顶，为最不利位置。水压作用下，衬砌弯矩分布形态改变，呈“葫芦”状分布，最大弯矩发生在墙脚和仰拱，极易发生小偏心受压破坏。其中墙脚向外、仰拱向内，成为关键控制部位。不同于土压条件下衬砌结构的力学行为，即弯矩最大值发生的拱部。衬砌轴力总体差距不大，从拱顶到仰拱，逐渐增大。

通过数值模拟，获得了衬砌结构在水压加载过程中关键部位的弯矩和轴力，根据《铁路隧道设计规范》（TB 10003—2016）计算衬砌安全性，模拟得到的衬砌关键点受力特征与水压力关系如图 4-16 所示。

图 4-16 中，当水压力为 0 时，代表衬砌只承担 0.2 MPa 的接触压力（$K=0.5$），此时弯矩最大值出现在拱顶向内，为 220.7 kN · m。随着水压力的持续增大，拱顶弯矩略有减小，仰拱弯矩急剧增大。衬砌最不利位置由拱顶向仰拱转移。而轴力则分布较为均匀，与水压力关系基本呈线性增长趋势。

从图 4-16（c）看出，无水压时（横坐标为 0），衬砌仅在地应力作用下，墙脚和仰拱呈大偏心的受拉。施加 100 kPa 的水压力，衬砌由大偏心受拉转为小偏心受压，并且安全系数减小幅度较大（墙脚大偏心 8.5→小偏心 6.3；仰拱大偏心 12.3→小偏心 5.1）。继续增大水压力，衬砌小偏心受压，安全系数减小幅度较小，并且仰拱和墙脚处的安全系数均最小。

水压在 400 kPa（即 40 m）作用下，衬砌结构主应力如图 4-17 所示。

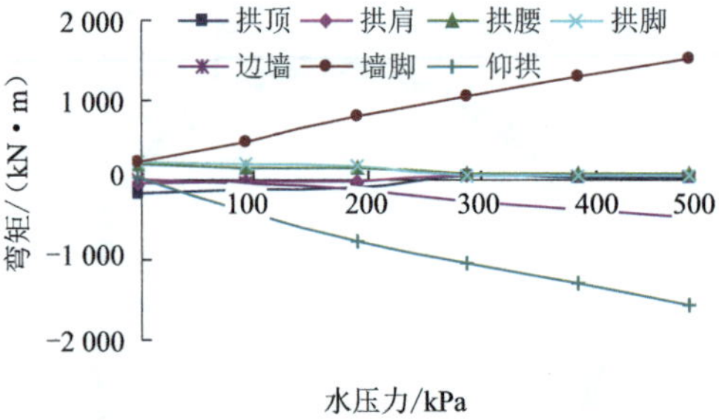

（a）弯矩

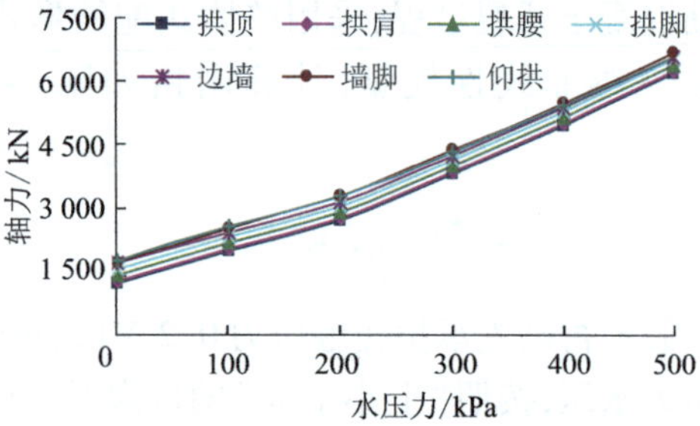

（b）轴力

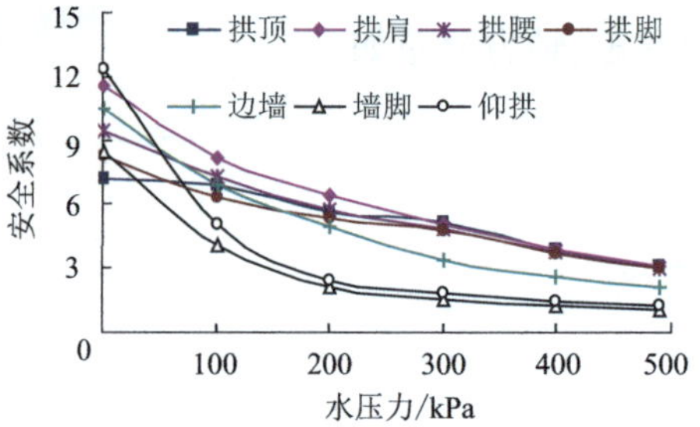

（c）安全系数

图 4-16　衬砌关键点受力特征与水压力关系曲线

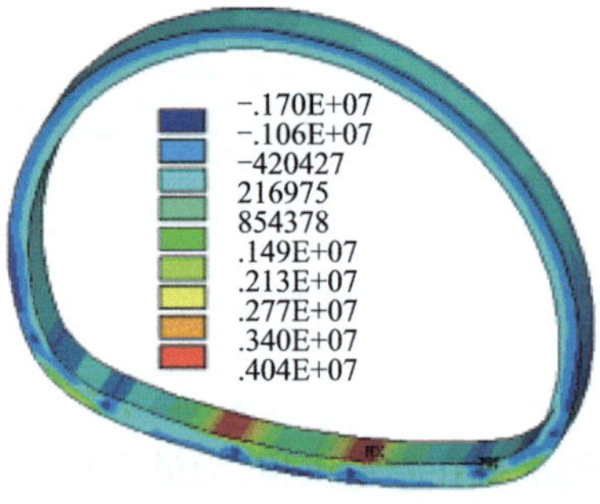

（a）最大主应力

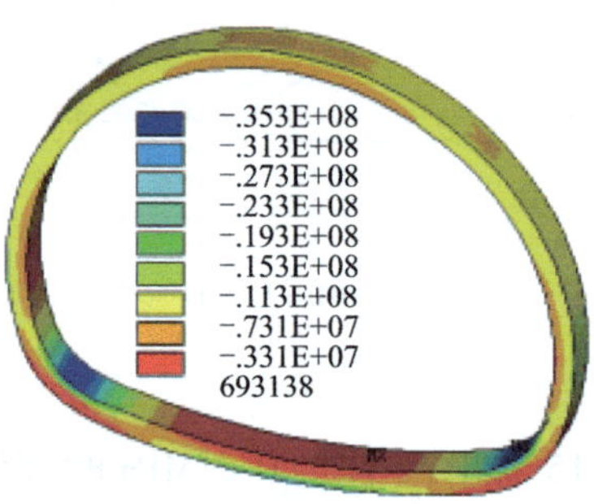

（b）最小主应力

图 4-17　衬砌主应力云（单位:Pa）

如图4-17（a）所示，衬砌在水压作用下，仰拱内侧是拉应力，外侧是压应力。从图4-17（b）最小主应力云图中可以看出，最大压应力出现在墙脚内侧，墙脚外侧是拉应力。当水压达到500 kPa时，仰拱内侧、墙脚外侧发生裂缝，继续加载水压，裂纹进一步扩大，分布如图4-18所示。

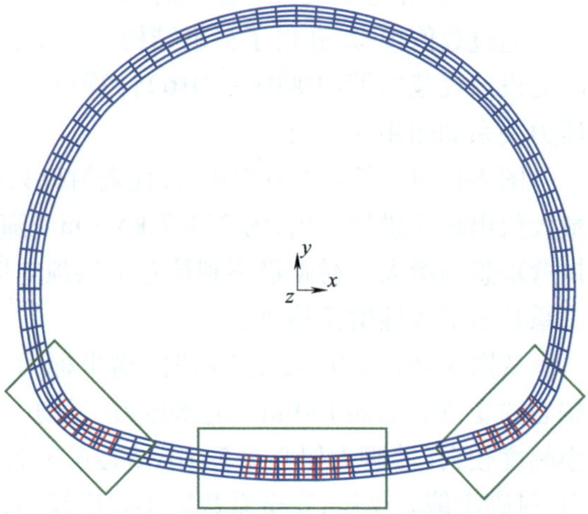

图 4-18　水压条件下隧道衬砌裂缝分布

在水压加载过程中，拱脚外侧率先出现裂缝，处于压缩—剪切破坏；接着仰拱出现裂缝，属于压弯破坏。随着水压的增大，墙脚的裂缝逐渐增多和范围扩大，从计算的角度看，祁连山隧道主体结构承担极限水压力为500 kPa（即50 m水头）。

4.4 基于衬砌结构承载的水压控制方法

本节中，提出了一种新的方法以尽可能减少涌水量，同时调节作用在运输隧道衬砌上的外部水压。该方法基于在运输隧道的边沟中安装压力阀。推导了完整的解析解，可用于计算支撑系统组件承受的水压，并优化设计参数(如注浆区的厚度和水力传导系数，无须假设水渗透至衬砌)。利用推导出的解析解，进一步研究了控制涌水量和作用在运输隧道衬砌上的水压之间的关系，以及作用在其他部件(围岩层、注浆区和初期支护)上的渗透压力。最后，以天河山隧道工程为例进行了案例分析，并使用压力阀控制水流入的新方法与使用传统隧道设计方法获得的结果进行了比较。

4.4.1 理论推导

目前，山区地下水环境的维护和隧道衬砌的结构安全是隧道工程中至关重要的问题。本节提出了一种采用压力阀的新型排水方法，该排水系统既考虑隧道衬砌的结构稳定性，又尽可能地保护地下水环境，如图 4-19 所示，图中概述了基本要素，其中隧道在高地下水位。

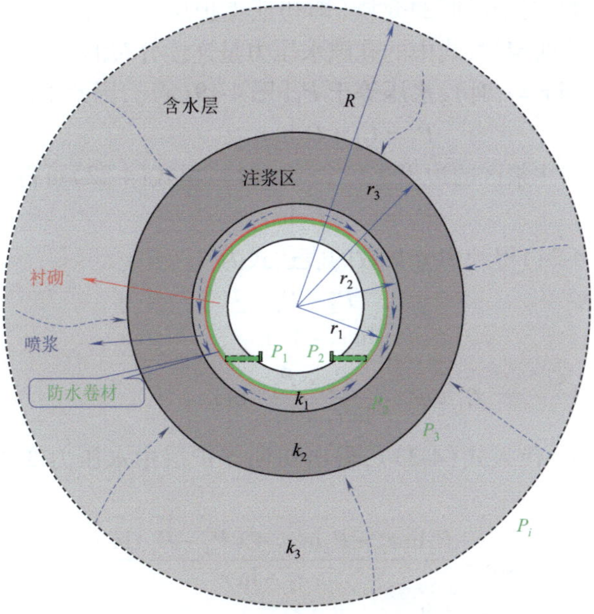

(a) 承受水压的隧道支撑系统

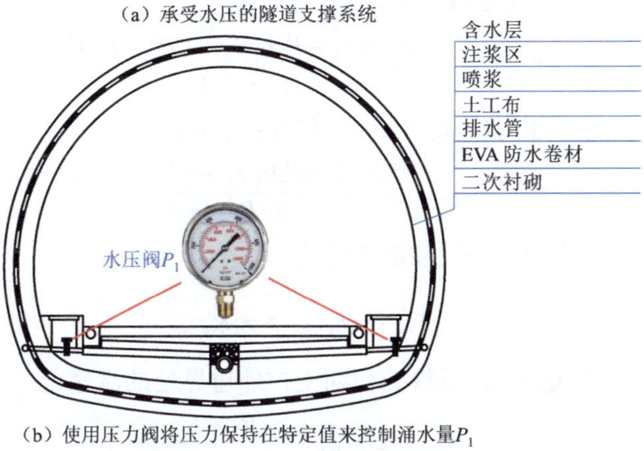

(b) 使用压力阀将压力保持在特定值来控制涌水量P_1

图 4-19　排水系统的示意(包括安装在边沟中的压力阀)

在平面应变条件下承受初始水压的半无限空间。

本节中，首先推导了考虑围岩层、注浆区、初期支护、排水管和 EVA 防水板的压力控制排水系统的解析表达式。然而，初期支护的粗糙表面会刺破 EVA 防水板，因此使用土工布 EVA 防水板提供保护层，并减小其的相互作用。排水管安装在土工布和 EVA 防水板之间，收集地下水。排水管中的水压等于压力阀承受的水压。P_1的压力大小通过压力阀调节，压力阀直接连接排水管。假设阀门安装在隧道的边沟中，调节外部水压，并保证隧道衬砌的承载能力。通常大量涌水会损害水文地质环境，此外，隧道的水压过高，将危及结构稳定性。因此需要平衡涌水量和隧道结构上的水压 P_1。基本理念是使用压力阀来调节涌水量 Q 和 P_1，以确保隧道衬砌的安全性。r_0为二次衬砌内半径，r_1为二次衬砌外半径，r_2为衬砌支护外半径，r_3为注浆圈外半径，r_4为所研究的区域半径。k_1为二次衬砌渗透系数，k_2为初期支护渗透系数，k_3为注浆圈渗透系数，k_4为围岩渗透系数，P_i为压力阀控制相应地值，H_0为总静水压力。

利用式(4-3)中微分方程的通解，可以得到以下形式的渗透压力表达式：

$$P_w = C_1 + C_2 \ln r \tag{4-22}$$

式中 C_1, C_2——积分常数，对于不同的介质(即初期支护层、注浆区和围岩层)取值不同，且根据达西定律，式中的孔隙水压力是连续分布的。

在初期支护的边界(当 $r = r_1$时)，水压等于 P_1[图 4-19(a)]，因此由式(4-22)可得

$$P_1 = C_1 + C_2 \ln r_1 \tag{4-23}$$

同样地，在初期支护和注浆区的边界上(当 $r = r_2$时)，由式(4-22)可得

$$P_2 = C_1 + C_2 \ln r_2 \tag{4-24}$$

结合式(4-23)和式(4-24)得到积分常数的表达式为

$$C_2 = \frac{P_2 - P_1}{\ln r_2 - \ln r_1} \tag{4-25}$$

$$C_1 = P_1 - \frac{P_2 - P_1}{\ln r_2 - \ln r_1} \ln r_1 \tag{4-26}$$

将式(4-25)和式(4-26)代入式(4-23)，得出初期支护层中水压力变化的表达式($r_1 \leqslant r \leqslant r_2$)：

$$P_{w(r_1 \leqslant r \leqslant r_2)} = \frac{P_1 \ln r_2 - P_2 \ln r_1 + (P_2 - P_1) \ln r}{\ln r_2 - \ln r_1} \tag{4-27}$$

注浆圈的孔隙水压力($r_2 \leqslant r \leqslant r_3$)为

$$P_{w(r_2 \leqslant r \leqslant r_3)} = \frac{P_2 \ln r_3 - P_3 \ln r_2 + (P_3 - P_2) \ln r}{\ln r_3 - \ln r_2} \tag{4-28}$$

同样，围岩层中的孔隙水压力($r_3 \leqslant r \leqslant R$)具有以下形式：

$$P_{w(r_3 \leqslant r \leqslant R)} = \frac{P_3 \ln R - P_i \ln r_3 + (P_i - P_3) \ln r}{\ln R - \ln r_3} \tag{4-29}$$

根据达西定律，水在介质中的渗流速度为

$$V_c = -k_c \frac{\partial h}{\partial r} = -k_c \frac{\partial p_w}{\partial r} \tag{4-30}$$

因此，将式(4-27)代入式(4-30)可得到初期支护外边界处的流速($r = r_2$)：

$$V_{11r=r_2} = -k_1 \frac{P_2 - P_1}{r_2(\ln r_2 - \ln r_1)} \tag{4-31}$$

注浆区内边界的流速为

$$V_{11r=r_2} = -k_2 \frac{P_3 - P_2}{r_2(\ln r_3 - \ln r_2)} \tag{4-32}$$

位于注浆区外表面和围岩层内表面的流速分别为

$$V_{11r=r_3} = -k_2 \frac{P_3 - P_2}{r_3(\ln r_3 - \ln r_2)} \tag{4-33}$$

$$V_{11r=r_3} = -k_3 \frac{P_i - P_3}{r_3(\ln R - \ln r_3)} \tag{4-34}$$

根据多孔介质中存在连续稳定渗流的原则，初期支护和注浆区之间边界的速度应相同，即

$$V_{11r=r_2} = V_{21r=r_2} \tag{4-35}$$

$$V_{21r=r_3} = V_{31r=r_3} \tag{4-36}$$

因此，联立求解式(4-35)和式(4-36)，得到初期支护外边界上和注浆区外边界上的水压：

$$P_2 = \frac{k_1k_2(\ln R - r_3) + k_1k_3(\ln r_3 - r_2)}{A}P_1 + \frac{k_2k_3(\ln r_2 - r_1)}{A}P_i \tag{4-37}$$

$$P_3 = \frac{k_1k_3(\ln r_3 - r_2) + k_2k_3(\ln r_2 - r_1)}{A}P_i + \frac{k_1k_2(\ln R - r_3)}{A}P_1 \tag{4-38}$$

式中

$$A = k_1k_2\ln\frac{R}{r_3} + k_1k_3\ln\frac{r_3}{r_2} + k_2k_3\ln\frac{r_2}{r_1} \tag{4-39}$$

当 $r_1 \leqslant r \leqslant r_2$ 时，将式(4-37)代入式(4-27)和式(4-31)，得出初期支护中的流速为

$$V_1 = -k_1\frac{\partial p_{w1}}{\partial r} = -\frac{k_1k_2k_3(P_i - P_1)}{rA} \tag{4-40}$$

涌水量 Q 为式(4-43)中流速与 $r=r_1$ 处圆形开口周长的乘积，因此

$$Q(r=r_1) = 2\pi r_1|V_1| = \frac{2\pi k_1k_2k_3(P_i - P_1)}{\left(k_1k_2\ln\frac{R}{r_3} + k_1k_3\ln\frac{r_3}{r_2} + k_2k_3\ln\frac{r_2}{r_1}\right)} \tag{4-41}$$

在给定涌水量 Q，隧道衬砌可抵抗的外部水压为 P_1（保持在其承载能力范围内）。

4.4.2　新型排水方法的参数研究

(1)工程背景

使用不同定量方法分析解析解的合理性。对地下水位高的隧道进行了参数研究，以评估该排水系统的性能和衬砌结构的安全性。研究考虑了多个变量，即阀门压力(P_1)、初期支护的渗透系数(k_1)、注浆区渗透系数(k_2)、围岩层渗透系数(k_3)以及初始水头(P_i)。本节将详细讨论这些参数对隧道衬砌上的涌水量和外部水压的影响。根据面积等效原理，在中国标准的两车铁路隧道中，初期支护内外边界的等效半径分别为 $r_1=6.7$ m 和 $r_2=7.1$ m。将围岩层半径延伸到 $R=78.2$ m，其中水头为 $P_i=1\ 430$ kPa，围岩层的渗透系数为 $k_3=0.036$ m/d。使用提出的解析解算法来计算几种不同情况下的解，通过调节压力阀在阀门出口端产生所需的水压(P_1)来调节水的流入量(Q)。表4-2列出了所有的计算案例。

表 4-2　不同情况下实施该排水方法所需的参数值

工况	r_1/m	r_2/m	r_3/m	R/m	k_1/[$\times10^{-4}$(d·m)$^{-1}$]	k_2/[$\times10^{-4}$(d·m)$^{-1}$]	k_3/[$\times10^{-2}$(d·m)$^{-1}$]	P_1/kPa	P_i/kPa	Q/[m^3(d·m)$^{-1}$]
1	6.7	7.1	12.1	78.2	1	5.6	3.6	0	1 430	1,2,3,4,5,5.67
2	—	6.7,6.8,6.9,7.0,7.1,7.2	12.1	78.2	1	5.6	3.6	0,358,715,1 073,1 430	—	—
3	—	7.1	7.1,8.1,9.1,10.1,11.1,12.1,13.1	78.2	1	5.6	3.6	0,358,715,1 073,1 430	—	—
4	—	7.1	12.1	78.2	1	5.6	3.6	—		1,2,3,4,5
5	—	7.1	12.1	78.2	1	2,3,4,5,6,7,8,9,10	3.6	—	—	1,2,3,4,5
6	—	7.1	7.1,8.6,10.1,11.6,13.1,14.6	78.2	1	5.6	3.6	—	—	1,2,3,4
7	—	7.1	7.1,8.6,10.1,11.6,13.1,14.1	78.2	1	360,36,12,7.2,3.6,1.8	3.6	0	—	—
8*	—	7.1	12.1	78.2	1	1.8	3.1	100,300,500	1 098	—

注：* 本案例为华北地区的天河山隧道。

(2)压力阀调节涌水量

假设初期支护和注浆区的渗透系数分别为 $k_1=0.000\ 1$ m/d 和 $k_2=0.000\ 56$ m/d。考虑表 4-2 中的工况 1，根据式(4-41)改变阀门出口处的水压 P_1 改变涌水量 Q，同时作用在隧道支撑系统上的水压也发生变化见式(4-37)和式(4-38)。如图 4-20 所示，使用压力阀调节涌水量，使得 Q 值分别为 1 m^3/(d·m)、2 m^3/(d·m)、3 m^3/(d·m)、4 m^3/(d·m)、5 m^3/(d·m)和 5.67 m^3/(d·m)。

如图 4-20 所示，水压(P_3、P_2和 P_1)从围岩层到初期支护依次下降。研究表明随着涌水量 Q 的增加，衬砌、注浆圈和初期支护之间的压差增大。因此随着 Q 的增加，注浆圈和初期支护之间消耗更多水头，从而降低渗透压力。对于 $P_1=0$ 时，最大涌水量 $Q_{max}=5.67$ m^3/(d·m)，因此涌水量在某些限定区域已超限。

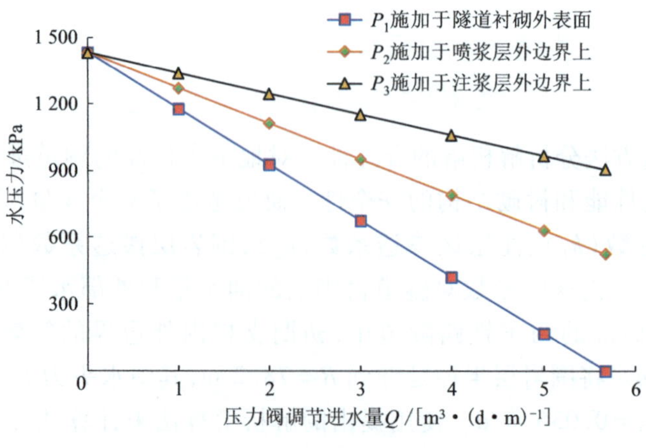

图 4-20　隧道边界上的径向水压力与涌水量之间的关系

注：最大流入量出现在涌水量为 5.67 m^3/(d·m)时，水压力为 $P_1=0$，$P_2=523.6$ kPa，$P_3=906.4$ kPa。

上述分析表明:通过合理的调节阀门水压 P_1,可以得到不同的涌水量。通过定义阀门控制排水系数,即

$$\eta = \frac{Q}{Q_{\max}} \times 100\% \tag{4-42}$$

将式(4-41)代入式(4-42)可得

$$\eta = \frac{P_i - P_1}{P_i} \times 100\% = \left(1 - \frac{p_1}{p_i}\right) \times 100\% \tag{4-43}$$

式(4-46)表明排水系数 η 的范围为 0~1。当出口阀关闭,则无水流入($Q=0$),排水系数 $\eta=0$,隧道衬砌承受全部外部压力($P_1=\pi$)。当阀门完全打开,则有最大水流量,即 $Q=Q_{\max}$,$P_1=0$,$\eta=1$。

考虑表 4-2 中的工况 2,来进一步研究初期支护层厚度的影响($t_s=r_2-r_1$)。同时,考虑排水系数对应于 $\eta=0$、25%、50%、75%和 100%的五种不同情况[即衬砌压力为 1 430 kPa、1 073 kPa、715 kPa、358 kPa 和 0 kPa,根据式(4-43)并假设初始水压为 $P_i=1\ 430$ kPa]。

图 4-21(a)表明 η 在确定初期支护内外边界之间的水压差(即初期支护消耗的压力)方面起着重要作用。对于 $\eta=0$,涌水量为零。此情况下,初期支护 P_2-P_1 的内外边界之间的压力差为零,即没有压力损失。

表 4-2 中的情况 3 相对应,可以计算不同厚度注浆圈(t_g)消耗的 P_3-P_2 水压差,如图 4-21(b)所示。在没有阀门的传统排水系统中($P_1=0$,$\eta=100\%$),进水流量 Q 和流速 v 达到最大值。当使用阀门时(此时 $P_1 \neq 0$ 和 $\eta<100\%$),Q 和 v 将相应降低。根据达西定律,在特定情况下,流速 v 与注浆消耗的水头损失 Δh 成正比。因此,使用阀门时,注浆区相关的水头损失 Δh 小于传统排水系统。

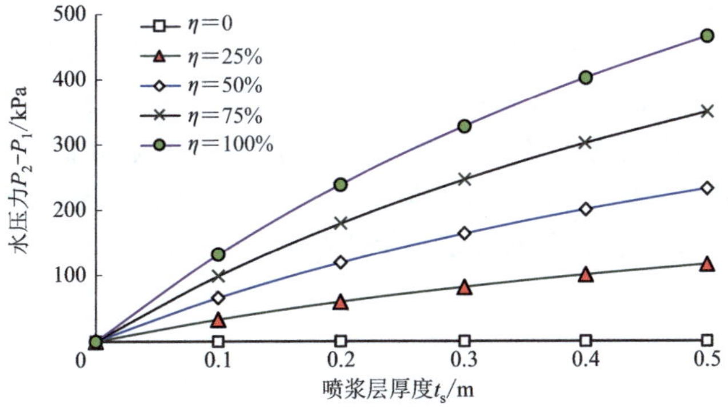

(a) 初期支护

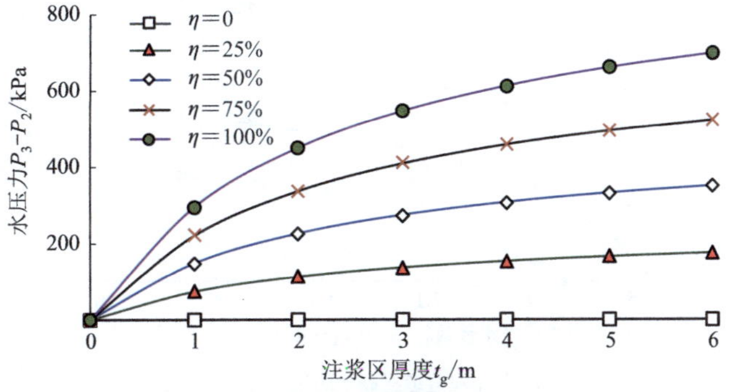

(b) 注浆区

图 4-21 显示稳定流动过程中消耗的水压差

根据式(4-45)中 η 的定义,$\eta=0$ 表示水压阀完全关闭。因此,涌水量和流速皆为零($P_1=P_i,Q=0$)。水头损失等于零($\Delta h=0$)。由于水的泊松比 ν 为 0.5,在静态平衡条件下,注浆区和围岩中的水压在所有方向上均相同($P_1=P_2=P_3=P_i$)。

此时,图 4-21 中垂直轴上绘制的水压差为零(P_2-P_1和 P_3-P_2)。因此,对应于 $\eta=0$ 的曲线与 x 轴重合($P_2-P_1=0;P_3-P_2=0$)。当 $\eta\neq0$ 时,存在涌水量,流速 v 也不为零。因此,将会出现水头损失($P_2-P_1\neq0,P_3-p_2\neq0$)。因此,$\eta=100\%(\Delta h=0)$ 不同于 $\eta\neq0$ ($\Delta h\neq0$)工况下的曲线。

需要指出的是,图 4-20 中的垂直轴代表水压(P_1、P_2和 P_3),而图 4-21 中的垂直轴代表不同介质的内外边界之间的水压差,即(P_2-P_1)代表初期支护,(P_3-P_2)代表注浆区。例如,P_2和 P_3压力分别代表作用在初期支护和注浆边界上的表面荷载。

另一方面,P_2-P_1和 P_3-P_2之间的内外边界压力差,分别反映了地下水流经初期支护和注浆区域而消耗的水头损失。随着 η 的增加,作用在隧道衬砌上的水压线性降低[见式(4-46)和图 4-20]。相比之下,初期支护(P_2-P_1)和注浆区(P_3-P_2)承受的水压呈非线性增加。因此,随着隧道涌水量 Q 的增加,在稳流过程中,更多的水头由部件承担。根据达西定律,与初期支护[图 4-21(a)中的 P_2-P_1]相比,大部分水压由注浆区[图 4-21(b)中的 P_3-P_2]承担。

(3)初期支护的渗透系数

表 4-2 中工况 4 体现了初期支护渗透系数对水压的影响。图 4-22(a)中结果表明流量在 1 ~5 $m^3/(d\cdot m)$范围内,通过 EVA 防水板作用在隧道衬砌上的水压(P_1)随着初期支护的渗透系数(k_1)呈非线性变化。此外,增加 Q 值会降低作用在衬砌上的水压 P_1。

图 4-22(a)中的三条曲线[其中 $Q=3\ m^3/(d\cdot m)$、$4\ m^3/(d\cdot m)$和 $5\ m^3/(d\cdot m)$]与水平轴相交,即隧道衬砌上的水压在这些点处等于零。进一步研究了 $Q=5\ m^3/(d\cdot m)$时的工况,随着初期支护的渗透系数 k_1的降低,隧道渗水减少,即 Q 降低。为了保持相同的 Q 值,必须降低压力 P_1。此时 k_1的幅度可以降低,然而压力不能进一步降低以保持 Q 值,因为压力已经达到零。Q 值无法维持,即不能再保持在同一个 Q 值。

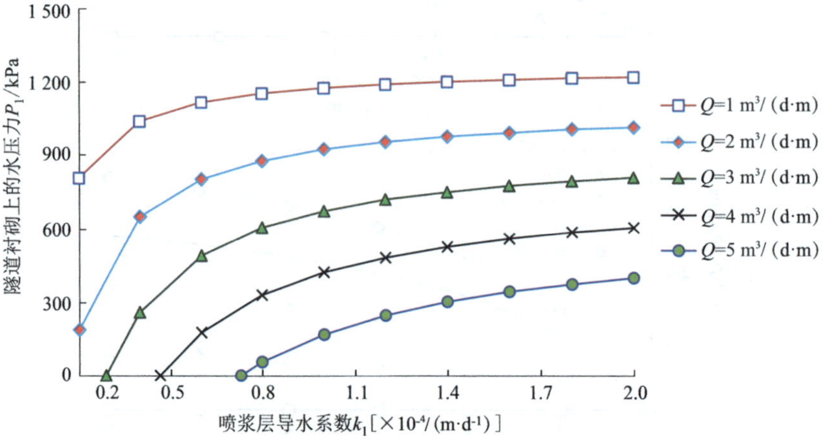

(a) 作用在隧道衬砌上的压力P_1

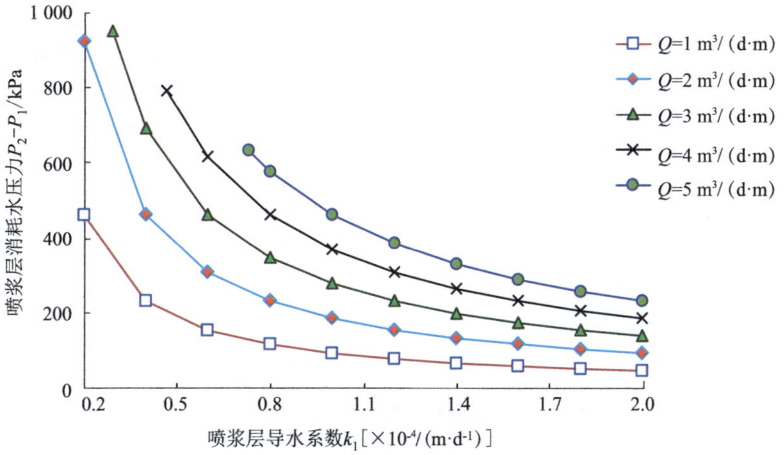

(b) 喷射混凝土消耗的孔隙水压力P_2-P_1

图 4-22 初期支护的渗透系数 k_1 对水压的影响

图4-22(b)表明了初期支护承受的水压(P_2-P_1)和初期支护 k_1 的导水率之间的对应关系。可以看出,初期支护承受的水荷载随着 k_1 值的减小而呈非线性增加。需要指出的是,进一步优化初期支护的渗透系数,即使用高 k_1 值来降低 P_2-P_1 的水压和降低施工成本。

综上所述,图4-22 中三条曲线[Q 值为 3 m³/(d·m)、4 m³/(d·m)和 5 m³/(d·m)]没有连接到垂直轴。由于这些曲线 k_1 值的进一步减小都不能保持 Q 值(减小),所以常数 Q 曲线骤然结束。

(4)注浆圈的影响

为了研究注浆区渗透系数(k_2)的影响,分析了表4-2 中工况5,计算结果如图4-23 所示。图4-23 与图4-22 所示的曲线非常相似。如前所述,增加注浆区的渗透性将产生更大的涌水量(更高的 Q 值),因此必须增加作用在隧道衬砌上的外部水压(P_1),以降低 Q 值,从而保持所需的恒定流量 Q 值[图4-23(a)]。图4-23(b)表明注浆区(P_3-P_2)承受的水荷载随着注浆的渗透系数增加而降低。因此,在实际工程项目中,注浆材料的选择应充分考虑其渗透性。

根据表4-2 中的工况6,研究注浆区的厚度($t_g=r_3-r_2$)对水压的影响。当有恒定的涌水速率(由压力阀控制),曲线结果如图4-24 所示。

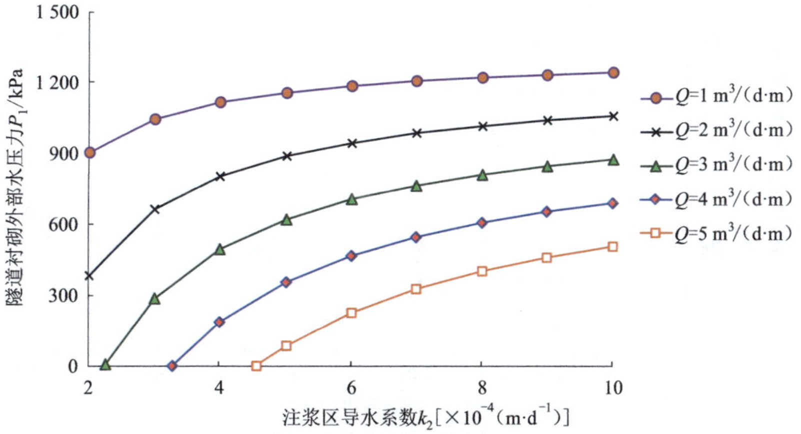

(a) 衬砌上的水压力P_1

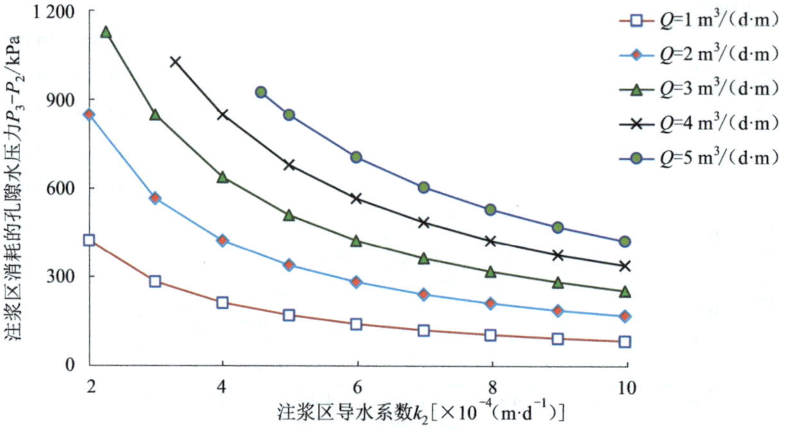

(b) 灌浆消耗的孔隙水压力P_3-P_2

图 4-23　注浆区的渗透系数 k_2 对的两种因素的影响

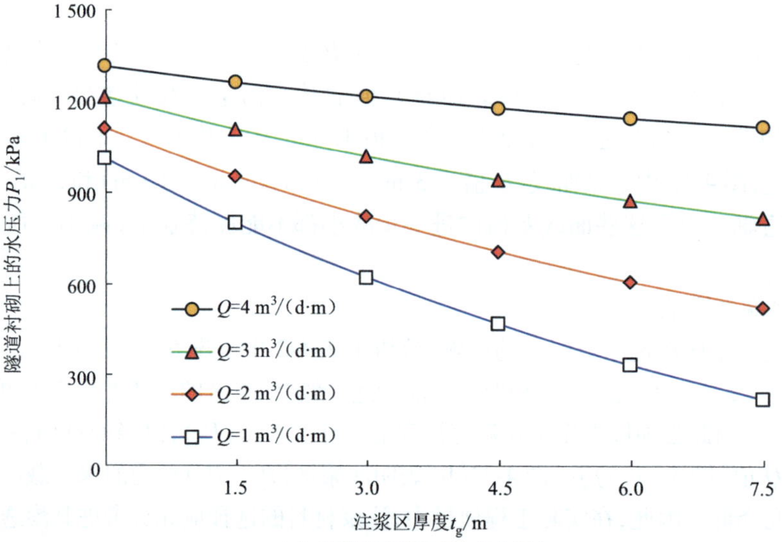

(a) 作用在隧道衬砌上的水压力P_1

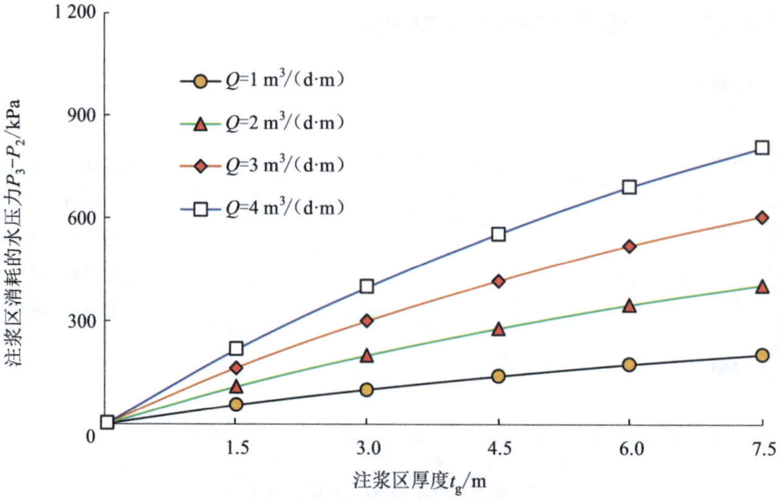

(b) 注浆区消耗的水压力P_3-P_2

图 4-24　注浆区厚度对水压的影响

图 4-24 显示增加注浆区(r_3-r_2)的厚度会减少涌水量;因此,必须降低隧道衬砌上的外部水压(P_1),以增加 Q 值并将其保持在固定值。曲线的梯度也与涌水量 Q 值成比例下降。此外,如图 4-24(b)所示,注浆区 P_3-P_2 承受的水压随着其厚度的增加而显著增加。类似的,P_3-P_2 的增长率与 Q 值呈线性相关。

表 4-2 中的工况 7 用于研究围岩和注浆区渗透率比值的影响,即 $n=k_3/k_2$。图 4-25 的结果表明:涌水量 Q 和 n 之间有高度相关性(假设 k_3 保持恒定在 0.036 m/d,$P_1=0$)。

图 4-25 还展示了当 n 取不同值时,涌水量 Q 值如何随着注浆区厚度的增加而变化。一般而言,随着灌浆厚度的增加,Q 值会降低。然而,当厚度固定,随着渗透率比 $n=k_3/k_2$ 的增加,Q 迅速降低(较大的 n 值意味着较低的 k_2 值,因此通过注浆区的涌水量较少),这也是设计阶段应当考虑的因素。

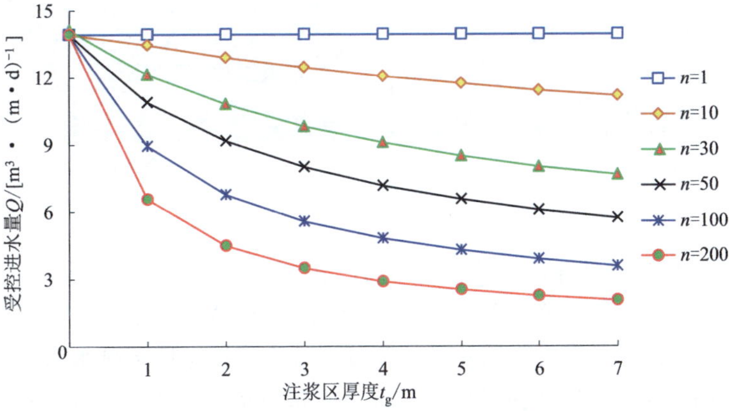

图 4-25 注浆区厚度对进水量 Q 的影响

4.4.3 工程应用

(1)应用实例

天河山隧道属于和顺至邢台铁路项目,位于左权县(山西省)和邢台市(河北省)交界处。其长度为 11 695 m,最大埋藏深度为 615 m(图 4-26)。预计涌水量在 72 850 $m^3/(d\cdot m)$ 以上。

图 4-26 天河山隧道地理位置

天河山隧道 D2K34 +500 ~ +450 之间的隧道出现高水位的地下水[图 4-27(a)],隧道地层由泥盆纪砂岩和砾岩组成。现场观察的隧道工作面岩层以及地质调查报告表明:第四系地层具有高渗透性。测量初始水头 P_i = 1 098 kPa。建设过程中,测得最大涌水量为 64 440 m^3/(d·m),工人需要在隧道内穿雨衣[图 4-27(b)]。如若无特殊措施,会有大量的水通过围岩层涌入隧道空间。

(a) 隧道空间积水　　(b) 掌子面穿着雨衣作业的工人

图 4-27　天河山隧道施工期间进水

初期支护后,在侧壁上钻孔,插入压力计,测量初期支护层外边界的孔隙水压 P_2[图 4-28(a)]。然后安装土工布和排水管,并在其上安装 EVA 防水片材,确保喷射的混凝土在开挖后立即压实,此举可以有效防止沙子穿过混凝土支护层堵塞排水系统。此外,需采用高质量的土工布来过滤渗水中的砂粒。例如,土工布质量不应小于 350 g/m^2。根据现场实践,采用浇筑式混凝土衬砌。最后,将压力阀安装在边渠的出水口,并连接排水管,排出收集的地下水。相关的水力参数列于表 4-2 中作为工况 8,并根据天河山隧道的勘测和相关技术规范确定。

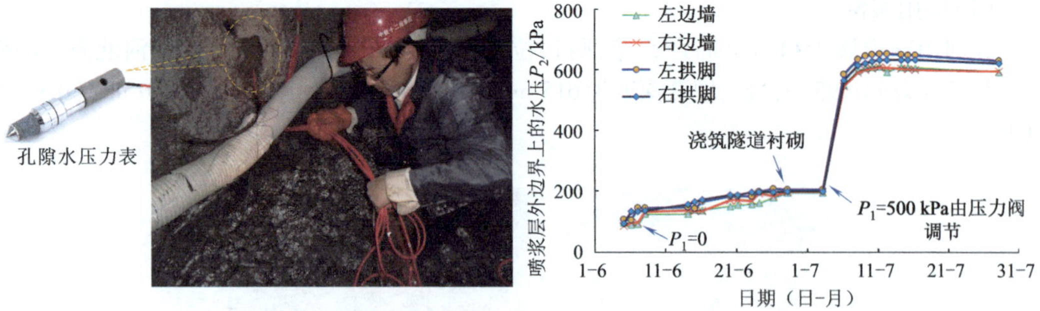

(a) 现场安装孔隙水压力计　　(b) 监测到的水压随时间的变化

图 4-28　测量天河山隧道初期支护层和注浆区交界处的孔隙水压力 P_2

图 4-28(b)展示了水压与时间的关系。在安装的初始阶段,可以看到测量的 P_2 值很低,但在稳步增加(此时 P_1 =0)。约一个月后,尤其是浇筑式混凝土衬砌完成后,P_2 值趋于稳定。当 P_1 =0 时,P_2 的解析值应为 176.8 kPa,与现场监测结果的平均值(196.4 kPa)高度相近。随后,使用压力阀将水压(P_1)设定为 500 kPa。三天后 P_2 的平均监测值急剧上升,随后达到 560.8 kPa。将 P_1 =500 kPa 代入式(4-37),得出解析值 P_2 =596.3 kPa。与在初期支

护外部边界测量的压力[609.1 kPa,结果见图 4-28(b)]近乎一致。与现场监测结果相比,所建议的解析解相对误差仅为 2%[=100%×(609.1 −596.3)/609.1]。

日涌水量可用螺旋式测流计在仰拱排水沟中测量[图 4-29(a)]。图 4-29(b)显示了 40 d 内的监测结果。在此监测区间内,Q 的平均值为 1.11 $m^3/(d\cdot m)$。将表 4-2 中工况 8 的计算参数代入式(4-40),得出的涌水量 $Q=0.94\ m^3/(d\cdot m)$,与 1.11 $m^3/(d\cdot m)$的现场监测结果近乎一致。

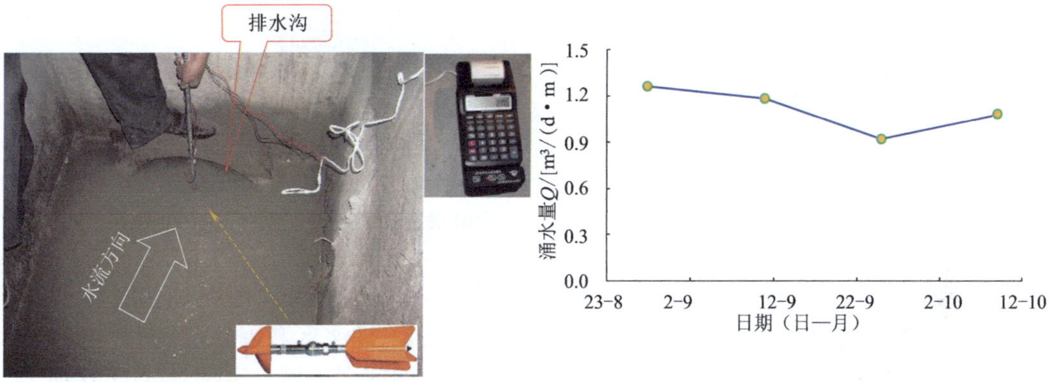

（a）使用螺旋桨式测流计在仰拱排水沟中测量　（b）40 d内沿隧道轴线测量的单位长度涌水量

图 4-29　测量流入隧道的涌水量

(2)数值模拟验证

为了充分验证解析解的有效性,进行了一系列数值计算分析。采用有限元方法计算隧道空间周围的孔隙水分布。使用 SOLID 70 单元类型模拟稳定流动行为。考虑了 1 m 长的隧道,三维单元数量为 97 920 个(图 4-30)。另外,排放出口的压力(P_1)也使用压力阀调节,对应前述节中的解析模型。

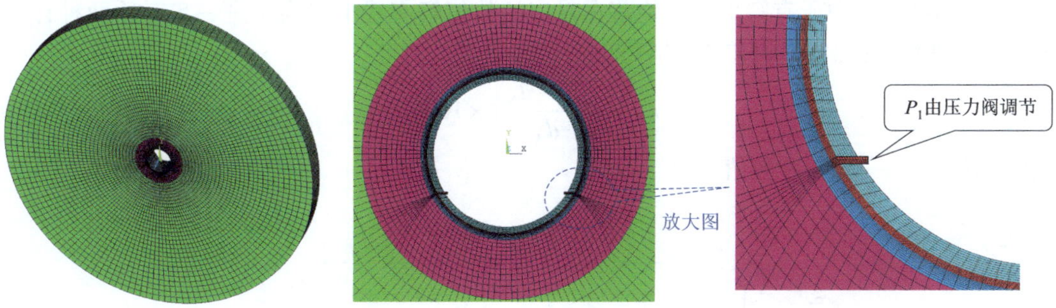

（a）采用的三维网格　（b）模型的横截面和排水出口的放大视图

图 4-30　用于验证解析解的有限元模型

模型中使用了表 4-2(工况 8)中所列出的计算参数,并对隧道的孔隙水压力进行了数值计算。图 4-31 显示了获得的结果。根据有限元软件计算结果,当靠近隧道时,孔隙水压力明显下降。由于防水板安装在隧道衬砌后,因此水不会与隧道衬砌直接接触,但水压会通过 EVA 防水板作用在衬砌上。图 4-31(a)显示了渗流场主要集中在由初期支护和注浆区共同形成的区域内。另外,在图 4-31(b)所示的云图中,出口处的孔隙水压力(P_1 =500 kPa),此量值几乎与排水管和初期支护内边界处的水压力相同。这是由于放置在 EVA 防水板后的土工布形成了高渗透性通道，收集地下水并允许其自由地流动。

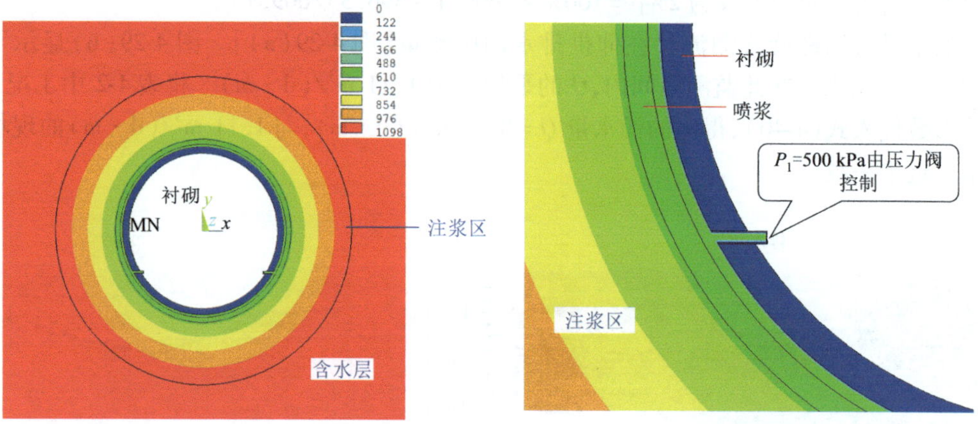

（a）整个隧道空间周围的孔隙水压力（单位：kPa）　（b）排放出口附近的压力变化（单位：kPa）

图 4-31　当用压力阀调节压力（当 $P_1=500$ kPa）时计算的孔隙水压力的等高线

式(4-27)～式(4-29)中的孔隙水压力 P_w，其中 $r_1<r<r_1+9$ m。图 4-32 为孔隙水压力 P_w 随径向距离变化的曲线，并突出了不同材料（初期支护、注浆区和围岩层）的影响。坐标横轴代表插图所示的白色箭头，起始点对应于初期支护的内部边界。实际上，对于任何 P_1，间隔 0.1 m 长度的 90 个点由式(4-30)～式(4-32)计算，因为白色箭头的长度距离初期支护的内部半径为 9 m（图 4-32 中横轴所示）。

为了不使曲线重叠，图 4-32(a) 仅通过符号（三角、圆形、菱形）表示解析结果；对于图 4-32(b) 中的相对误差图，单条曲线提供了 90 个点，因此 E_N 值的分布是相对连续的。

当从初期支护的内部边界向外移动时，孔隙水压力持续增加（但是曲线的斜率随之变化，由于注浆区的内部和外部边界的坡度有明显的变化）。如图 4-32(a) 所示，初期支护的曲线比注浆圈中的曲线更陡，因为初期支护层的渗透系数（k_1）小于注浆圈渗透系数（k_2）。此外，注浆圈以外的渗流场变化较小，可以基本忽略。

在图 4-32(a) 中所有解析结果均落在对应的数值解实线上。为了进一步对比两种计算方法的准确性，提出相对误差 E_N 计算方法：

$$E_N=\left|\frac{d_A-d_N}{d_A}\right|\times100\% \tag{4-44}$$

式中　d_A，d_N——解析和数值结果。

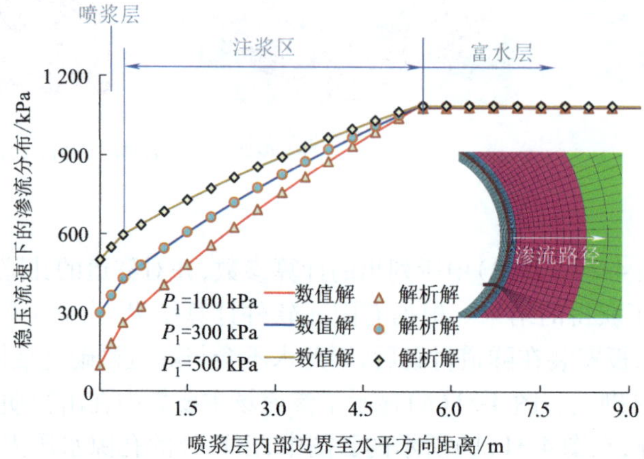

（a）解析解与数值有限元计算结果对比

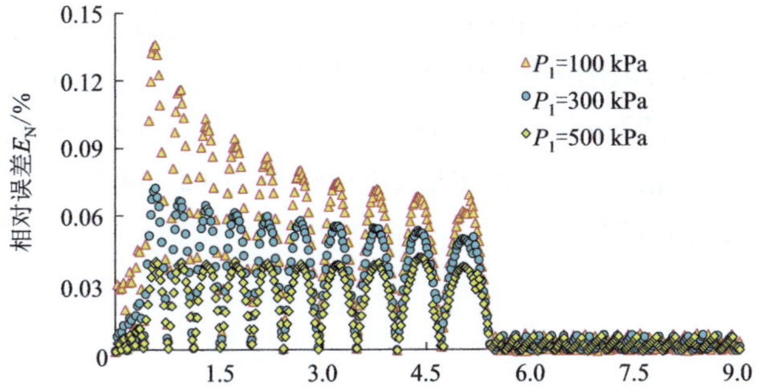

(b) 数值解与解析解的相对误差

图 4-32 压力阀调节不同压力时计算的孔隙水压力分布

图 4-33 中显示了不同压力值 P_1 下的计算误差。表明两种方法之间的相对误差小于 0.15%(误差可能由于 ANSYS 代码版本中使用的非平衡方程的数值算法所导致)。结果表明,解析解可以反映采用压力阀的排水系统中的真实水文地质条件。

图 4-33 展示了不同 P_1 值采用两种方法计算的 Q 值的曲线,并且比较了误差值。结果表明数值计算结果与解析解结果吻合度较好,图 4-33(b)为两种方法之间的相对误差(相对误差小于 0.04%),进一步验证了提出的解析解计算方法为研究阀门控制排水系统中孔隙水压分布提供了可靠工具。

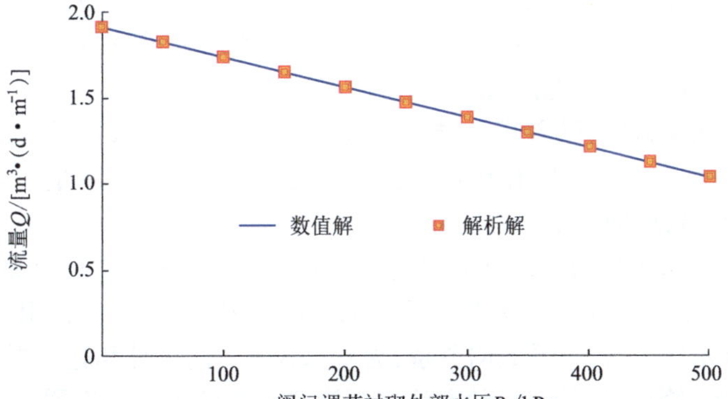

(a) 解析解和有限元解的比较

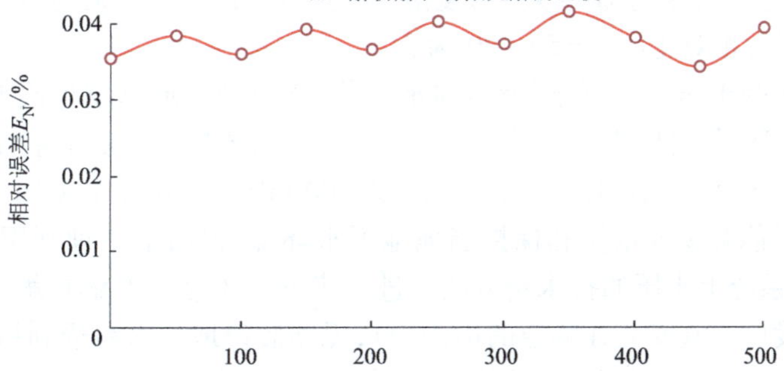

(b) 相对误差

图 4-33 涌水量与水压 P_1 的函数关系

此外,天河山隧道注浆区厚度为 5 m(表 4-2 中工况 8)。根据式(4-44),当压力为 P_1 =

500 kPa 时,涌水量 Q 应为1.04 $m^3/(d\cdot m)$,由图4-33(a)中的最后一个正方形符号可以看出。如若不安装压力阀($P_1=0$),采用传统的排水法,最大涌水量(Q_{max})为1.92 $m^3/(d\cdot m)$。若使用常规方法将涌水量从1.92 $m^3/(d\cdot m)$降低至1.04 $m^3/(d\cdot m)$,则需增加注浆圈厚度($t_g=r_3-r_2$),厚度 t_g需增加到14 m,相比提出的排水方法(5 m)大得多。显然,增加注浆圈厚度不仅成本昂贵,而且费时费力。

4.5 小　　结

本章推导了在盲管排水及防水板是否失效条件下,支护体系分担水荷载的理论解析公式,反映了盲管排水和防水板隔水效应的真实情况,并且通过工程实例进行了验证和分析,得出的主要研究结论如下:

(1)更新了传统的衬砌渗透理念,首次提出考虑盲管排水和防水板失效的隧道渗流场及支护体系分担水荷载解析公式,较真实地反映隧道盲管"限量排水"的实际情况,引入盲管导水率概念,量化解决了盲管"主动控制"排水技术难题。

(2)以祁连山隧道全风化砂岩地层为例,采用推导的非线性解析式进行计算,获得了盲管排水量与衬砌水压力、水压折减系数以及排水量等相关关系,为排水量的"主动控制"提供依据。结果表明初期支护、注浆圈和围岩承担的水荷载与二次衬砌规律成反比。当盲管排水量增大时,初期支护、注浆圈和围岩承担的水荷载增大,而二次衬砌水压力减小。

(3)当采用盲管排水时,二次衬砌不承担水压,初期支护、注浆圈和围岩承担的水荷载较大,特别是注浆圈发挥了较大的降压作用。因此,高水压隧道宜设置盲管排水,并且进行高压注浆止水降压,才能确保支护结构体系的稳定性。

(4)防水板年久失效时,随着盲管导水系数的增大,盲管排水量增大,而透过衬砌的排水量减小,总水量增大,三者之间存在着动态的相关关系。盲管排水量的减小,透过衬砌的涌水量增大,都会导致衬砌外水压力的增大。

(5)随着盲管导水系数增大,衬砌承担荷载减小,初期支护、注浆圈和围岩承担水荷载加大。根据隧道实际情况,研究了衬砌不透水时(现实中防水板隔水作用),盲管排水量(导水系数)与衬砌外水压力、折减系数的关系,为富水区隧道的设计和施工提供了直接依据。

(6)注浆圈堵水降压效果明显,随着注浆圈渗透系数减小和厚度增加,隧道盲管排水量减小,注浆圈部位范围消耗水压增大。从经济和注浆效果出发,注浆圈厚度在5~7 m较合适;围岩和注浆圈的相对比值 $n=50\sim70$ 为宜。

(7)衬砌在承受土压条件下,逐渐施加水荷载,弯矩分布形态发生改变,最大弯矩从拱顶向墙脚、仰拱转移;最终墙脚压弯破坏,仰拱压弯破坏,依据衬砌安全系数和裂缝出现的顺序和部位,祁连山隧道主体结构的极限水压力为500 kPa(即50 m水头)。

(8)为了尽可能减少涌水量和保护当地地下水环境,提出了一种利用压力阀调节作用在运输隧道支护系统上水压的排水新方法。进一步推导了完整的解析解,以评估支撑系统承受的水压(假设压力阀安装在隧道的边沟中),无须假设地下水渗透到衬砌中。在此前提下,涌水量由作用在隧道衬砌上的水压进行平衡,以保证衬砌的安全。为了将涌水量限制在允许的最大值,与传统方法相比,新型排水方法可以显著减少注浆区的厚度,从而降低成本并加快施工过程。通过与现场监测和数值(有限元)建模得出的结果相验证,相对误差小于0.15%。表明此解析解为评估新型排水系统预期渗漏提供了可靠方法。

5 高地应力富水大断面隧道衬砌结构受力特征

在高水压隧道支护结构设计时，确定衬砌上的合理荷载是结构设计的关键。当衬砌结构承受高水压时，轴力和弯矩将发生极大的变化，高地应力和水压耦合作用下衬砌结构力学响应异常复杂。目前，国内外学者进行了一些高地应力富水环境下隧道衬砌的受力特征试验，但是没有反映工程的实际情况，不能正确地模拟衬砌与地层环境相互作用，需解决的关键问题是材料的遇水崩解问题。因此，迫切需要解决富水隧道模型试验中水压力加载的"瓶颈"问题，研究不同围岩级别、隧道埋深、水深条件下的不同类型(防水型、排水型)衬砌结构受力特征、破坏模型、裂纹发展规律以及极限承载力，研究成果具有重要的理论价值和工程应用价值，有助于指导高地应力富水隧道的设计和施工。

5.1 水压力—地应力耦合作用下马蹄形衬砌加载装置

以时速350 km双线铁路隧道标准断面为研究对象，复合式衬砌分别为排水型和防水型，研究隧道主体结构在水压力—地应力耦合作用下的受力特征，断面尺寸如图5-1所示。

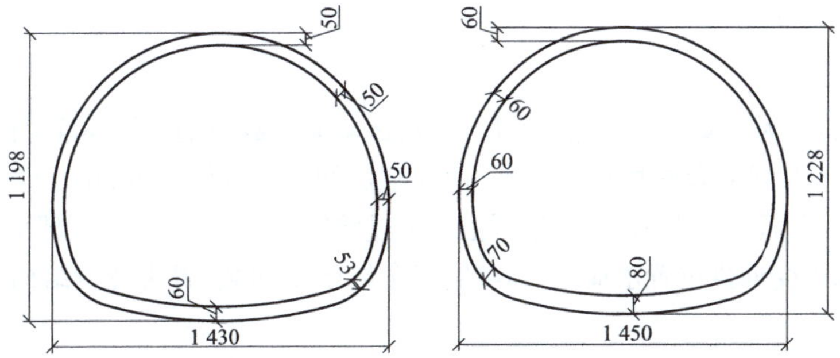

图5-1 隧道主体结构模型尺寸(单位:cm)

5.1.1 水压模拟加载控制原理

衬砌承受的实际水压荷载沿洞周并非均匀分布，总体呈现出上小下大的灯泡状分布，如图5-2所示，直接模拟出非均匀水压是难以实现的，如何通过试验手段简化且有效地模拟实际水压荷载的作用，是相似模型试验成功的关键。

当隧道断面为圆形时，可以采用环向均匀水压与局部均匀水压叠加的方法来实现对实际径向水压的简化试验模拟，如图5-3所示，经过验证，通过这种把实际水压荷载(非均匀水压)简化为两次均匀水压叠加的方式，可以得到近似于实际水压作用下的结构内力特征及破坏形式，因此可以认为这种简化方式与实际水压的作用是等效的。

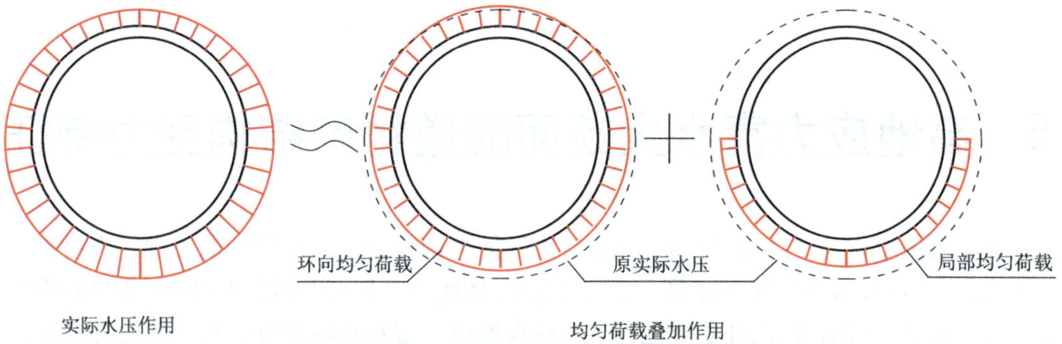

图 5-2　圆形断面水压简化示意

把水荷载分成两部分，分别作用于上下两段圆弧上，如图 5-3 所示。通过合理确定上下两部均匀荷载的大小，使得结构受力和变形接近实际水压作用下的情况。

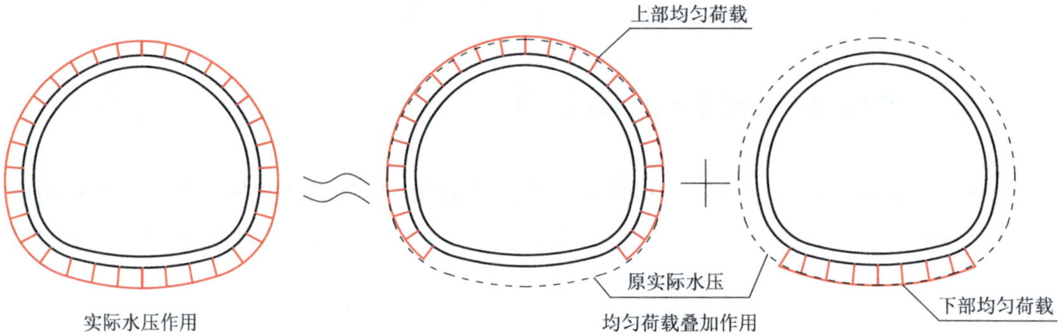

图 5-3　非圆形断面水压简化示意

在模型试验中为了实现均匀施加水压荷载，试验通过数根钢绞线环箍衬砌结构来实现。分别对衬砌上下部圆弧段施加箍紧拉力，达到施加均匀荷载的目的，由于墙脚作为过渡区域，其圆弧段较短，且弧度差值较小，故可把墙脚过渡区为上下两部分，上部承受拱顶与边墙平均荷载，下部承受仰拱位置水荷载，即可实现全周密闭加载，解决隧道结构全周力学特征的技术难题。

根据结构力学，可推导箍紧拉力和荷载之间的关系。如图 5-4 所示，在需要施加均匀径向水压的圆弧段，设衬砌外半径为 R，纵向幅宽为 B，作用在结构表面上的平均压应力为 q，张拉的钢绞线数目为 n，沿纵向平均分配到衬砌上，单根钢绞线箍力为 F，根据力的平衡关系有

$$2n F_y = B\int_{\alpha_1}^{\alpha_2} qR\sin\theta \mathrm{d}\theta \tag{5-1}$$

积分后，推导得

$$F_y = -\frac{1}{2n}BqR\cos\theta \Big|_{\alpha_1}^{\alpha_2} \tag{5-2}$$

又有

$$q = \gamma_w H \tag{5-3}$$

得箍拉力与水头高度的关系式为

$$F_y = -\frac{1}{2n}B\gamma_w HR\cos\theta\Big|_{\alpha_1}^{\alpha_2} \tag{5-4}$$

则

$$F_x = F_y \times \tan\alpha_1 \tag{5-5}$$

$$F = F_y/\cos\alpha_1 \tag{5-6}$$

根据力学等效原理，采用上下部均匀荷载相叠加的简化加载方式，可得实际非均匀水压作用下的结构内力特征，则可以认为两种加载方式是等效的，从而实现对实际水压的模拟。

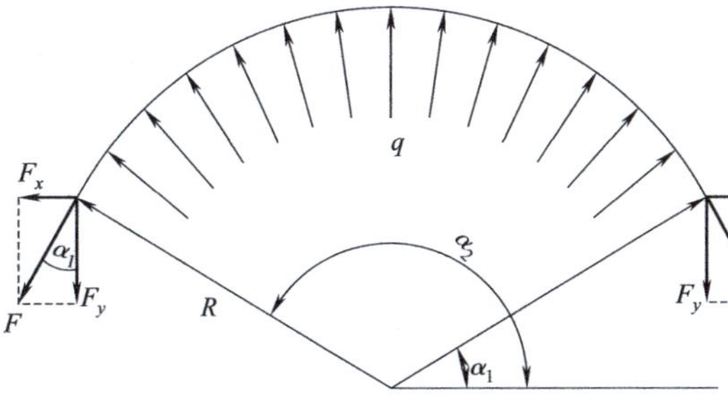

图 5-4 箍拉力转换为圆周压力示意

下面针对非圆形断面，采用梁—弹簧有限元方法，对实际水压和简化后的上下两部均匀荷载两种加载方式进行数值模拟，水头高度（拱顶上方水深）选 200 kPa、500 kPa、1 MPa 三种工况，验证等效加载转换方式的正确性。

(1)实际径向水压

实际径向水压的加载模式换算衬砌节点力加载到结构上，得到如图 5-5 所示的水压转换成节点力的作用形式，通过计算得到各工况水压作用下的衬砌内力如图 5-6 ~ 图 5-8 所示。

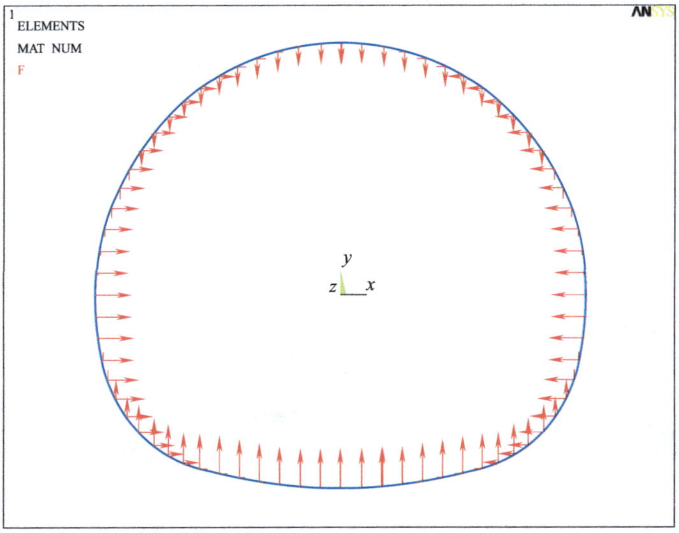

图 5-5 非均匀水压转换成节点力作用

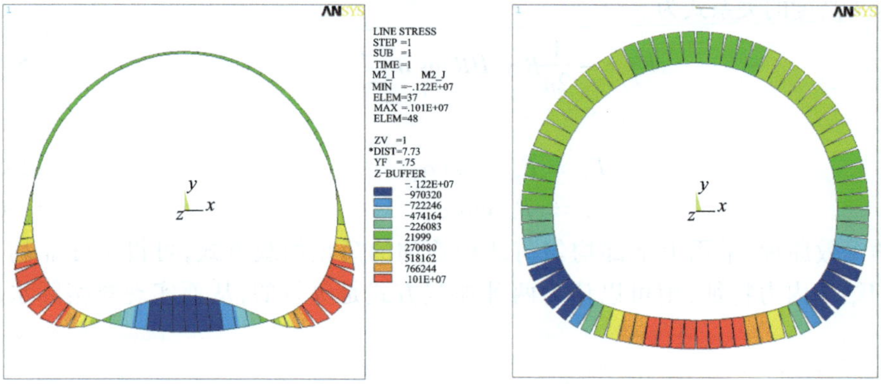

（a）弯矩（单位：N•m）　　（b）轴力（单位：N）

图 5-6　实际水压 200 kPa 衬砌内力

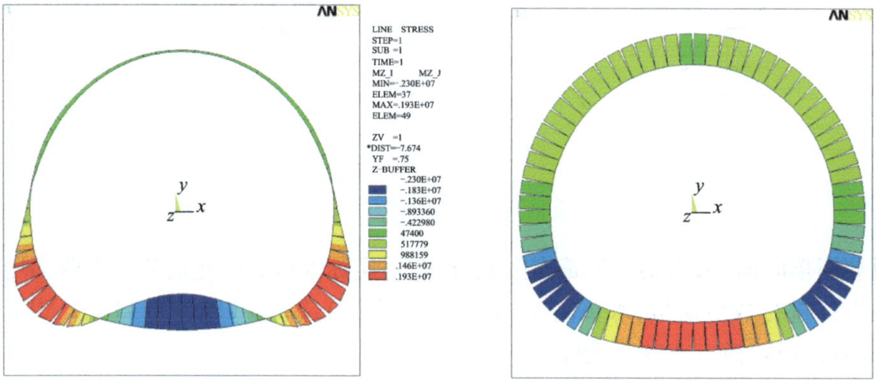

（a）弯矩（单位：N•m）　　（b）轴力（单位：N）

图 5-7　实际水压 500 kPa 衬砌内力

由图 5-8 可见，非圆形断面隧道结构在水压作用下，最大正、负弯矩主要出现在墙脚和仰拱处，最大、最小轴力出现在墙脚和仰拱处，墙脚和仰拱是破坏变形的最不利位置。表 5-1中列举了不同静水压力下衬砌断面上的最大弯矩和轴力统计，最大负弯矩出现在仰拱处，最大、最小轴力在拱脚处。

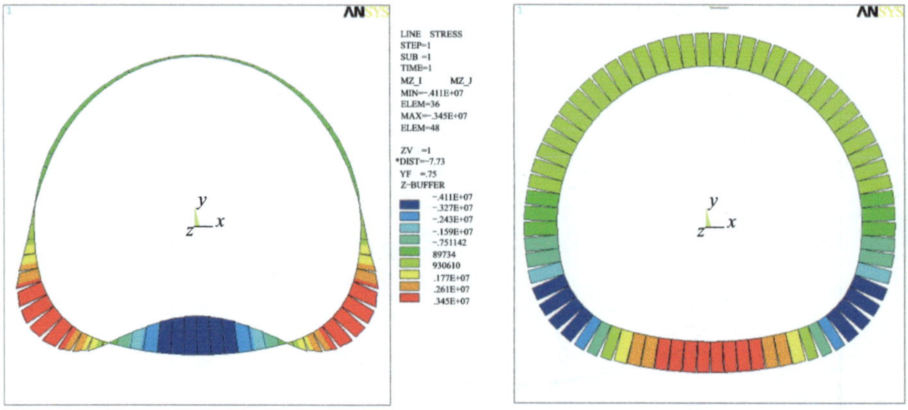

（a）弯矩（单位：N•m）　　（b）轴力（单位：N）

图 5-8　实际水压 1 MPa 衬砌内力

表 5-1 实际水压隧道衬砌断面关键位置内力

静水压力	弯矩/(N·m)		轴力/N	
	仰拱	墙脚	仰拱	墙脚
200 kPa	-1 218 400	1 014 300	-1 862 900	-2 199 700
500 kPa	-2 304 500	1 928 900	-3 718 000	-4 347 600
1 MPa	-4 114 600	3 453 200	-6 809 600	-7 931 700

对比仰拱、墙脚两个位置的弯矩、轴力,以验证灯泡形水压力转化为上下不等的环箍紧力的合理性。

(2)上下两部均布荷载

由于下部圆弧段较短,弧度很小,取下部均匀荷载计算高度与仰拱高度一致。而上部圆弧段较长,范围较大,有必要选取合适的计算高度,故取隧道结构拱顶、边墙和拱脚三个典型位置,以及上部圆弧的平均高度作为均匀水压的 4 个计算高度,通过计算比较得到误差最小的均匀荷载取值。

根据前述的箍拉力转换为圆周压力的方式,在墙脚中心处把衬砌结构分为上下两部,衬砌结构外建立受拉连杆单元充当用于箍紧的钢绞线,受拉连杆与衬砌结构之间用受压连杆连接,将受拉连杆所受拉力转换成压力通过受压连杆作用于衬砌上,如图 5-9 所示。

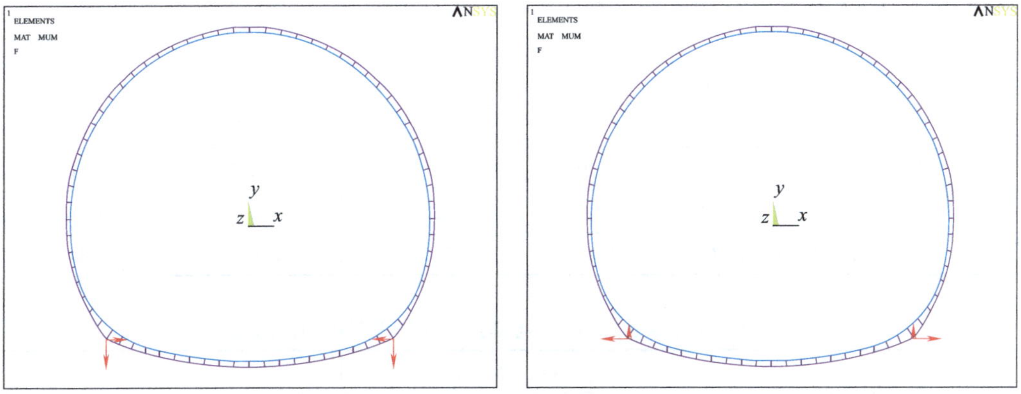

图 5-9 底部(仰拱)和拱顶(上部)分别施加不同的箍紧绳的拉力

根据式(5-4)和式(5-5),计算箍拉力 F_x、F_y,其中下部箍拉力计算中 R 取下半段圆弧半径,H 取仰拱底点深度;上部箍拉力计算中 R 取上半段圆弧半径,H(计算所用的水深)分别取拱顶顶点深度(A)、边墙中深度(B)、墙脚中点深度(C),以及上段圆弧的平均埋深(D)为 4 个计算高度,纵向幅宽(B)取 1 m。

在水深分别为 200 kPa、500 kPa、1 MPa 情况下,通过计算得到衬砌结构内力与图 5-8 基本一致。通过箍的方式施加上下均匀荷载,得到的衬砌内力的分布规律与实际水压情况基本一致,最大正、负弯矩也产生在仰拱和墙脚处,最大、最小轴力出现在墙脚和仰拱处。取出拱顶、仰拱、墙脚三个位置的内力值,进行对比研究,具体见表 5-2。

表 5-2 实际水压(200 kPa)与箍拉力作用下衬砌内力对比

加载方式		弯矩/(N·m)		轴力/N	
		仰拱	墙脚	仰拱	墙脚
上下箍拉	实际水压	-1 218 400	1 014 300	-1 862 900	-2 199 700
	拱顶 *A*	-1 368 500	1 161 400	-1 735 000	-2 173 800
	边墙 *B*	-1 244 300	1 052 400	-1 880 200	-2 284 300
	墙脚 *C*	-1 169 400	986 790	-1 967 700	-2 350 900
	上段圆弧平均埋深 *D*	-1 269 000	1 074 100	-1 851 300	-2 262 400
误差比较	拱顶 *A*	10.97%	12.67%	-7.37%	-1.19%
	边墙 *B*	2.08%	3.62%	0.92%	3.70%
	墙脚 *C*	-4.19%	-2.79%	5.33%	6.43%
	上段圆弧平均埋深 *D*	3.99%	5.57%	-0.63%	2.77%

同样,当实际水深 500 kPa 和 1 MPa 时,关键点的弯矩轴力对比见表 5-3 和表 5-4。

表 5-3 实际水压(500 kPa)与箍拉力作用下衬砌内力对比

加载方式		弯矩/(N·m)		轴力/N	
		仰拱	墙脚	仰拱	墙脚
上下箍拉	实际水压	-2 304 500	1 928 900	-3 718 000	-4 347 600
	拱顶 *A*	-2 458 900	2 080 800	-3 626 200	-4 423 300
	边墙 *B*	-2 334 700	1 971 800	-3 771 400	-4 533 800
	墙脚 *C*	-2 238 900	1 888 100	-3 883 400	-4 619 000
	上段圆弧平均埋深 *D*	-2 348 900	1 984 300	-3 754 800	-4 521 200
误差比较	拱顶 *A*	6.28%	7.30%	-2.53%	1.71%
	边墙 *B*	1.29%	2.18%	1.42%	4.11%
	墙脚 *C*	-2.93%	-2.16%	4.26%	5.88%
	上段圆弧平均埋深 *D*	1.89%	2.79%	0.98%	3.84%

表 5-4 实际水压(1 MPa)与箍拉力作用下衬砌内力对比

加载方式		弯矩/(N·m)		轴力/N	
		仰拱	墙脚	仰拱	墙脚
上下箍拉	实际水压	-4 114 600	3 453 200	-6 809 600	-7 931 700
	拱顶 *A*	-4 276 200	3 613 100	-6 778 300	-8 172 500
	边墙 *B*	-4 152 000	3 504 300	-6 923 500	-8 283 000
	墙脚 *C*	-4 077 100	3 438 800	-7 011 000	-8 349 600
	上段圆弧平均埋深 *D*	-4 176 700	3 525 900	-6 894 700	-8 261 100
误差比较	拱顶 *A*	3.78%	4.43%	-0.46%	2.95%
	边墙 *B*	0.90%	1.46%	1.65%	4.24%
	墙脚 *C*	-0.92%	-0.42%	2.87%	5.01%
	上段圆弧平均埋深 *D*	1.49%	2.06%	1.23%	3.99%

由水深 50 m 和水深 100 m 的衬砌内力表 5-3 和表 5-4 可见，衬砌内力分布规律基本与实际水压情况相一致，最大正、负弯矩产生在仰拱和墙脚处，最大、最小轴力出现在墙脚和仰拱处。当上部箍拉力计算高度为边墙中部深度，产生的衬砌内力与实际水压作用下的衬砌内力相比误差最小。

通过 20 m、50 m、100 m 水深的比较结果，汇总见表 5-5。

表 5-5　上部箍拉力水压高度取边墙中部深度与实际水压作用下衬砌内力误差

水头高度	弯矩/(N·m)		轴力/N	
	仰拱	墙脚	仰拱	墙脚
200 kPa	2.08%	3.62%	0.92%	3.70%
500 kPa	1.29%	2.18%	1.42%	4.11%
1 MPa	0.90%	1.46%	1.65%	4.24%

由表 5-5 可见，上部均匀荷载的计算高度取边墙中部深度，下部均匀荷载计算高度取仰拱底深度，随着水深的增大，仰拱和墙脚的弯矩误差减小，仰拱和墙脚的轴力误差有所增加但幅度很小。

综上所述，在高水压的情况下，采用对非圆形断面上、下段圆弧施加不等的环箍力，此处理方式简化了实际非均匀水压，其产生的衬砌内力和变形与实际水压作用下衬砌内力是一致的，可以有效地反映实际非均匀水压的作用。因此可认为这种简化方式与实际水压作用等效，可以实现对实际水压的模拟加载。

5.1.2　隧道结构试验的模拟水压加载装置

通过对非圆形断面结构上下段分别施加大小合适的箍拉力来等效模拟实际水压力，可得到与非圆形断面结构在实际水压作用下相同的内力特征。为实现上述对相似模型的加载方式，设计了针对非圆形断面隧道模型试验的全周密闭水压加载装置，如图 5-10 所示。

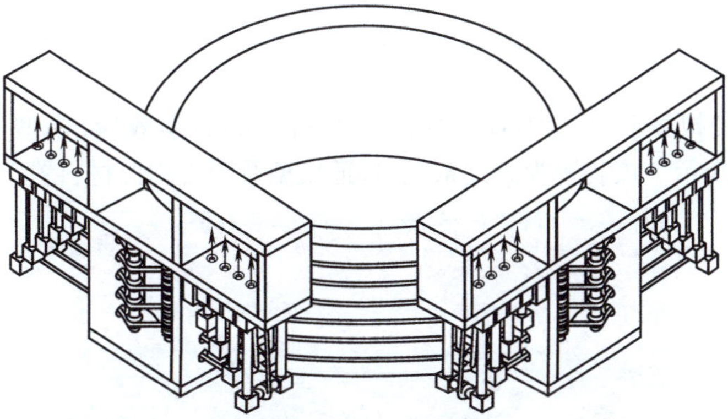

图 5-10　全周密闭水压加载装置

该装置能对非圆形断面隧道模型试验的全周密闭模拟水压加载，可以为非圆形隧道结构模型试验提供一种实际水压的等效模拟方法，且能对隧道结构施加顶部小、底部大，全周密闭的非均匀模拟水压，能较真实地模拟水压对隧道结构的作用和影响。水压加载装置固定于墙脚位置，上下底板与结构模型边缘接触，上部箍钢绞线绕过模型后被中轴抵住贴近墙脚，然后绕过滑轮轴从下侧板的圆孔穿过，通过导向滑轮绕道翼板，锚固于翼板上方的力学传感器上；同理，下部箍拉钢绞线从上侧板穿过并导向至上侧翼板锚固。通过全周密闭水压加载装置可以精确控制钢绞线对结构模型的上下箍拉力，中轴可以抵住钢绞线使其贴近墙脚，保证环箍力可以全周密闭的作用于结构上，能够保证对结构全周力学特征和破坏形式研究的准确性。水压加载过程如图 5-11 所示，其中拉力是通过拉力测力计精确控制，如图 5-11(c)所示。

（a）马蹄形隧道水压加载装置

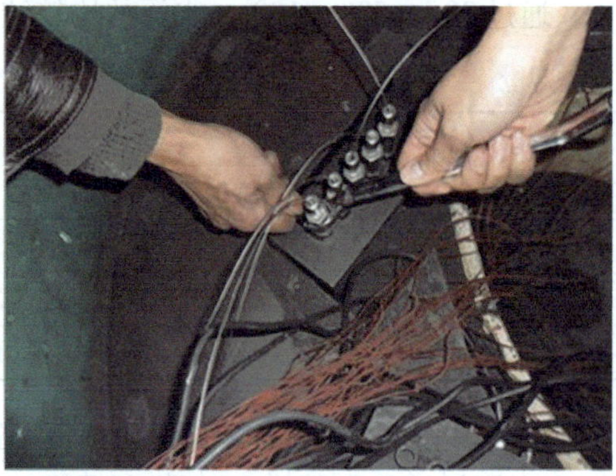

（b）衬砌外水压力加载过程操作

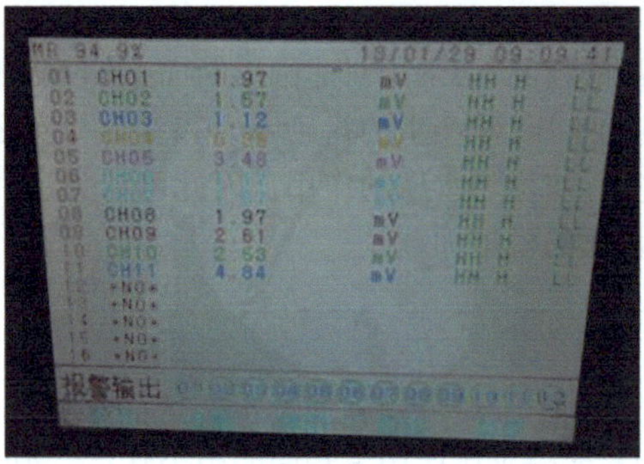

（c）环向箍力测试

图 5-11 全周密闭式加载试验装置

5.1.3 地应力复合体模拟试验装置

采用复合体模拟试验装置等效高地应力对衬砌的力学效应，模型实物和示意图如图 5-12和图 5-13 所示。该装置为卧式系统，隧道模型及围岩相似材料置于装置内部。

图 5-12 围岩压力复合体模拟试验装置

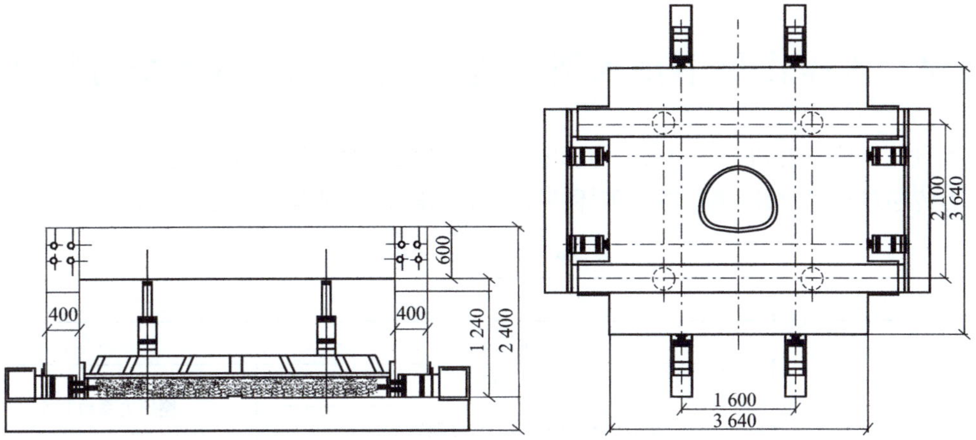

（a）试验装置立面图　　（b）俯视图

图 5-13　试验装置示意(单位:mm)

围压加载系统由千斤顶分配荷载。千斤顶由自动跟踪稳压器控制,相对位置的千斤顶由同一组压力源控制,以便统一方向均匀加载。有前、后、左、右以及上方的压力千斤顶加载模拟三个方向不同地应力,液压控制操作台及千斤顶。

(1)在二次衬砌的拱顶、拱腰、墙脚、仰拱关键部位设置测点,用电阻应变片和差动位移计进行监控其变形过程,如图 5-14 所示。

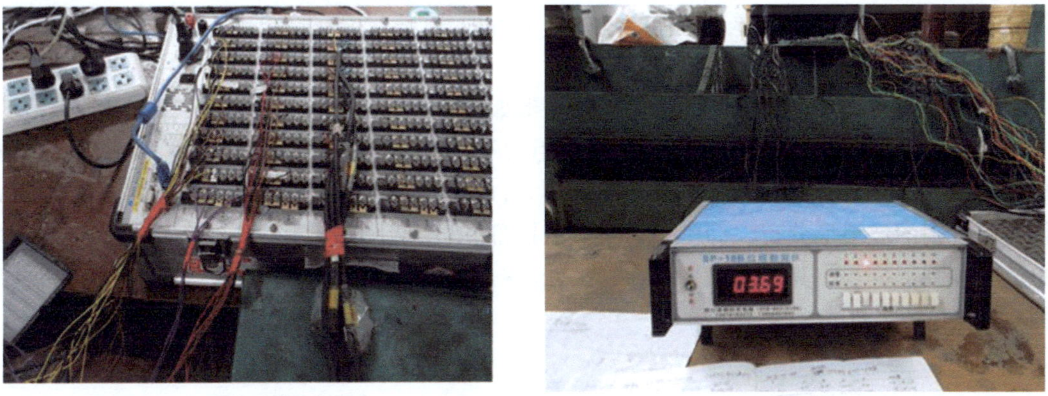

（a）电阻应变仪　　（b）SP-10B位移数显仪

图 5-14　测试仪器

(2)在模型结构周边典型位置(拱顶、拱脚、墙脚、仰拱等处)预埋微型精密土压盒,测试土压的变化过程,通过电阻应变仪接收。

(3)在二次衬砌内、外侧布置应变片,监测施加水压、地应力模拟加载过程中隧道主体结构应变的变化,从而计算出衬砌结构的弯矩、轴力,计算公式为

$$N = \frac{1}{2}E(\varepsilon_{内} + \varepsilon_{外})bh \tag{5-7}$$

$$M = \frac{1}{12} \times E \times (\varepsilon_{内} - \varepsilon_{外}) \times b \times h^2 \tag{5-8}$$

式中　b——单位长度,取 1 m;

　　　h——模型的厚度。

5.2 水压作用下排水型隧道(标准断面)衬砌受力特征

为研究高地应力和非均匀水压力影响下主体结构关键部位应力、应变规律,揭示衬砌结构应力传递过程,裂纹产生、发展、破坏特征及极限承载力,试验工况见表 5-6。

表 5-6 试验工况与分组

围岩级别	工　况	备　注
Ⅳ级	水压	—
	地应力	侧压力系数 0.5
	先加 0.8 MPa 地应力,再施加水压	
Ⅴ级	水压	—
	地应力	侧压力系数 0.5
	先加 0.8 MPa 地应力,再施加水压	

5.2.1 Ⅳ级围岩试验结果

采用非圆形断面隧道模型试验的非均匀全周密闭水压加载装置(图 5-10),以及围岩压力复合体模拟试验装置(图 5-12)。衬砌断面如图 5-1(a)所示,进行逐级加载,研究非圆形衬砌在外水压力作用下的隧道主体结构的受力特征。

(1)水压力影响

水压加载过程中,衬砌弯矩、轴力以及变形如图 5-15 所示。

从图 5-15 看出,在水压作用下,底部弯矩大于拱部,拱肩向外,边墙向内,墙脚向外,仰拱向内,其中正弯矩仰拱最大,负弯矩墙脚最大,成为水压作用下,衬砌结构的薄弱部位,总体为不规则的波浪形分布。仰拱轴力略大于拱部,其中墙脚轴力最大,总体基本一致,轴力总体呈椭圆形分布。其中最大变形在仰拱处。衬砌关键点弯矩、轴力随水压的变化曲线如图 5-16 所示。

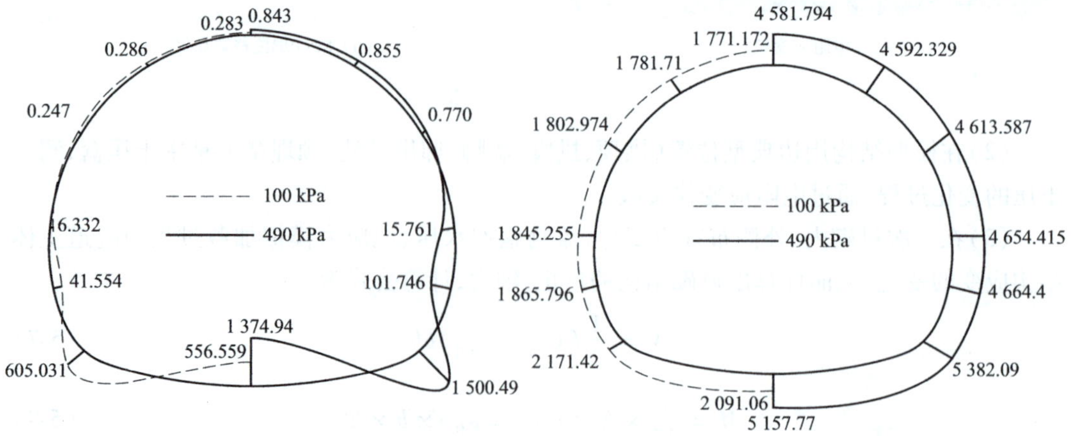

(a) 弯矩（单位：kN·m）　　(b) 轴力（单位：kN）

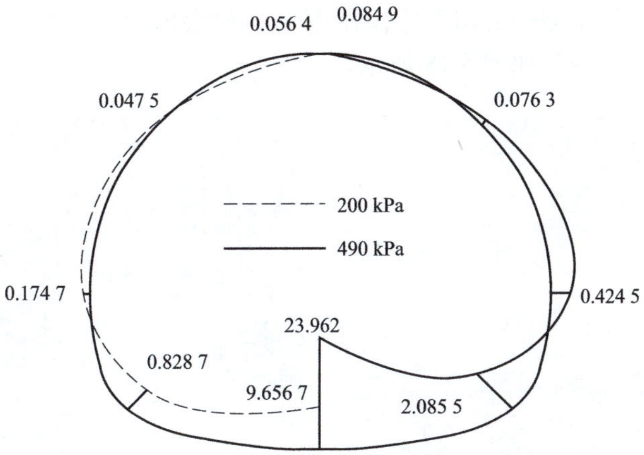

（b）变形（单位：mm）

图 5-15 排水型隧道受力特征及变形

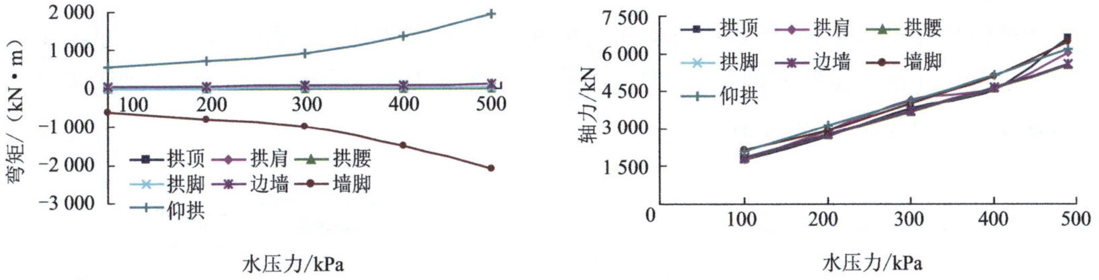

（a）弯矩 （b）轴力

图 5-16 排水型衬砌关键点内力随水压变化曲线

从图 5-16 中可以看出，墙脚和仰拱的弯矩较大，可能成为最不利的位置，弯矩随水压似乎呈线性增大，且差异不大。关键点安全系数随水压变化如图 5-17 所示。

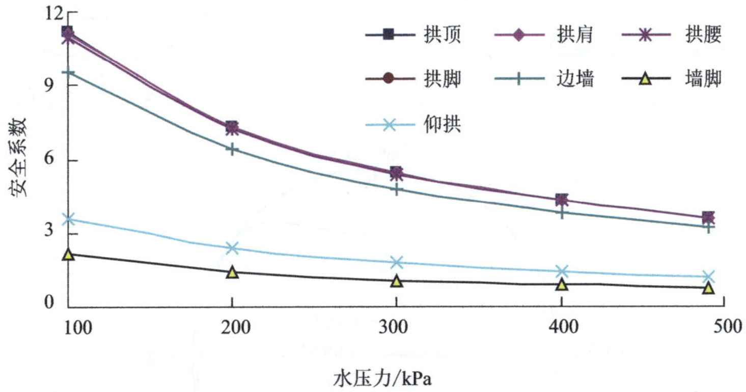

图 5-17 排水型衬砌关键点安全系数

从图 5-17 看出，随着外水压力的增大，衬砌结构的安全系数均减小。值得指出的是，墙脚和仰拱属于大偏心受拉控制，并且这两个位置的安全系数一直最小，成为破坏的关键控制部位。在加载过程中，高速铁路隧道衬砌结构（排水型）承受极限水压为 490 kPa，隧道衬砌结构外表面最不利部位为拱脚，内表面最不利部位在仰拱位置，拱顶受力相对较小，故衬砌结构受力最不利位置在仰拱的内表面。拱顶和仰拱向开挖面内凹，两侧边墙和拱脚均向外凸。首先衬砌墙脚发生压缩—剪切破坏，两侧墙脚内侧会出现压溃现象，裂纹表现为墙脚外表面；接着仰拱先发生压弯，如图 5-18 所示。

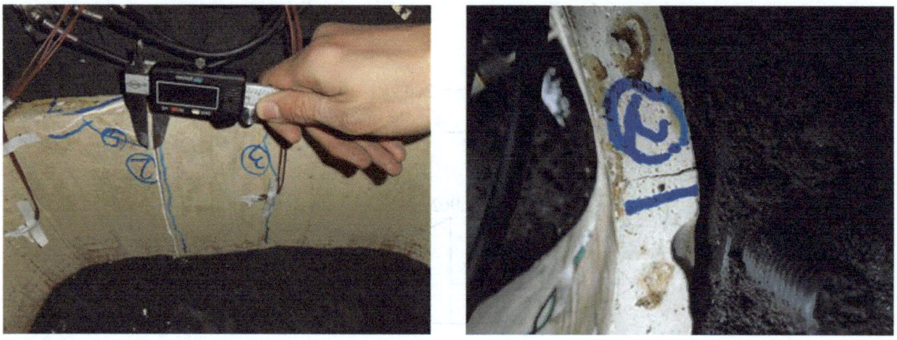

图 5-18 水压作用下排水型衬砌产生的裂缝

(2)地应力的影响

在试验加载过程中，采用东西方向布置的四台千斤顶模拟竖向地应力固定值加载，南北方向的四台千斤顶模拟侧向地应力(侧压力系数 0.5)。加载过程中弯矩、轴力、变形以及安全系数分布形态如图 5-19 所示。

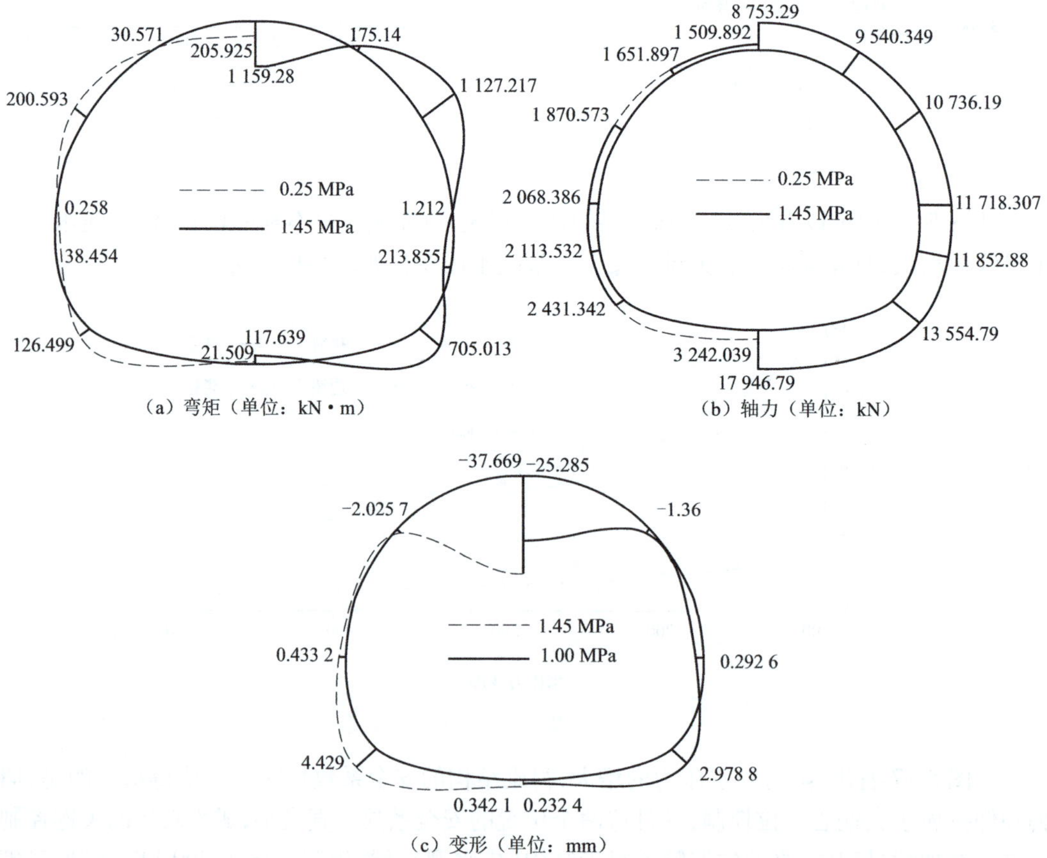

图 5-19 排水型衬砌受力特征及变形

将衬砌上不同位置处的弯矩和轴力数据进行统计,分析弯矩和轴力随着土压力的增加变化规律,可以得出图5-20。

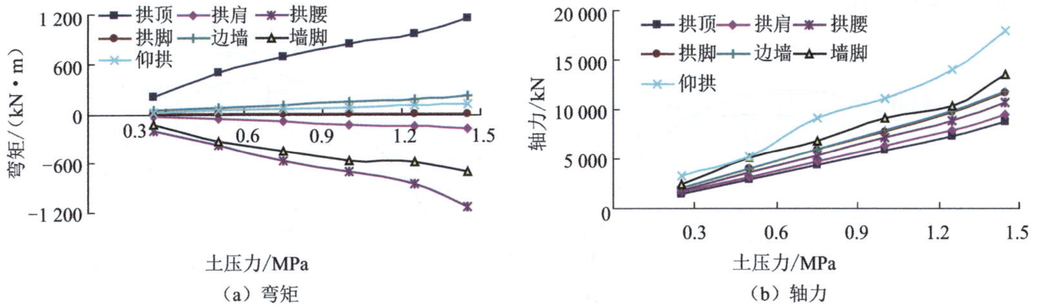

(a) 弯矩 (b) 轴力

图5-20 排水型衬砌关键点内力随地应力变化曲线

从图5-20看出,弯矩、轴力与变形量均随竖向地应力的增大而同步增大,而且增长幅度较大。弯矩和隧道的变形基本一致,最大变形和最大正弯矩在拱顶,最大负弯矩在拱腰,其弯矩和变形拱顶向内、拱肩向外、边墙向内、墙脚向外,而轴力仰拱最大。继续加载,地应力达到1.45 MPa时,衬砌发生开裂。加载过程中的结构典型截面安全系数如图5-21所示。

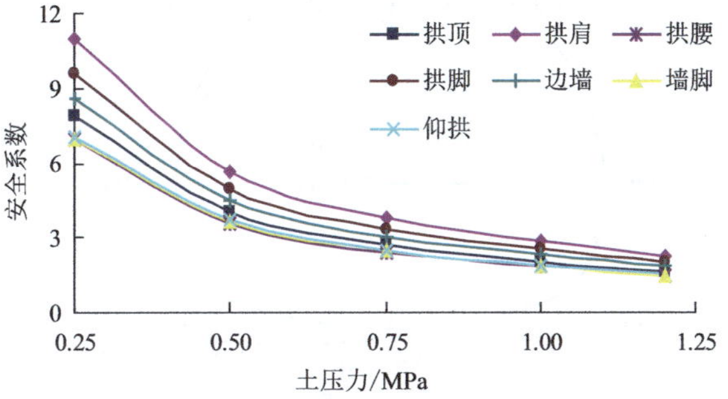

图5-21 排水型衬砌关键点安全系数随地应力变化曲线

从图5-21看出,随着地应力的增大,安全系数呈非线性减小,从0.25 MPa到0.50 MPa时,安全系数下降得比较快,随后降低幅度较小,墙脚和仰拱的安全系数较小,所有截面均以抗压控制。图5-22为试验裂缝特写图,在地应力作用下,先拱腰发生压缩—剪切破坏,后墙脚压缩—剪切破坏。

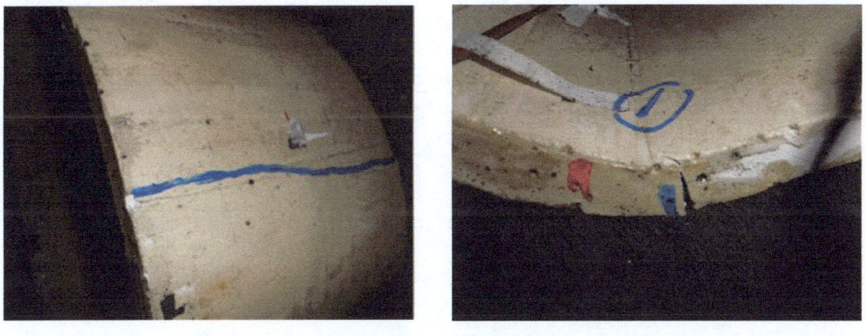

图5-22 排水型衬砌产生的裂缝

(3)地应力与水压力耦合作用下结构受力特征

施加地应力 0.8 MPa(侧压力系数 0.5)时,在水压逐渐加载过程中引起的衬砌受力特征如图 5-23 所示。

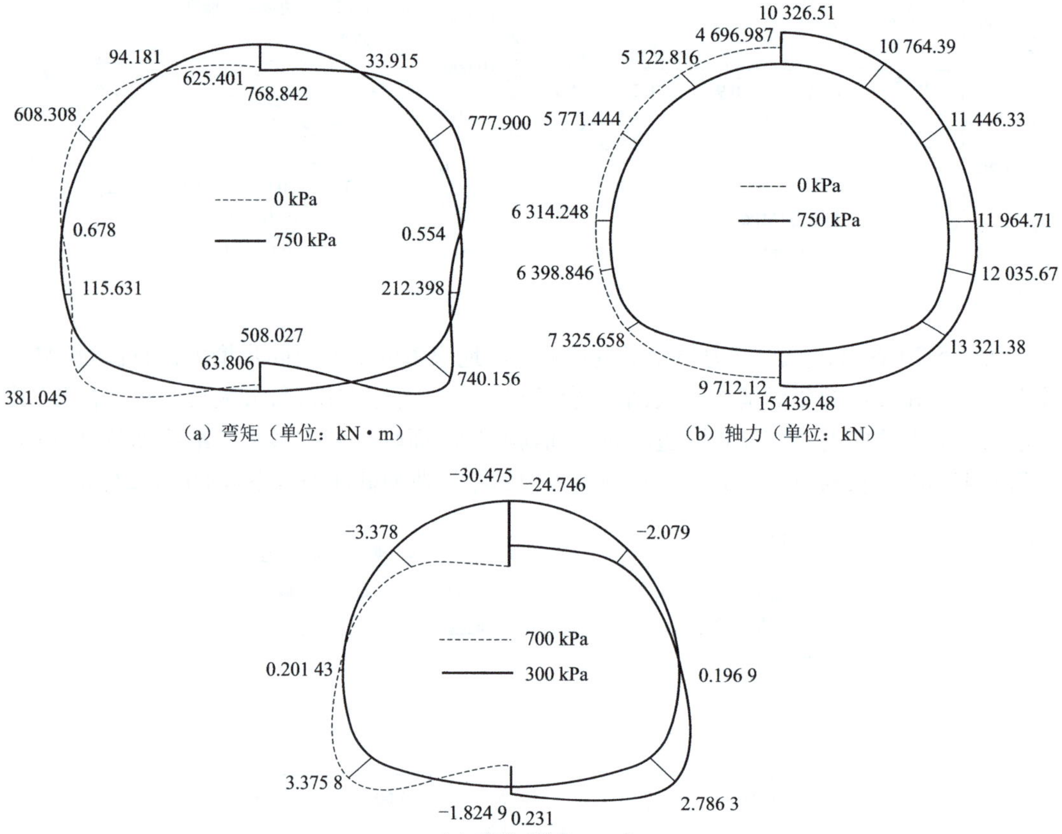

(a) 弯矩(单位:kN·m)　(b) 轴力(单位:kN)

(c) 变形(单位:mm)

图 5-23 排水型衬砌受力特征及变形

在施加水压前,拱肩的弯矩约为墙脚的 2 倍,施加水压后,开始弯矩均增长较小,当水压达到 600 kPa 后,墙脚和仰拱的弯矩增长幅度相对较大,轴力呈线性增长。衬砌轴力、弯矩、安全系数与衬砌外水压力关系如图 5-24 和图 5-25 所示。

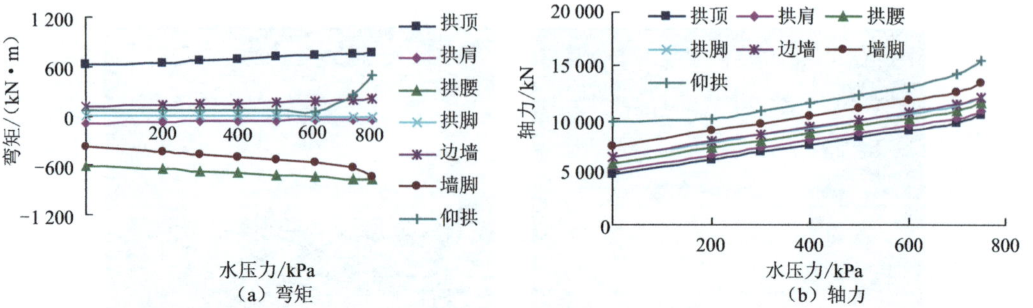

(a) 弯矩　(b) 轴力

图 5-24 排水型衬砌关键点内力随水压力变化曲线

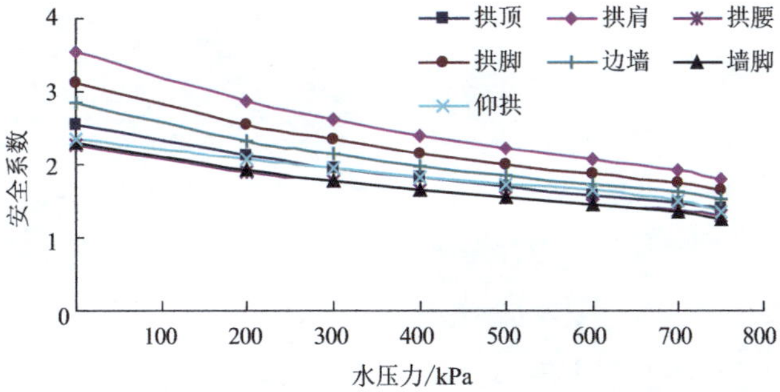

图 5-25 排水型衬砌关键点安全系数随水压力变化曲线

从图 5-24 看出，在先施加 0.8 MPa 地应力条件下，刚开始加载水压弯矩似乎不变，轴力呈线性增长。当水压力达到 600 kPa 时，仰拱的弯矩急剧增大。当水压达到 750 kPa 时，结构发生破坏。首先墙脚出现细小裂缝，发生压弯破坏，继续加载裂缝变宽并纵向贯通，接着仰拱内侧出现裂缝，典型裂缝如图 5-26 所示。

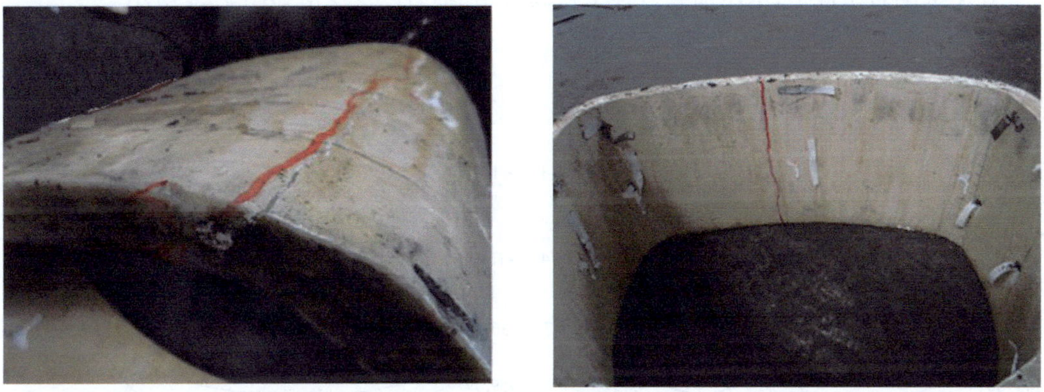

图 5-26 排水型衬砌产生的裂缝

排水型衬砌在Ⅳ级围岩时极限指标、破坏特征统计见表 5-7。

表 5-7 Ⅳ级围岩排水型衬砌主体结构受力统计结果

工况	极限指标	裂缝特征
水压	490 kPa	衬砌墙脚发生压缩—剪切破坏，接着仰拱先发生压弯
地应力	1.45 MPa	先拱腰发生压缩—剪切破坏，后墙脚压缩—剪切破坏
先施加 0.8 MPa 地应力，再施加水压	750 kPa	首先墙脚压缩—剪切破坏，继续加载裂缝变宽并纵向贯通，接着仰拱内侧出现裂缝

5.2.2 Ⅴ级围岩试验结果

进行Ⅴ级围岩相关试验时，先将模型槽内的土体取出，然后加机油，再进行测试参数，直到指标满足试验要求，如图 5-27 所示。

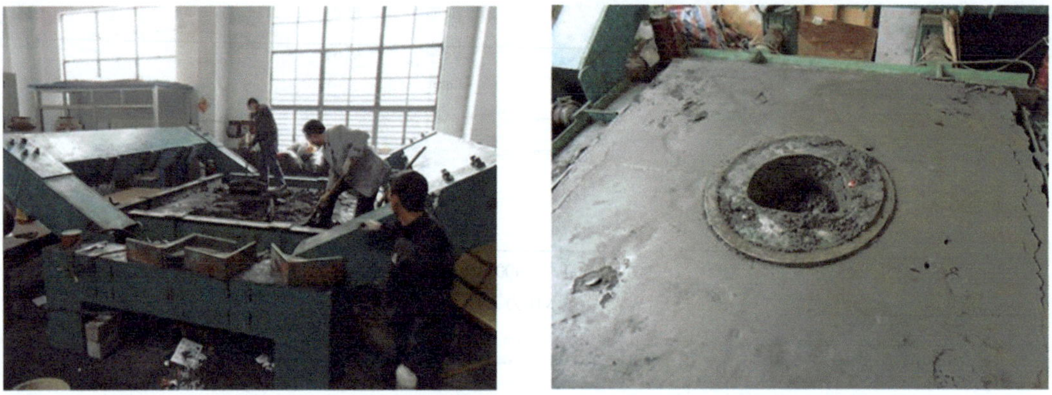

（a）相似材料的置入（Ⅳ级、Ⅴ级）　（b）模型槽内围岩模型材料

图 5-27　试验过程

（1）水压影响

在Ⅴ级围岩条件下，水压加载过程中衬砌弯矩、轴力以及变形如图 5-28 所示。

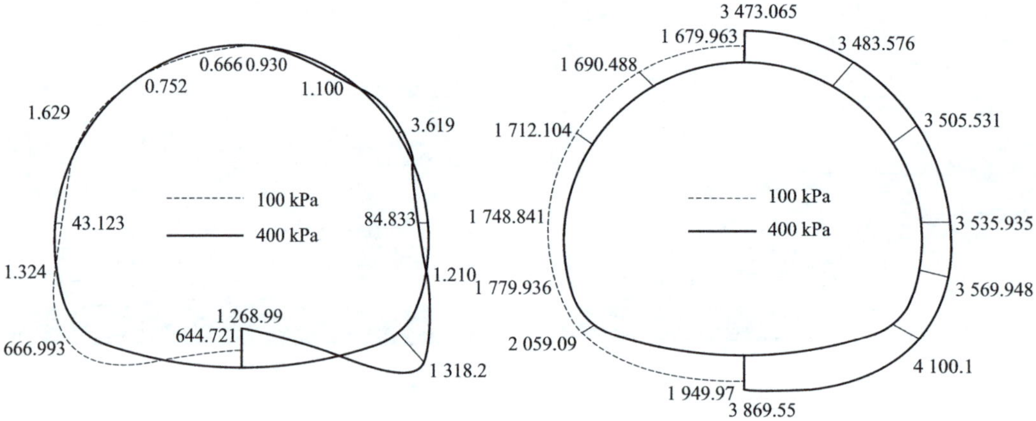

（a）弯矩（单位：kN·m）　（b）轴力（单位：kN）

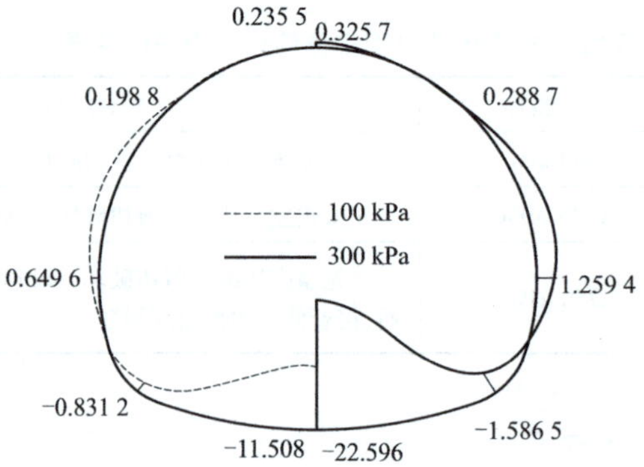

（c）变形（单位：mm）

图 5-28　排水型衬砌受力特征及变形

从图 5-28 看出，在水压作用下，外表面最不利部位在拱脚，内表面最不利部位在仰拱位置，拱顶受力相对较小，故衬砌结构受力最不利位置在仰拱的内表面和墙脚的外表面。加载过程中关键点的弯矩、轴力、安全系数随水压变化曲线如图 5-29 所示。

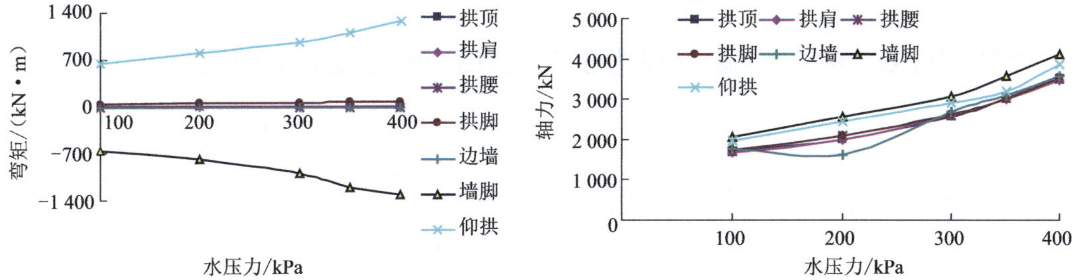

（a）弯矩图 （b）轴力图

图 5-29 排水型衬砌关键点内力随水压变化曲线

从图 5-30 看出，随着外水压力的增大，衬砌结构的安全系数均减小。拱脚和仰拱属于大偏心受拉控制，安全系数比其他部位小得多，成为破坏的关键控制部位。

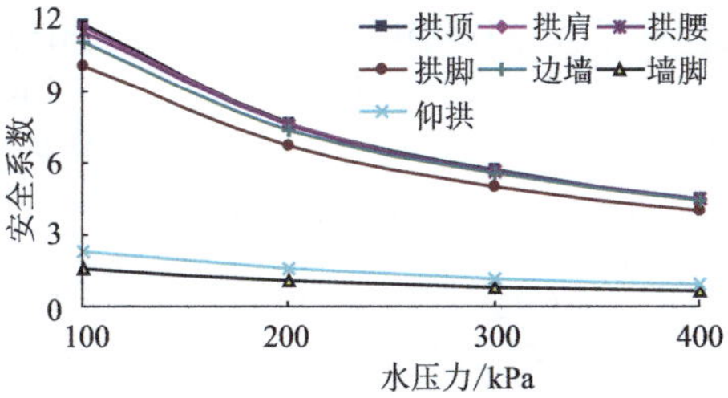

图 5-30 排水型衬砌关键点安全系数随水压变化

V 级围岩条件下，排水型隧道衬砌结构承受极限水压为 400 kPa，衬砌墙脚先发生压缩—剪切破坏，外侧发生裂缝。继续加载，接着仰拱内侧出现裂缝，直至贯通，均大偏心受拉控制，如图 5-31 所示。

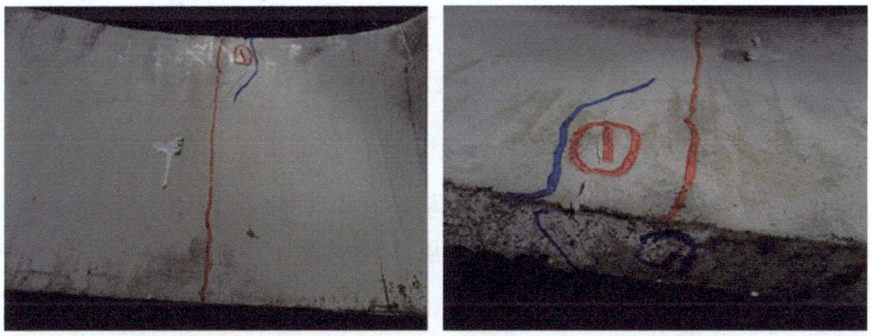

（a）仰拱内侧裂纹

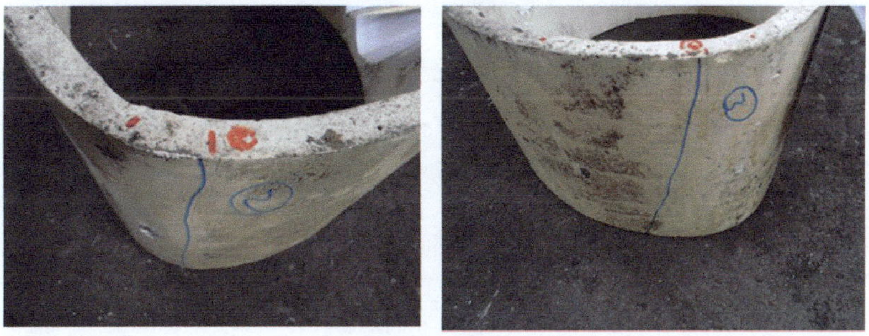

（b）拱脚外侧裂纹

图 5-31 水压作用下排水型衬砌产生的裂缝

(2)地应力影响

以侧压力系数为0.5,逐级施加地应力过程中的弯矩、轴力和变形分布形态如图5-32所示。

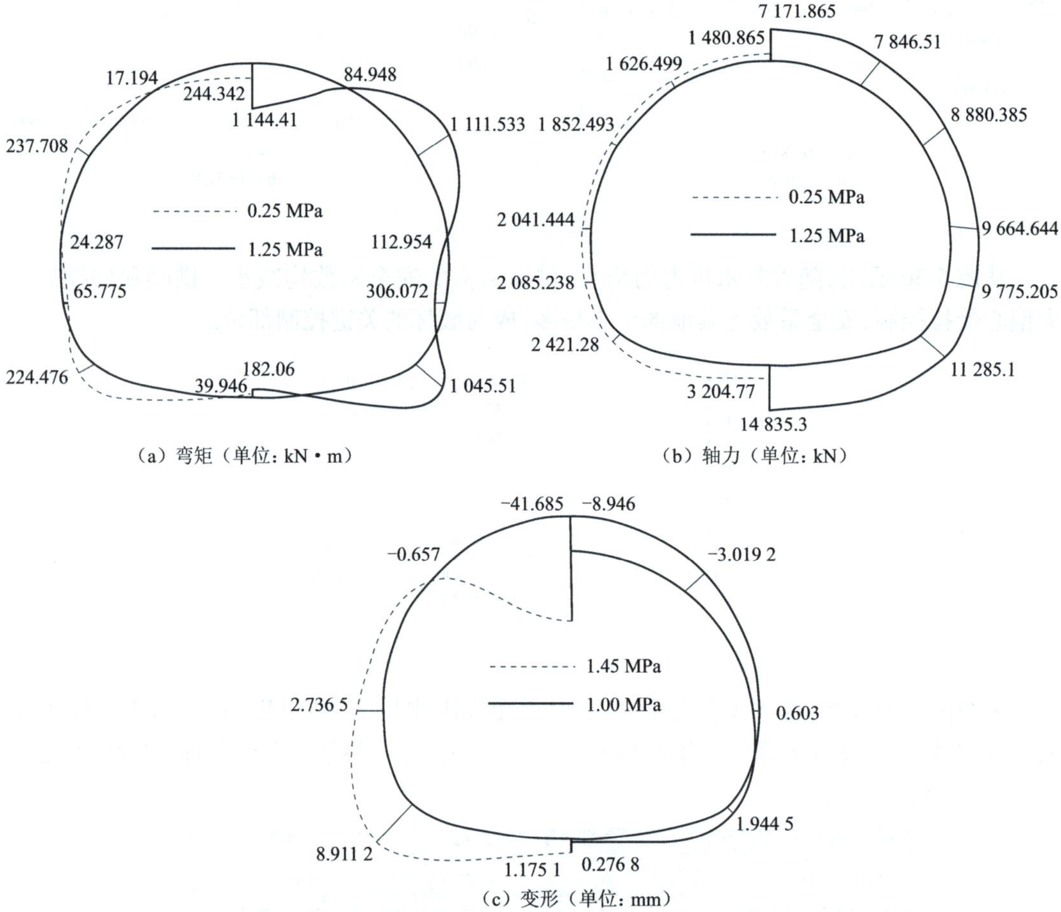

（a）弯矩（单位：kN·m）　（b）轴力（单位：kN）

（c）变形（单位：mm）

图5-32　排水型衬砌受力特征及变形

从图5-33可以看出,弯矩、轴力与变形量基本呈线性增长,其中拱顶(正)和墙脚(负)弯矩最大。随地应力增大而轴力快速增加,幅度大于弯矩。在施加地应力过程中,衬砌结构的安全系数如图5-34所示。

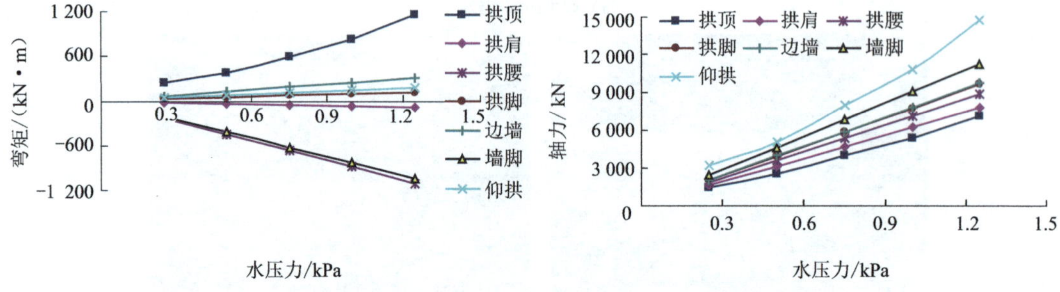

（a）弯矩　（b）轴力

图5-33　排水型衬砌关键点内力随地应力变化曲线

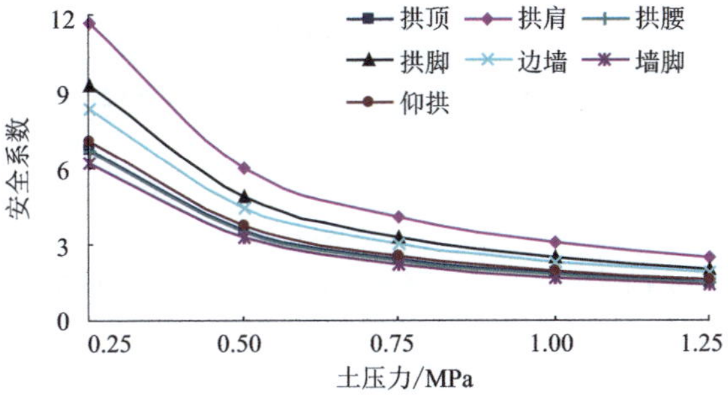

图 5-34 排水型衬砌安全系数随地应力变化关系

从图 5-34 看出，随地应力增大，安全系数呈现非线性减小趋势。地应力从 0.25 MPa 增大到 0.5 MPa 时，安全系数下降较快，随后，幅度较为平缓。即安全系数开始减小较快，随后减小较慢。地应力达到 1.25 MPa 时，衬砌发生开裂。

图 5-35 为试验裂缝特写，拱顶发生大偏心抗张拉破坏，接着墙脚和拱腰发生小偏心破坏。

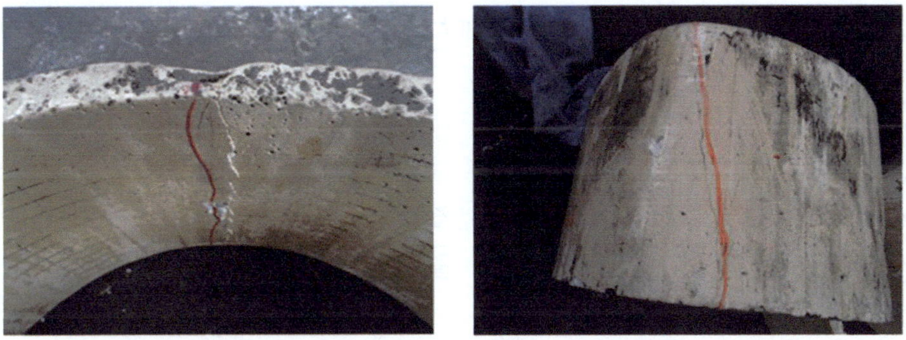

（a）拱顶 （b）墙脚

图 5-35 地应力作用下排水型衬砌产生的裂缝

(3)地应力与水压力耦合作用下结构受力特征

当地应力为 0.8 MPa 不变时（侧压力系数 0.5），在水压加载过程中引起的衬砌受力特征及变形如图 5-36 所示。

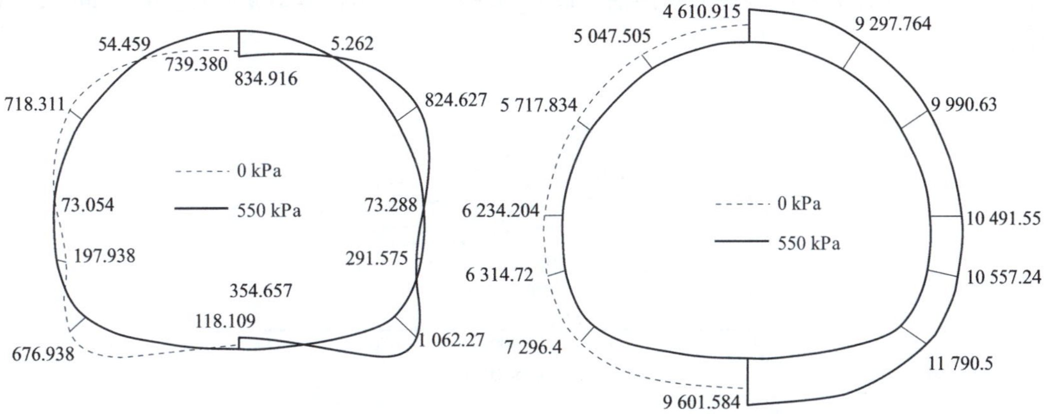

（a）弯矩（单位：kN·m） （b）轴力（单位：kN）

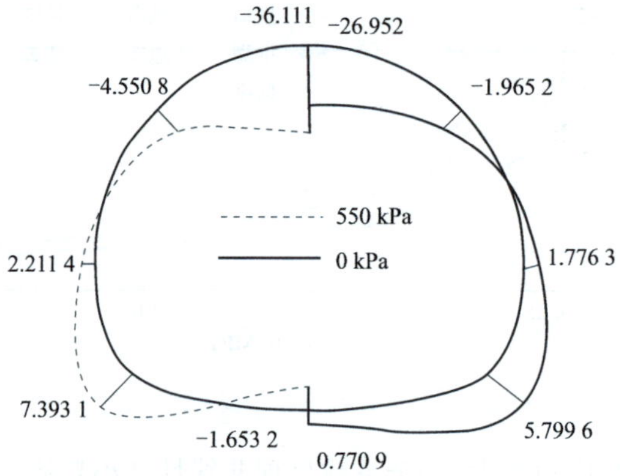

（c）变形（单位：mm）

图 5-36 排水型衬砌受力特征及变形

从图 5-36 看出，当地应力为 0.8 MPa 不变时，衬砌结构整体弯矩较为合理，没有出现特别集中的部位，其中墙脚最大、拱腰次之。轴力呈现椭圆形分布，拱部较小，仰拱较大。

在地应力不变的情况下，随着水压力的加大，衬砌内力明显增大。轴力、弯矩与衬砌外水压力关系如图 5-37 所示。

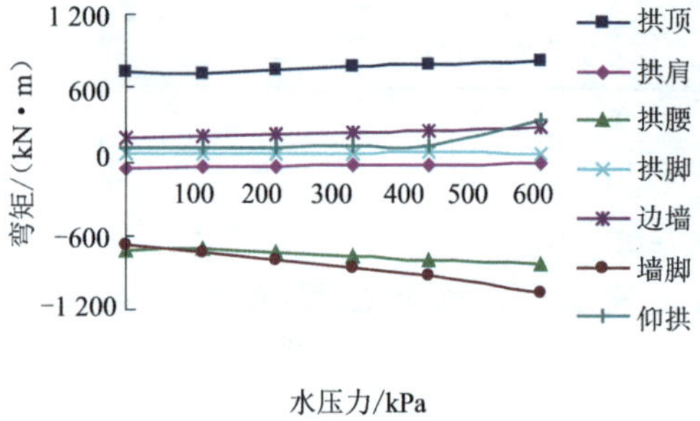

（a）弯矩

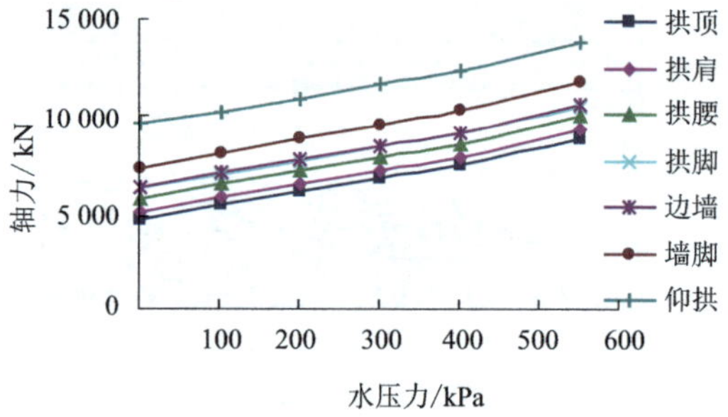

（b）轴力

图 5-37 排水型衬砌关键点内力随水压力变化关系图

从图 5-37 看出，弯矩随水压力总体变化很小，只有墙脚增大幅度较大。相比而言，轴力增大较快，基本呈线性增长趋势，仰拱轴力最大、墙脚次之。结构典型断面安全系数如图 5-38 所示。

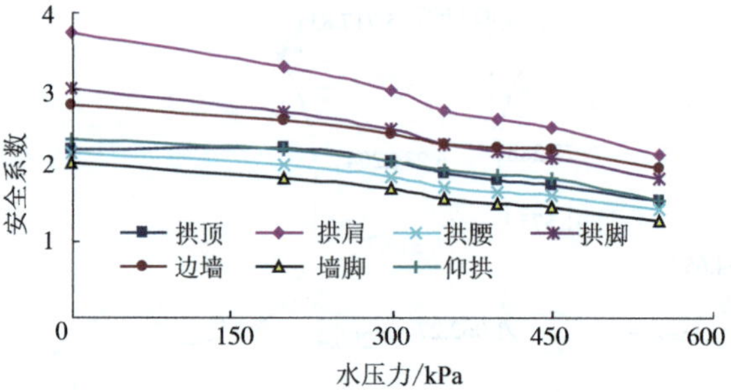

图 5-38 排水型衬砌安全系数随水压变化曲线

从图5-38看出，所有截面均为小偏心抗压控制，随着水压力增大，安全系数整体减小。墙脚最小、拱肩最大。水压达到550 kPa时，结构发生破坏，首先墙脚外侧发生裂缝，其次拱腰和仰拱内侧似乎同时出现裂缝，结构破坏如图5-39所示。

（a）拱脚

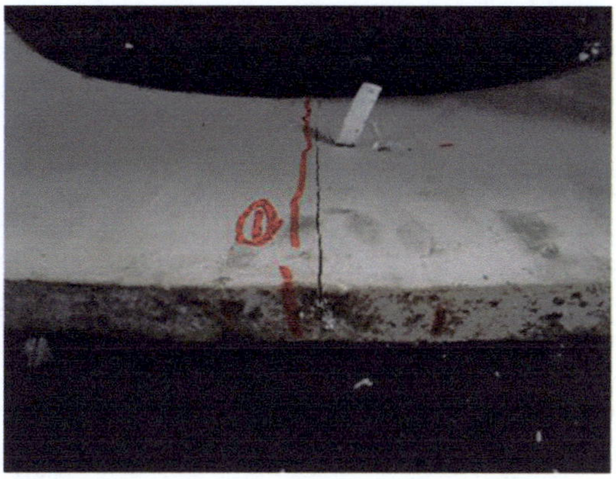

（b）仰拱

图5-39　地应力与水压力耦合作用下排水型衬砌产生的裂缝

排水型衬砌在Ⅴ级围岩时极限指标、破坏特征统计见表5-8。

表5-8　Ⅴ级围岩排水型衬砌主体结构受力破坏结果分析

工况	极限指标	裂缝特征
水压	400 kPa	衬砌墙脚先发生压缩—剪切破坏，接着仰拱先发生压弯（均大偏心受拉控制）
地应力	1.25 MPa	拱顶发生大偏心抗张拉破坏，其次墙脚和拱腰发生小偏心压缩——剪切破坏
先施加0.8 MPa地应力，再施加水压	550 kPa	首先墙脚发生裂缝，其次拱腰和仰拱似乎同时出现裂缝

5.3　水压作用下防水型隧道衬砌受力特征

水压和地应力不同组合下的防水型衬砌试验工况见表5-6。

5.3.1　Ⅳ级围岩试验结果

（1）水压力的影响

采用图5-11中的水压加载装置，逐级模拟加载，研究非圆形衬砌在外水压力作用下的隧道主体结构的受力特征，当水压为200 kPa和790 kPa时的衬砌弯矩、轴力以及变形如图5-40所示。

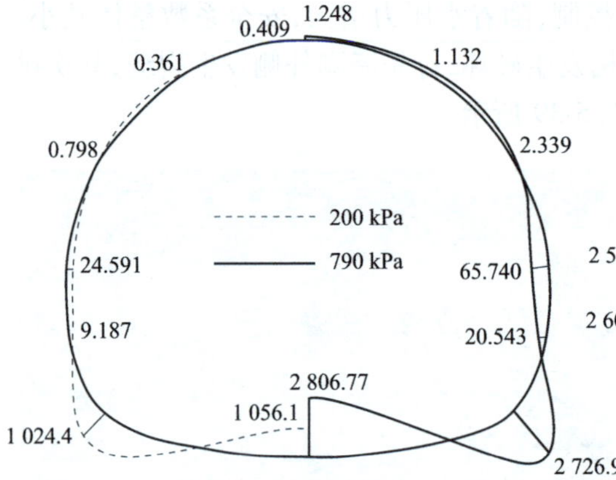

（a）弯矩（单位：kN·m）

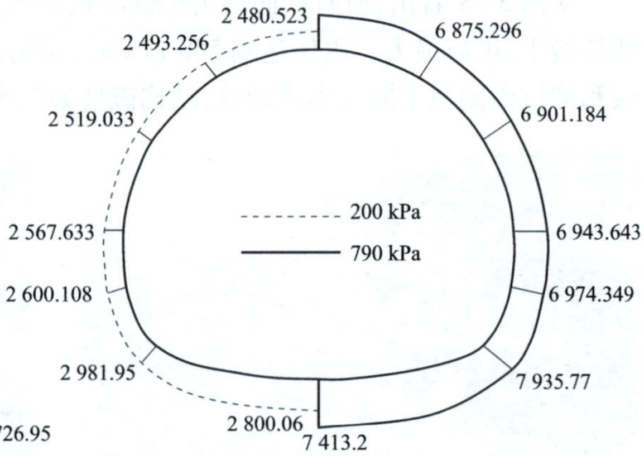

（b）轴力（单位：kN）

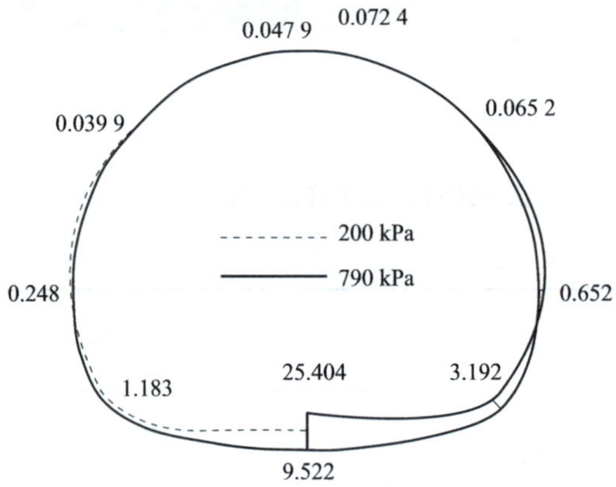

（c）变形（单位：mm）

图 5-40　防水型衬砌受力特征及变形

从图 5-40 看出在水压作用下衬砌以仰拱和墙脚弯矩为主，拱顶和边墙弯矩很小。而轴力较均匀，仰拱较大，拱顶较小。仰拱向内变形，拱脚向外挤出变形。典型截面的弯矩、轴力随水压变形如图 5-41 所示。

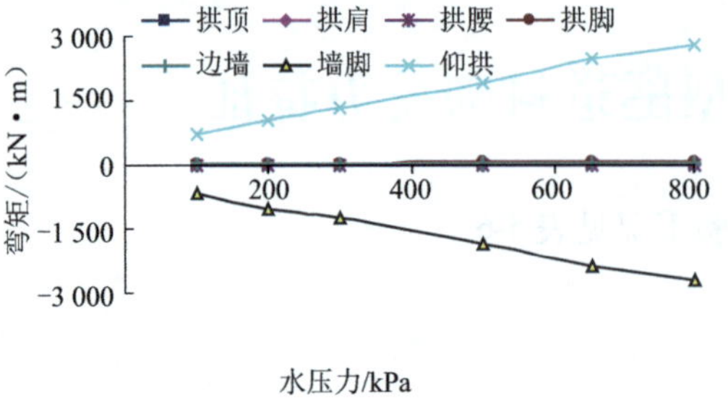

（a）弯矩

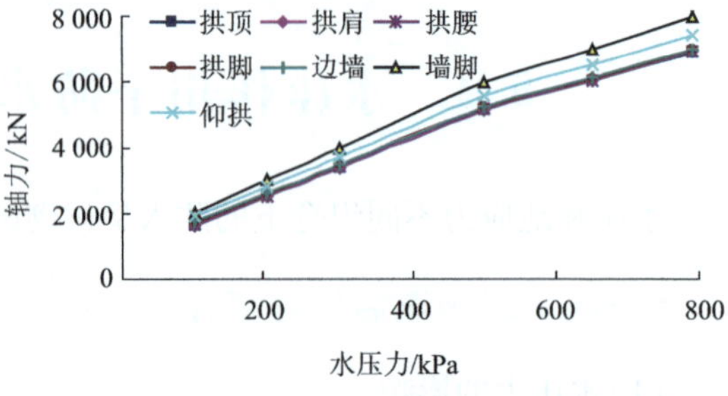

（b）轴力

图 5-41　防水型衬砌关键点内力随水压的变化

从图 5-41 看出，结构的弯矩只有仰拱（正弯矩）和墙脚（负弯矩）较大，绝对值基本相同，因此，防水型衬砌仰拱和墙脚的厚度较大（厚度 80 cm，相对排水型衬砌厚度 60 cm）。衬砌关键点的安全系数随水压的增大,变化曲线如图 5-42 所示。

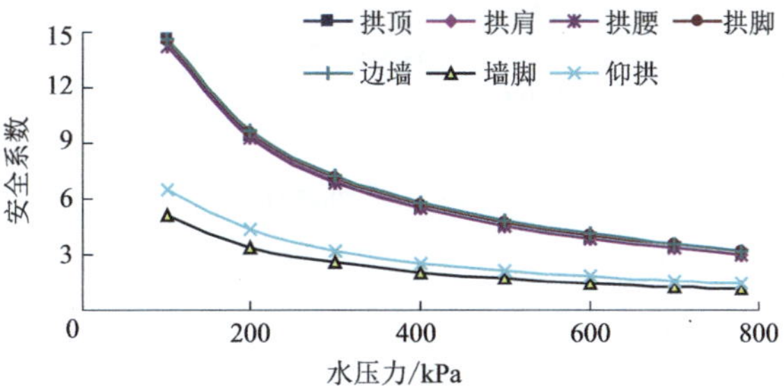

图 5-42　防水型衬砌关键点安全系数随水压变化

从图 5-42 看出,相对于排水型衬砌,防水型衬砌安全系数基本提高一倍,随着外水压力的增大,衬砌结构的安全系数均减小,高速铁路防水型隧道衬砌结构承受极限水压为 780 kPa。防水型衬砌的拱脚和仰拱在水压作用下,始终处于大偏心受拉控制,成为破坏的关键控制部位,水压致裂如图 5-43 所示。在加载过程中,首先衬砌墙脚发生压缩—剪切破坏,仰拱先发生压弯破坏(均为大偏心受拉控制)。

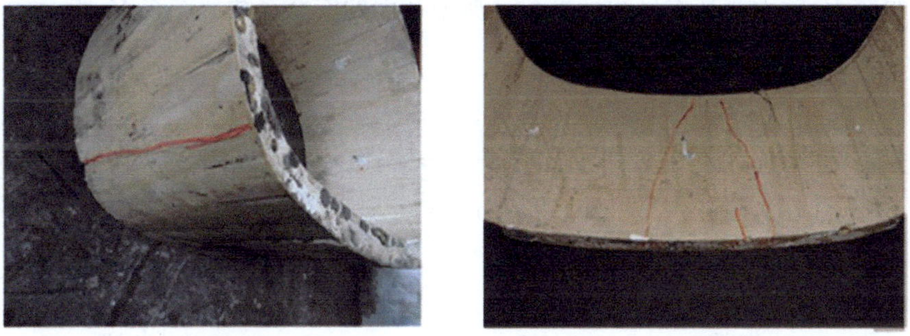

(a) 墙脚　　(b) 仰拱

图 5-43　水压力作用下防水型衬砌结构产生的裂缝

(2)地应力的影响

当侧压力系数为 0.5,逐级加载地应力,弯矩、轴力沿洞周分布形态如图 5-44 所示。

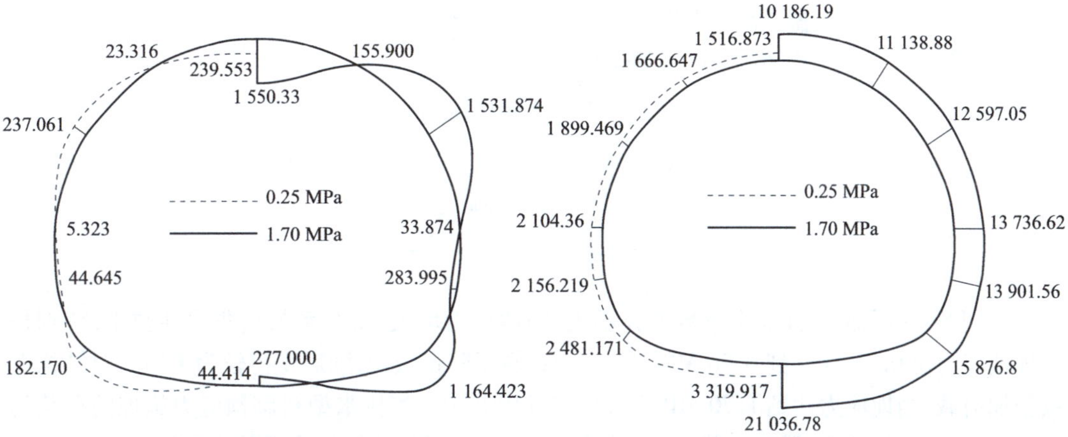

(a) 弯矩(单位:kN·m)　　(b) 轴力(单位:kN)

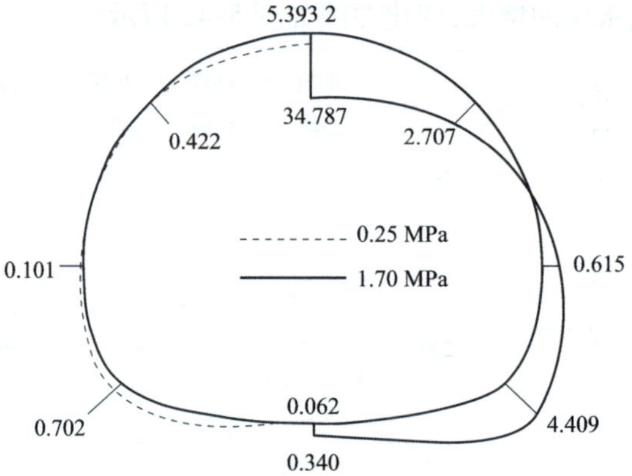

（c）变形（单位：mm）

图 5-44 防水型衬砌受力特征及变形

从图 5-44 看出，弯矩分布较为均匀，分布较大的部位为拱顶和拱脚，轴力仰拱较大，约为拱腰的两倍，因此，拱腰和拱顶部位为截面安全控制部位。

由图 5-45 可以看出，随着地应力的增大，拱顶（向内）和拱腰（向外）弯矩直线增大，其中拱顶增幅较大，轴力亦基本呈线性增长。典型截面的安全系数如图 5-46 所示。

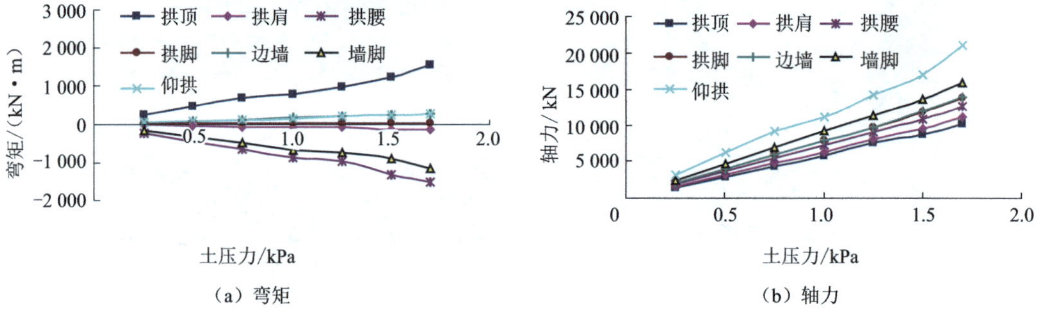

（a）弯矩 （b）轴力

图 5-45 防水型衬砌关键点内力随地应力变化曲线

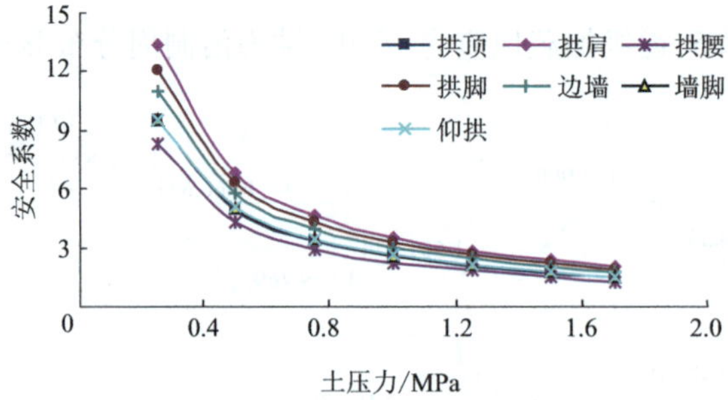

图 5-46 安全系数随地应力变化

从图 5-46 可知，截面安全系数差异不大，随地应力增大，安全系数呈非线性减小，特别是施加地应力由 0.25 MPa 到 0.50 MPa 时，安全系数下降得很快，随后变得较为平缓。对结构继续施加荷载，当地应力达到 1.70 MPa 时，衬砌发生开裂。当排水型衬砌预应力施加的荷载为 1.45 MPa 时（图 5-10），衬砌承载地应力的能力并不很明显（当侧压力系数 0.5 时）。

图 5-47 为试验裂缝特写，在地应力作用下，裂纹出现顺序依次为：先拱腰、拱顶，然后继续加载，墙脚和仰拱发生破坏。

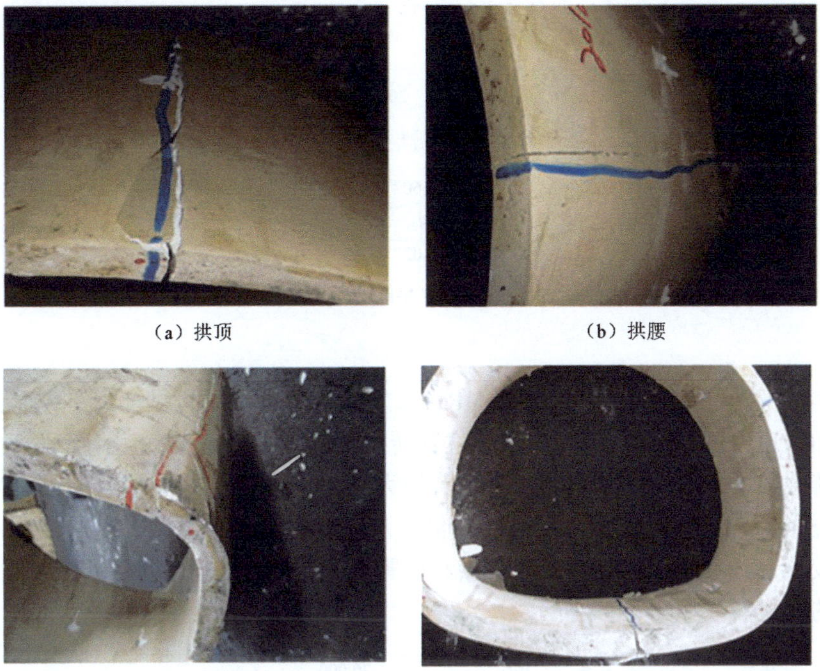

(a) 拱顶　(b) 拱腰　(c) 边墙　(d) 仰拱

图 5-47　地应力作用下防水型衬砌产生的裂缝

(3) 地应力与水压力耦合作用下结构受力特征

当施加地应力 0.8 MPa（侧压力系数 0.5），水压逐渐加载引起的衬砌受力特征及变形如图 5-48 所示。

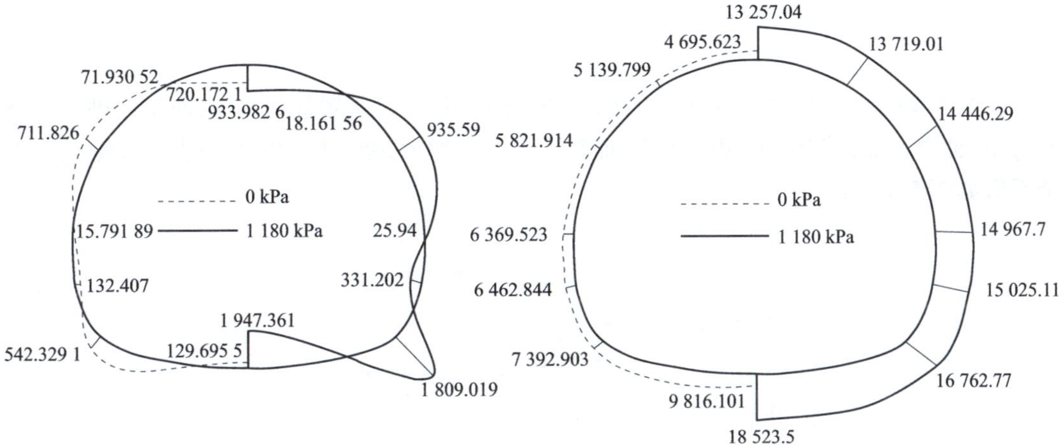

(a) 弯矩（单位：kN·m）　(b) 轴力（单位：kN）

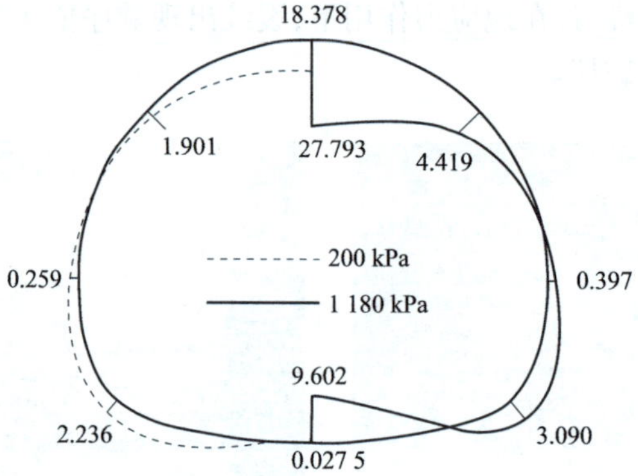

(c) 变形(单位:mm)

图 5-48　防水型衬砌受力特征及变形

从图 5-48 看出,在施加地应力 0.8 MPa(未施加水压)时,结构拱部弯矩较大,底部弯矩较小。施加水压力后,最大负弯矩由拱腰位置转换至墙脚,最大正弯矩由拱顶位置转换到仰拱。随着荷载的增大,最大变形均在拱顶处,最大轴力均在仰拱处。轴力分布较为均匀,从上至下,依次增大,底部轴力约为拱顶的两倍。从图 5-48(c)看出拱部变形较大,而仰拱和墙脚变形较小;当施加水荷载后,弯矩仰拱和墙脚较大;拱顶变形是仰拱的三倍。弯矩和轴力随水压的变化曲线如图 5-49 所示。

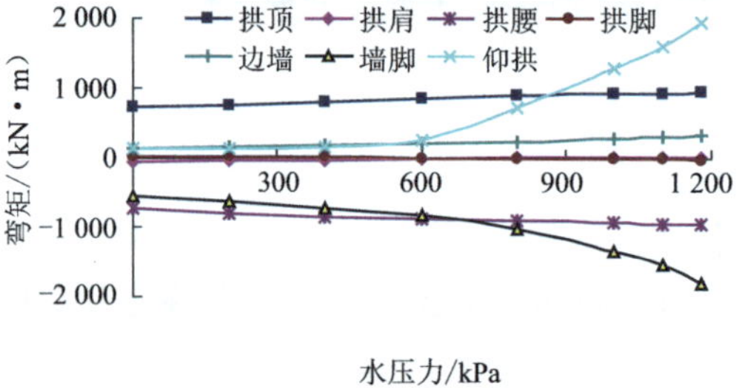

(a) 弯矩

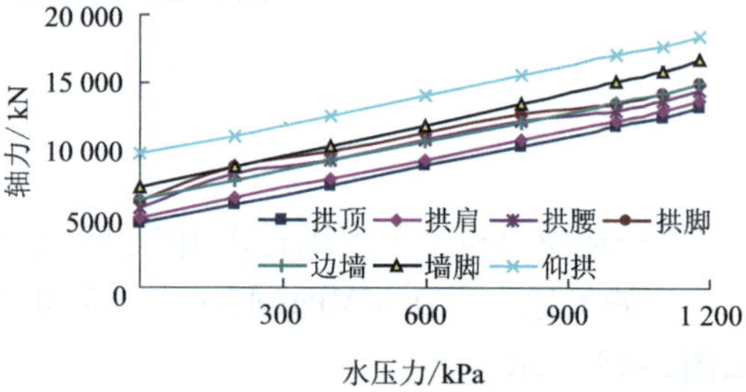

(b) 轴力

图 5-49　防水型衬砌关键点内力随水压力变化曲线

从图 5-49 看出,在先施加地应力 0.8 MPa 条件下,通过装置加载水压,使得仰拱和拱脚的弯矩、轴力增加,其余截面基本不变,而轴力呈线性增大,受水压的影响较大。关键点的安全系数如图 5-50 所示。

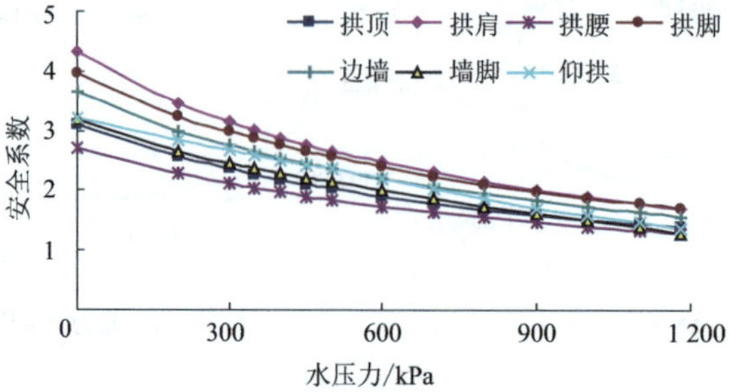

图 5-50　防水型衬砌安全系数随水压力增长变化

从图 5-50 可以看出，安全系数随水压力的增加，呈非线性减小趋势，所有断面均为小偏心受压控制，且安全系数差异不大。对试验模型继续加载，水压达到 1.18 MPa 时，结构发生破坏，拱腰和墙脚出现裂纹。接着加载，拱顶和仰拱几乎同时出现裂纹，裂缝如图 5-51 所示。

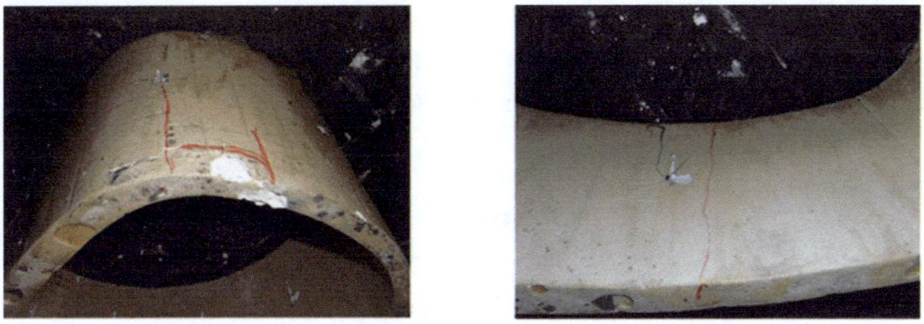

（a）墙脚　　（b）仰拱

图 5-51　地应力与水压力耦合作用下防水型衬砌产生的裂缝

防水型衬砌在Ⅳ级围岩时极限指标、破坏特征统计见表 5-9。

表 5-10　Ⅳ级围岩防水型衬砌在主体结构受力统计结果

工况	极限指标	裂缝特征
水压	780 kPa	在加载过程中，首先衬砌墙脚发生压缩—剪切破坏，接着仰拱先发生压弯（均为大偏心受拉控制）
地应力	1.7 MPa	裂纹出现顺序依次为：先拱腰、拱顶，然后继续加载，墙脚和仰拱发生破坏
先施加 0.8 MPa 地应力，再施加水压	1.18 MPa	拱腰和墙脚出现裂纹，继续加载，拱顶和仰拱几乎同时出现

5.3.2　V 级围岩试验结果

(1) 水压的影响

在V级围岩条件下，对防水型衬砌施加水压，加载过程中衬砌弯矩、轴力以及变形如图 5-52所示。

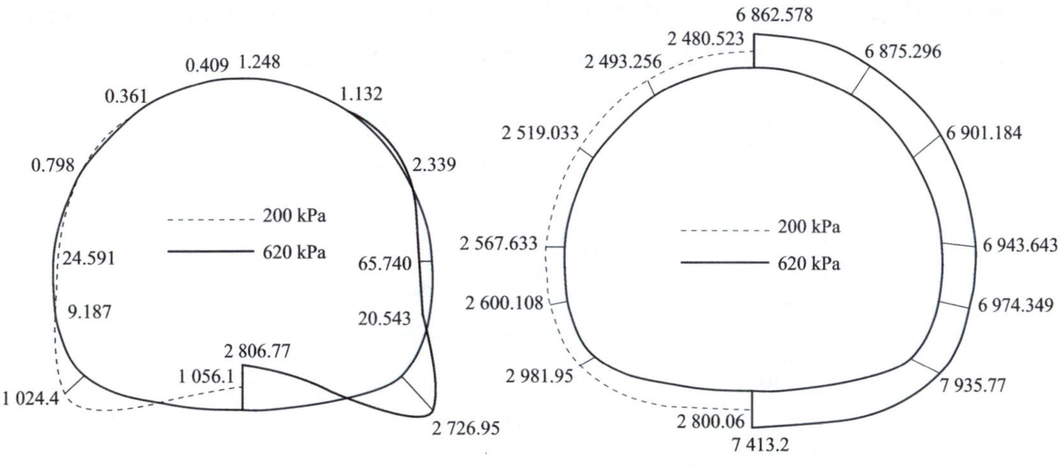

（a）弯矩（单位：kN·m）　　（b）轴力（单位：kN）

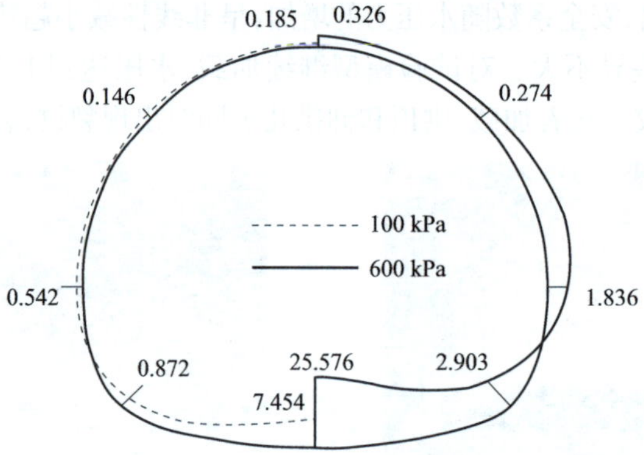

（c）变形（单位：mm）

图 5-52　防水型衬砌受力特征及变形

从图 5-52 看出，在水压作用下，弯矩以仰拱和墙脚为主，其中仰拱向内，墙脚向外，并且绝对值基本相同，轴力沿洞周变化不大，而防水型衬砌，仰拱比较厚，因此可以承受较大的水压力。从图 5-52（c）看出，衬砌变形为仰拱向内、边墙向外的形式，由于仰拱厚度 80 cm、墙脚 73 cm、边墙 60 cm，因此使得边墙容易破坏。衬砌的弯矩、轴力随水压力的变化如图 5-53 所示。

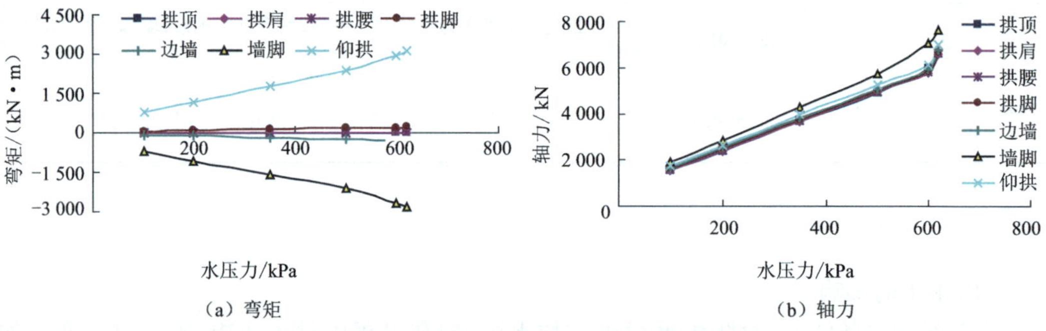

图 5-53　防水型衬砌关键点内力随水压变化

从图 5-53 看出，防水型衬砌结构墙脚和仰拱的弯矩随水压的变化增大，其余弯矩很小，而轴力基本差异不大，呈线性增长，结构的安全系数如图 5-54 所示。

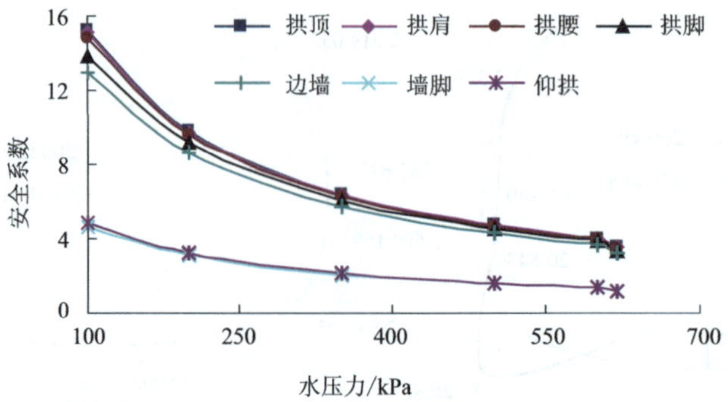

图 5-54　防水型衬砌安全系数随水压变化

从图 5-54 看出，只有墙脚和仰拱的安全系数偏小。在加载过程中，高速铁路防水型隧道衬砌结构承受极限水压为 620 kPa，由于结构处于大偏心受力状态，边墙偏下的位置略微早于仰拱出现裂缝，裂缝如图 5-55 所示。

（a）边墙偏下

（b）仰拱

图 5-55　水压力作用下防水型衬砌产生的裂缝

（2）地应力影响

当侧压力系数为 0.5，在地应力逐级加载过程中，防水型衬砌的弯矩、轴力以及变形如图 5-56 所示。

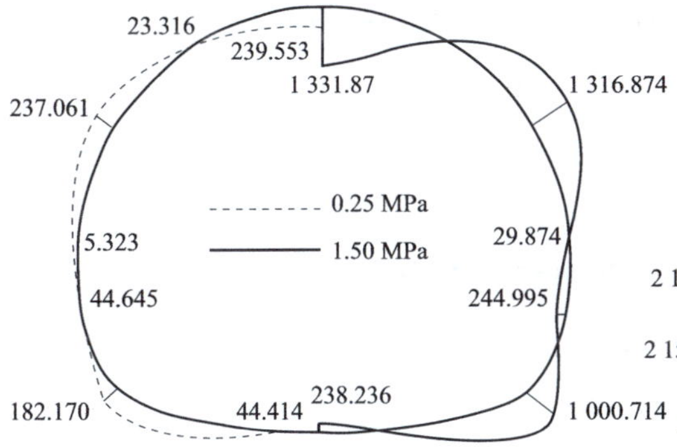

（a）弯矩（单位：kN·m）

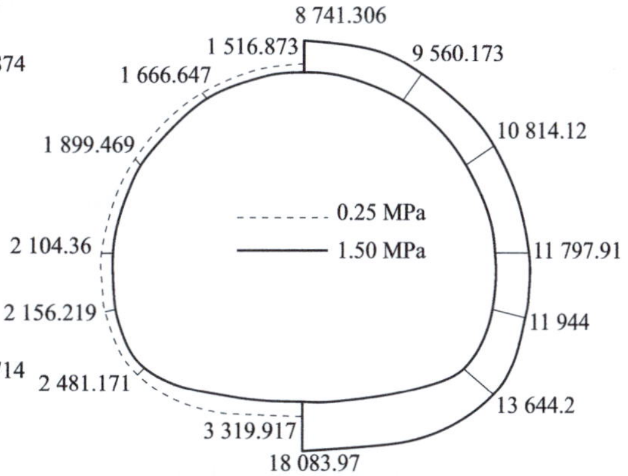

（b）轴力（单位：kN）

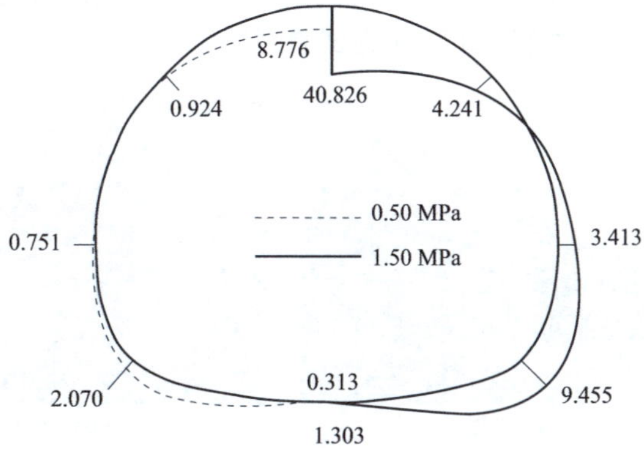

（c）变形（单位：mm）

图 5-56　防水型衬砌受力特征及变形

从图 5-56 可以看出，衬砌拱顶和拱肩的弯矩大于仰拱和墙脚部位，而隧道整个截面轴力差异不大，因此可以看出，拱部是地应力破坏的关键部位。从图 5-56(c)看出，隧道拱部的变形基本是墙脚的 4～5 倍，再次证明拱部是破坏的关键部位。衬砌的弯矩、轴力随地应力变化如图 5-57 所示。

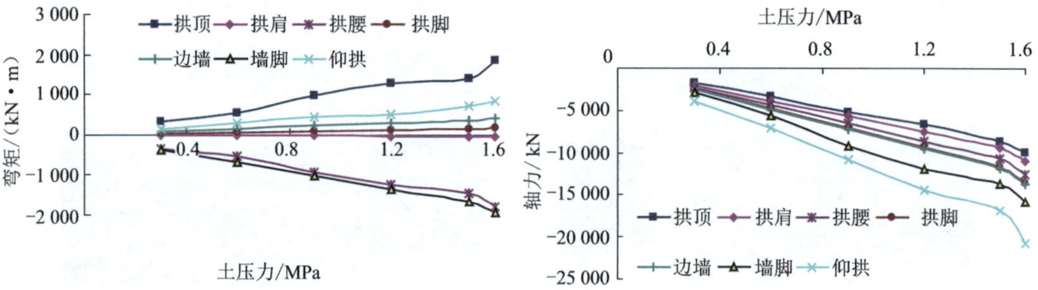

（a）弯矩　　（b）轴力

图 5-57　防水型衬砌关键点内力随地应力变化曲线

从图 5-57 看出隧道的弯矩随水压力的增大而增大，其中拱顶(向内)最大，墙脚(向外)次之。衬砌的轴力亦随水压力的增大呈线性增长，其中仰拱的轴力最大。衬砌截面的安全系数如图 5-58 所示。

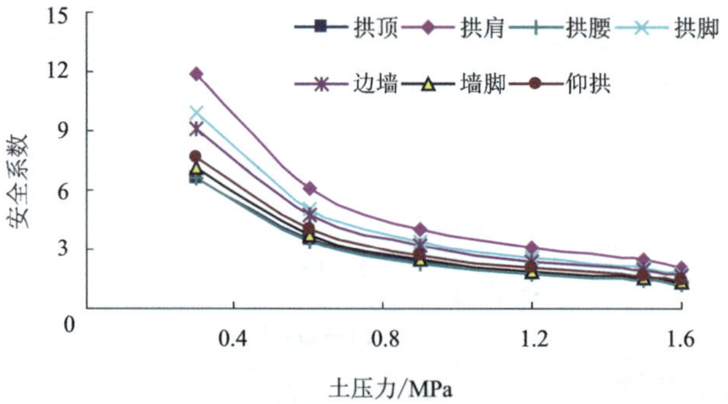

图5-58　防水型衬砌监测点安全系数随地应力变化关系曲线

从图 5-58 看出，安全系数随水压力增大呈非线性减小趋势，一开始减小得快，后来逐渐平缓。对衬砌结构继续加载，当地应力达到 1.6 MPa 时，拱顶首先发生大偏心受拉裂缝，继续加载，拱腰出现小偏心裂缝，图 5-59 为试验裂缝。

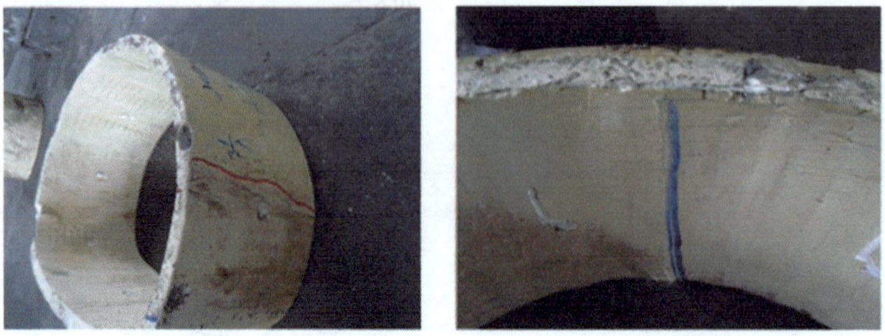

（a）拱腰　　（b）拱顶

图 5-59　地应力影响下防水型衬砌产生的裂缝

(3)地应力与水压耦合作用下结构受力特征

先施加地应力 0.8 MPa(侧压力系数 0.5),水压逐渐加载引起的衬砌受力特征及变形如图 5-60 所示。

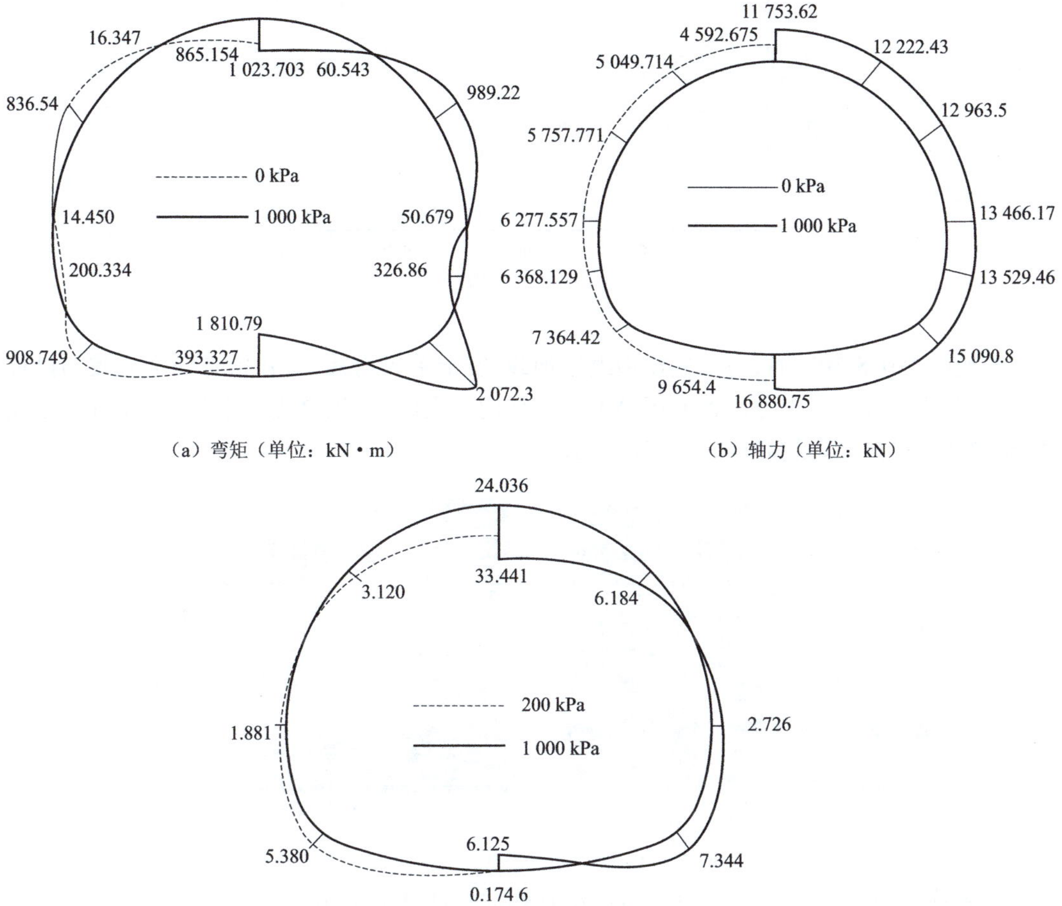

（a）弯矩（单位：kN・m） （b）轴力（单位：kN） （c）变形（单位：mm）

图 5-60 防水型衬砌受力特征及变形

从图 5-60 看出,在地应力不变的情况下(0.8 MPa,侧压力系数 0.5),拱顶和墙脚的弯矩较大。随着水压力的加大,衬砌内力和变形明显增大。轴力由上到下,逐渐增大,拱顶小,底部大。轴力、弯矩与衬砌外水压力关系如图 5-61 所示。

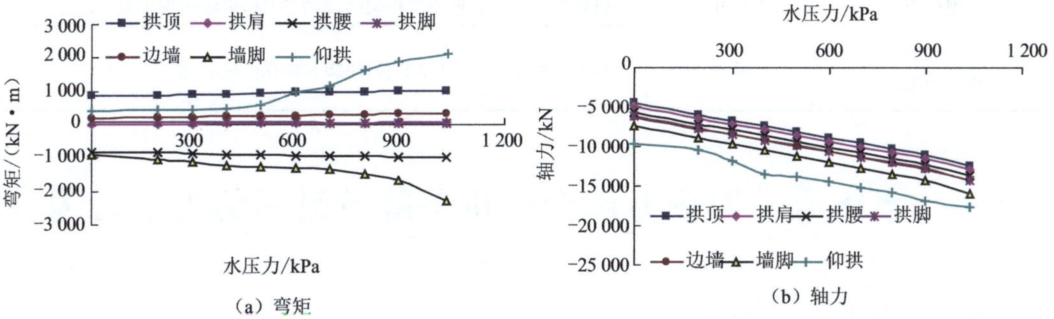

（a）弯矩 （b）轴力

图 5-61 防水型衬砌关键点内力随水压力变化曲线

从图 5-61 看出,随着水压力的增大,墙脚逐渐增大。刚开始仰拱几乎不变,当水荷载达到600 kPa时,仰拱弯矩开始变大。其余关键点弯矩几乎不变。轴力基本呈线性增长趋势。结构的安全系数与水压力的关系如图5-62所示。

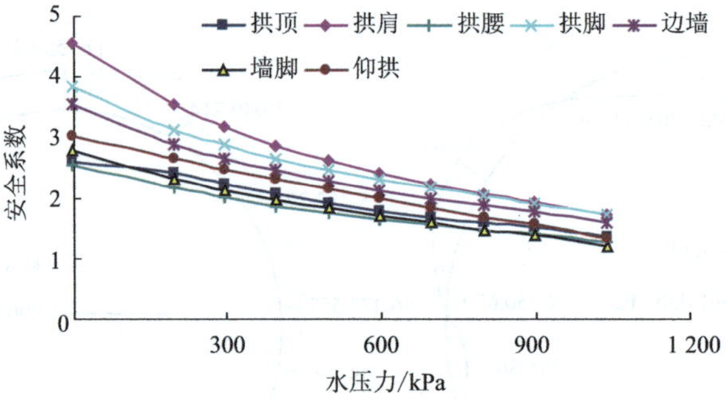

图5-62 安全系数随水压变化曲线

当地应力0.8 MPa时,对试验模型继续加载,安全系数均减小,开始时安全系数仰拱最小,后来变为墙脚。水压力达到1.03 MPa时,结构发生破坏,拱脚先产生裂缝,随着继续加载,拱腰和仰拱处出现裂缝,如图5-63所示。

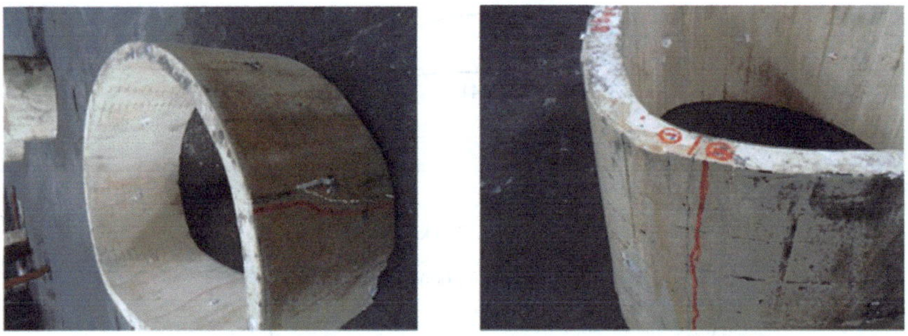

(a) 拱腰　　(b) 墙脚偏上

图5-63 地应力与水压力耦合作用下防水型衬砌产生的裂缝

防水型衬砌在Ⅴ级围岩时极限指标、破坏特征统计见表5-10。

表5-10 Ⅴ级围岩防水型衬砌主体结构受力统计结果

工况	极限指标	裂缝特征
水压	620 kPa	边墙偏下的位置和仰拱似乎同时发生大偏心受拉裂纹,其中边墙偏下的位置略微早于仰拱出现裂缝
地应力	1.6 MPa	拱顶首先发生大偏心受拉裂缝,继续加载,拱腰出现小偏心裂缝
先施加0.8 MPa地应力,再施加水压	1.03 MPa	拱脚先产生裂缝,继续加载,拱腰和仰拱产生裂缝

5.4 水压力—地应力耦合作用下隧道衬砌的力学行为

5.4.1 外水压的施加

在模型试验中,如果直接使用水来加载外水压力,衬砌模型中石膏材料和围岩模型就会遇水软化发生快速破坏，从而导致其力学性能急剧劣化。为了解决在衬砌模型上施加外水压力后模型材料的遇水性能劣化问题，采用在模型围岩外侧外箍钢绞线施加环向荷载 σ_r 来模拟“外部水压力”，其工作原理如图 5-64(b)所示。本质上，力学等效加载方法不会改变围岩模型和衬砌模型的性能，仅考虑外部水压力作用与衬砌模型上的载荷，忽略了水对材料性能的影响。

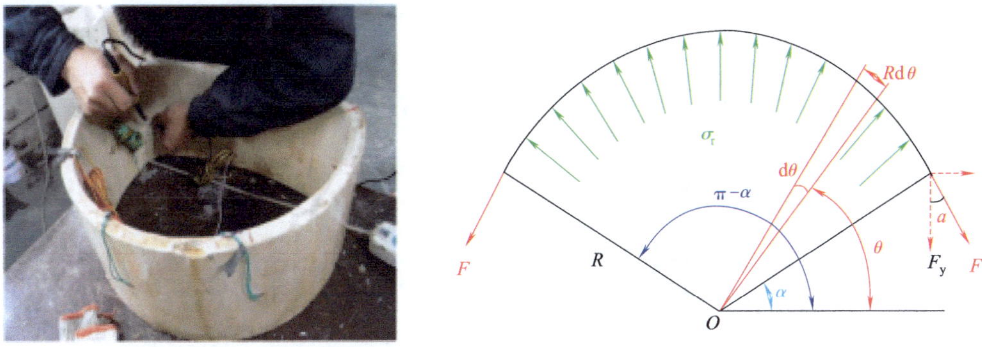

(a) 模型应变计安装　　(b) 等效加载原理

图 5-64　模拟等效外部水压的装置

假设衬砌模型长度为 L，衬砌周围有 n 根钢绞线，根据结构力学原理，加载扇形外侧的径向应力为 σ_r；当拉紧钢绞线 F 的末端时，结果与水压力加载相同[图 5-64(b)]。因此，在垂直方向上对径向压应力 σ_r 求积分，便得到拉力 F_y 的垂直分量：

$$2n F_y = L \times \int_{\alpha}^{\pi-\alpha} \sigma_r \times \sin\theta \times R\mathrm{d}\theta \tag{5-9}$$

式中，$F_y = F \times \cos\theta$；$R$ 是扇形面的半径；σ_r 与 F 的关系可由式(5-2)化简得到，即

$$F = \frac{\sigma_r \times F \times R}{n} \tag{5-10}$$

因此，外部水压 σ_w 可视为等效于箍筋钢架在拉力设备的力 F 引起模型周围产生的径向应力 σ_r。

5.4.2 地应力场的加载

采用新奥法隧道施工的高速公路隧道，施工过程为先使用 C25 混凝土喷射支护，再施作防水层，继而布置架设钢模板的台车，最后，将 C25 混凝土浇筑钢模板与防水层之间空隙，形成隧道的二次衬砌。模型试验中很难完全模拟隧道衬砌施工的全过程。

5.4.3 试验步骤

为方便操作起见，模型试验系统为水平放置于实验室内。此外，本次模型试验中，模型上加载的外部荷载比模型自重大得多，因而重力的影响非常小，可以忽略不计。实验开始时，在围岩模型中央挖掘一个空腔，如图 5-65 所示。然后，将隧道衬砌模型放入空腔中。最后，对衬砌模型外表面的钢绞线施加拉力，为模型外部提供等效“水压力”。在围岩模型上施加不同 k 值的土压力分量(σ_x 、σ_y 和 σ_z)。如图 2-10(a) ~(c)所示，用液压千斤顶在围岩模型的边界上施加 x、y 和 z 方向的外部荷载。使用基于负载控制模式运行的伺服液压测

试系统进行模型试验。三向应力可以分次逐步施加。

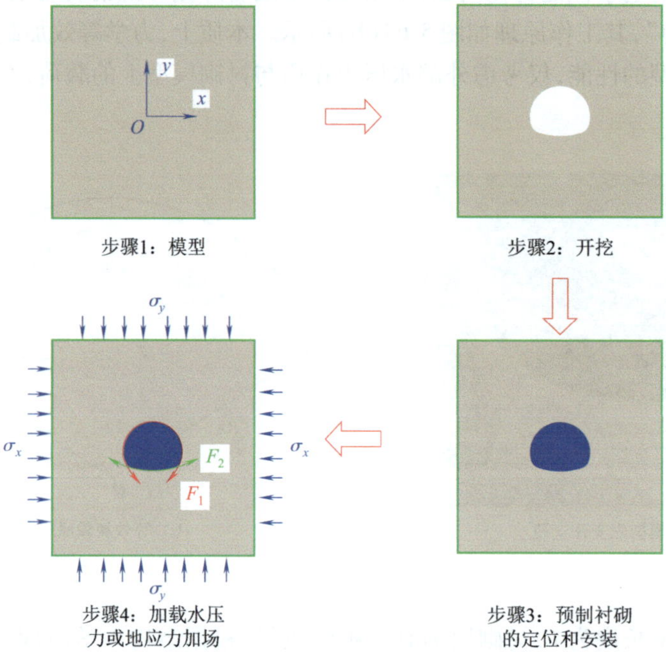

图 5-65　加载过程

5.5　衬砌承受的地应力与水压力比较

本节中将自重应力场($K=0.5$)和构造应力场($K=2.5$)引起的衬砌模型力学性能变化与外部水压引起的衬砌模型力学变化进行了比较。表 5-11 列出了 5.5 节中的所有情况，以突出隧道衬砌因不同类型的地应力或水压而产生的力学性能差异。随后，探讨了典型地应力场和水压力场之间的相互耦合对隧道衬砌安全性的影响。

表 5-11　不同地应力和水压力下隧道衬砌工况

工况	垂直应力 σ_y /kPa	水平应力 σ_x /kPa	$K=\sigma_x/\sigma_y$	水压力 σ_w /kPa	分析方法
1	0	0	—	542	物理实验
2	1 200	600	0.5	—	
3	407	1 018	2.5	—	
4	0	0	—	542	数值模拟
5	1 200	600	0.5	—	
6	407	1 018	2.5	—	
7	0	0	—	542	物理实验
	200	100	0.5	542	
	400	200	0.5	542	
	830	415	0.5	542	

续上表

工况	垂直应力 σ_y /kPa	水平应力 σ_x /kPa	$K=\sigma_x/\sigma_y$	水压力 σ_w /kPa	分析方法
8	0	0	—	542	模型试验
	100	250	—	542	
	210	525	2.5	542	
9	1 200	600	0.5	0	模型试验
	1 200	600	0.5	50	
	1 200	600	0.5	100	
10	407	1 018	2.5	0	模型试验
	407	1 018	2.5	50	
	407	1 018	2.5	100	
11	极限状态		K^*	峰值	模型试验

在5.6节中，从隧道衬砌破坏的极限状态出发，探讨了地应力和外水压力相互耦合对隧道衬砌的影响。研究了水平与垂直地应力分量K的比值如何影响水压力的极限值。同时，在考虑K值的情况下，讨论了隧道衬砌在水压作用下的破坏模式。需要说明的是，地应力场中规定的地压载荷称为σ_y，水平应力$\sigma_x = K\sigma_y$。水压力计算基准为仰拱处的水压力。在模型试验中，应变计安装在隧道衬砌模型的内外两侧来监测应变变化。结合应变监测结果，图5-70显示了由于水压力（表5-11中的工况1）和不同的地应力（表5-11中的工况2和工况3）引起的弯矩分布的差异。

对于表5-11中的工况1，水压使得仰拱向上弯折，而墙脚向外弯折，如图5-64（a）所示。外部水压力是基于隧道的仰拱而计算的。弯矩大都集中在衬砌的下半区，即衬砌仰拱的内侧和衬砌墙脚的外侧。上半区弯矩很小，可以忽略不计。图5-66（b）表明衬砌模型由自重应力场主导（例如，$K=0.5$；表5-11中的工况2）。此时，大部分弯矩集中在隧道衬砌的上半区，特别是对于向内弯折的拱顶和向外弯折的拱腰。然而，边墙和墙脚处的弯矩较小，这与外部水压场作用下完全不同［图5-64（a）］。对于构造应力场主导的工况（例如$K=2.5$；表5-11中的工况3），最大弯矩出现在拱脚处，导致拱脚水平向内弯折，以抵消拱顶的垂直沉降，如图5-66（c）所示。图5-66（b）和图5-70（c）的比较表明，K值对弯矩的分布有显著的影响，因此隧道衬砌的破坏模式也不同。一般地，大多数隧道衬砌的破坏模式很大程度上取决于外部荷载的类型。

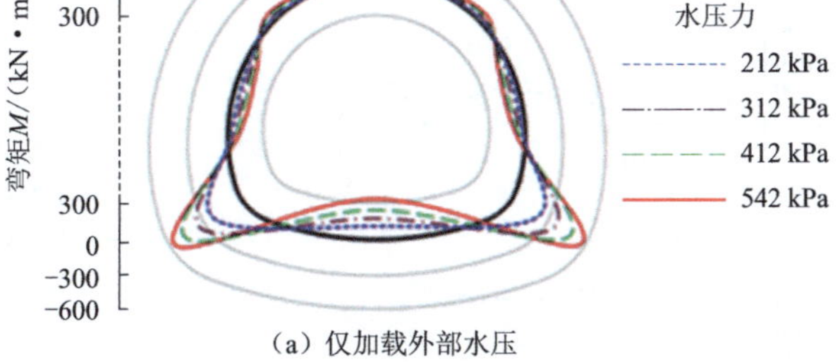

（a）仅加载外部水压

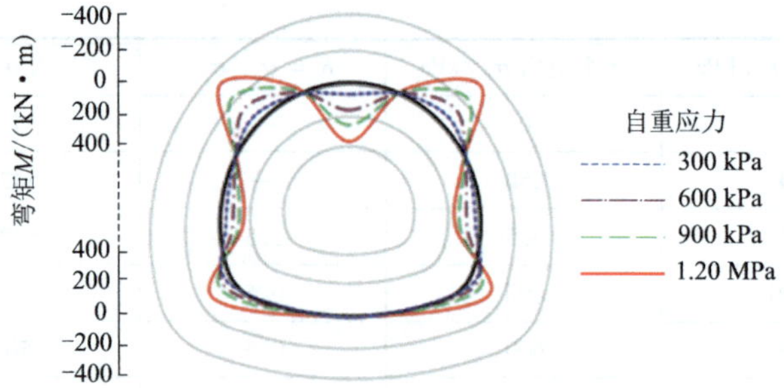

（b）K=0.5

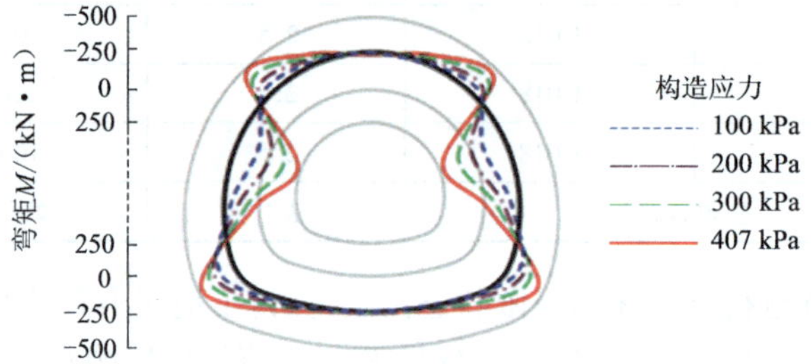

（c）K=2.5

图 5-66　不同外部荷载条件下衬砌模型的弯矩

衬砌模型不同控制点的轴力 N 相对于弯矩分布图而言，轴力 N 沿衬砌模型周边分布相当均匀，如图 5-67 所示。尽管有不同种类的外部荷载，衬砌模型的所有轴力都是压应力。如图 5-67(a)所示，在外水压力作用下，衬砌模型中的轴力分布从衬砌拱顶到边墙几乎相同。然后，随着外部水压力的增大，轴力逐渐减少。在自重应力场主导条件下(K=0.5)，当垂直地应力达到 1.20 MPa 时，轴力从拱顶处(4 992 kN)增加到边墙处(6 885 kN)，然后缓慢减小到仰拱处(6 578 kN)，如图 5-67(b)所示。对于图 5-67(c)中的构造应力场主导条件下(K=2.5)，轴力从拱顶到边墙逐步下降，然后衬砌轴力由边墙处到仰拱处再缓慢增加。此外，最大的轴力出现在衬砌拱顶处。

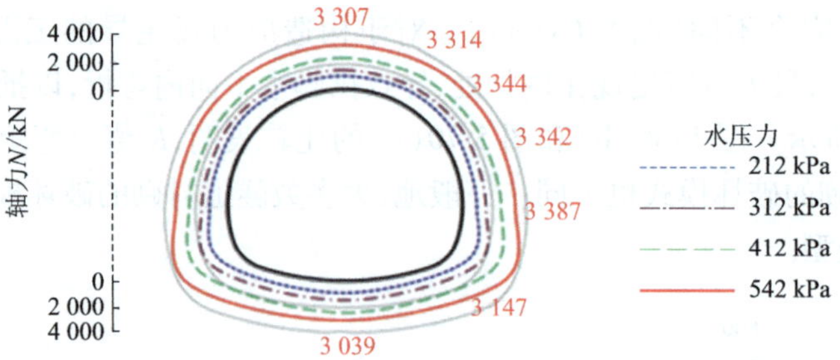

（a）仅加载外部水压

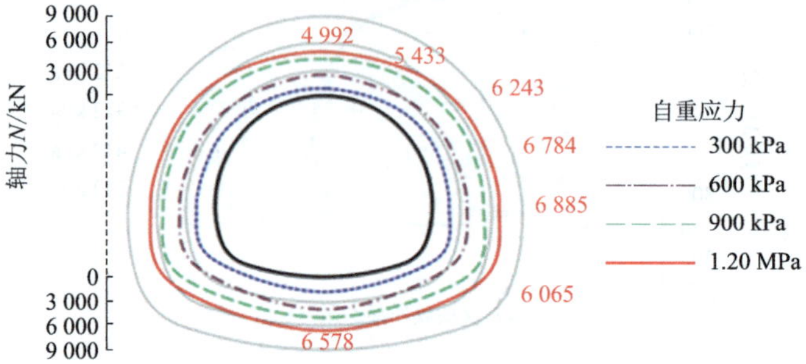

（b）K=0.5

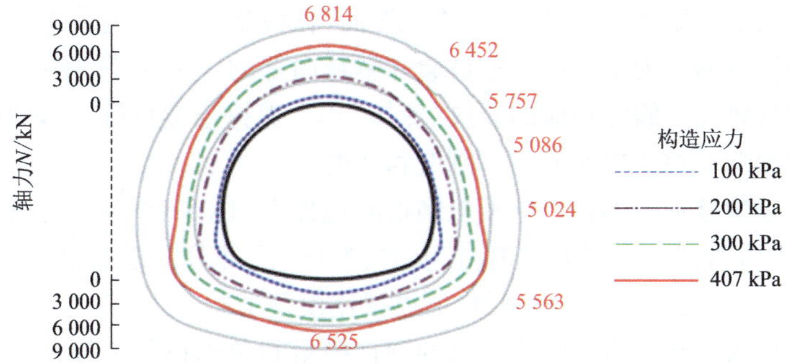

(c) K=2.5

图 5-67　不同外部荷载条件下衬砌模型的轴力

外部水压力工况下，衬砌模型破坏最初发生在墙脚的外侧，但开裂裂纹最先出现在衬砌模型仰拱的内侧，如图 5-68 的最上一栏所示。内侧与外侧的裂纹分别用蓝色和红色虚线表示。当自重应力场占主导时（$K=0.5$），会出现完全不同的破坏模式。当垂直地应力达 1.20 MPa时，衬砌模型的拱腰处开始出现裂纹，然后裂纹出现在拱顶处，如图 5-68 的中间栏所示。然而，构造应力场占主导时（$K=2.5$），裂纹出现在衬砌拱脚处和边墙处的内侧，随后墙脚处外侧破裂，如图 5-68 中最下一栏所示。不同 K 值的土压力引起的破坏模式与外部水压力引起的破坏模式明显不同。实际上，隧道衬砌结构参数的设计是将隧道衬砌周边均匀设计。然而，这种设计方法没有考虑由于各种荷载类型造成的破坏位置的差异。

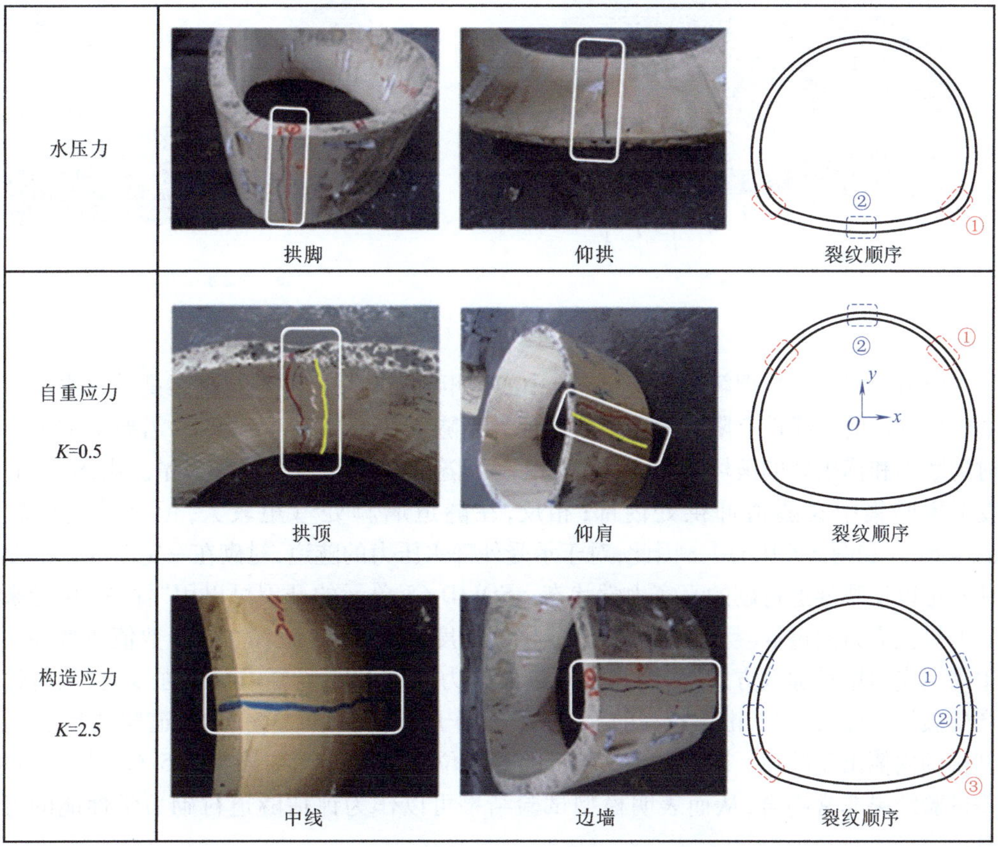

图 5-68　不同外部载荷作用下裂纹分布和开裂顺序

模型试验得到了弯矩、轴力和破坏模式。然而,在模型试验的过程中,衬砌模型内的应力状态是不容易测得的。为了验证模型试验并解释内部的应力状态,使用了非线性有限元数值模拟方法进行研究。假定相应的裂纹"涂抹"单元保持连续特性,根据相应的应力应变关系来调整裂纹影响下相关单元的整体刚度和强度。

三维土压力分量分别施加在数值模拟网格的边界上[图 5-69(a)],模拟中使用的加载顺序与"地应力水压力耦合作用下隧道衬砌的模型试验"部分的模型试验中采取的加载顺序一致。由于几何相似比为 $C_L=1/30$,数值模拟比模型试验时大 30 倍(图 5-65)。围岩的力学参数根据原岩的参数取值。隧道衬砌的弹性模量和单轴抗压强度分别为 29.7 GPa 和 24.3 MPa。如图 5-69(b)所示,径向压力 σ_w 施加在隧道衬砌的外部。径向压力从隧道衬砌的拱顶线性增加到仰拱。图 5-69 的数值模型中,三维远场应力分量与水压力可以独立施加,重复一次模型试验的步骤(图 5-65)。采用非线性有限元数值模拟方法,便可得到隧道衬砌的主应力、裂缝分布以及破坏模式。

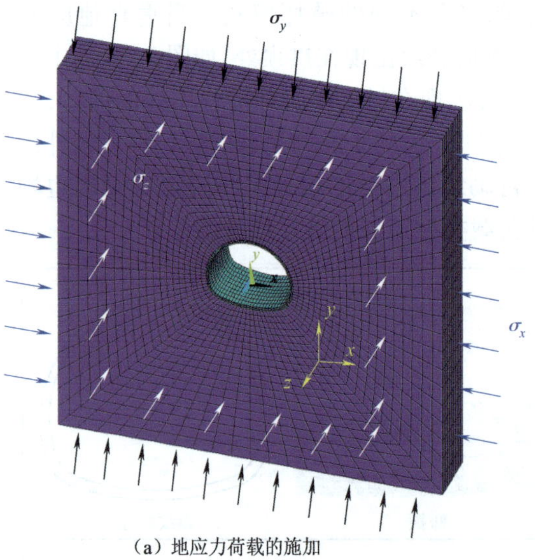

(a) 地应力荷载的施加

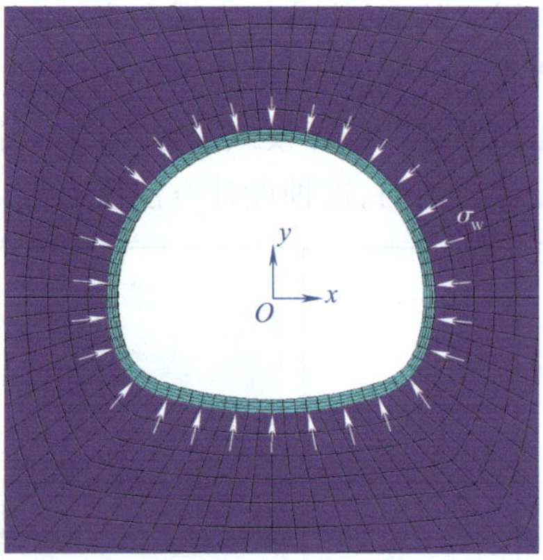

(b) 外部水压力的荷载的施加

图 5-69 数值计算模型

主应力云图可以合理解释图 5-66(a)中的弯矩分布。采用隧道衬砌在高外部水压力作用下破坏特征的非线性有限元模型进行验证。当隧道位于高外部水压下,需要更加关注隧道衬砌墙脚和仰拱处的破坏。图 5-70(c)绘制了隧道衬砌周围的位移矢量。由图可知,最大变形主要集中在隧道仰拱处内部;相反,在隧道墙脚处弯矩较大,但是其变形较小[图 5-66(a)和图 5-69(b)]。因此,对于承受外部水压力的隧道,衬砌在一定时间内的变形特征不足以反映隧道衬砌的真实力学状态。SOLID 65 单元的开裂可以用"涂抹"单元来模拟。如果主应力超过混凝土的极限张拉或压缩强度,就会发生破坏。由于数值模型加载过程中采用应力增量加载方式,当墙脚内侧最大应力超过 C25 混凝土抗压强度时,墙脚便开始产生破坏。此后不久,由于较高的上覆水压力作用在曲率半径较大的隧道仰拱上,隧道衬砌仰拱的内侧出现破坏。图 5-70(d)所示的开裂位置数值计算结果与图 5-68 最上一栏的模型试验结果非常吻合,从而表明模型试验结果可以作为评估隧道衬砌力学性能的可靠工具。

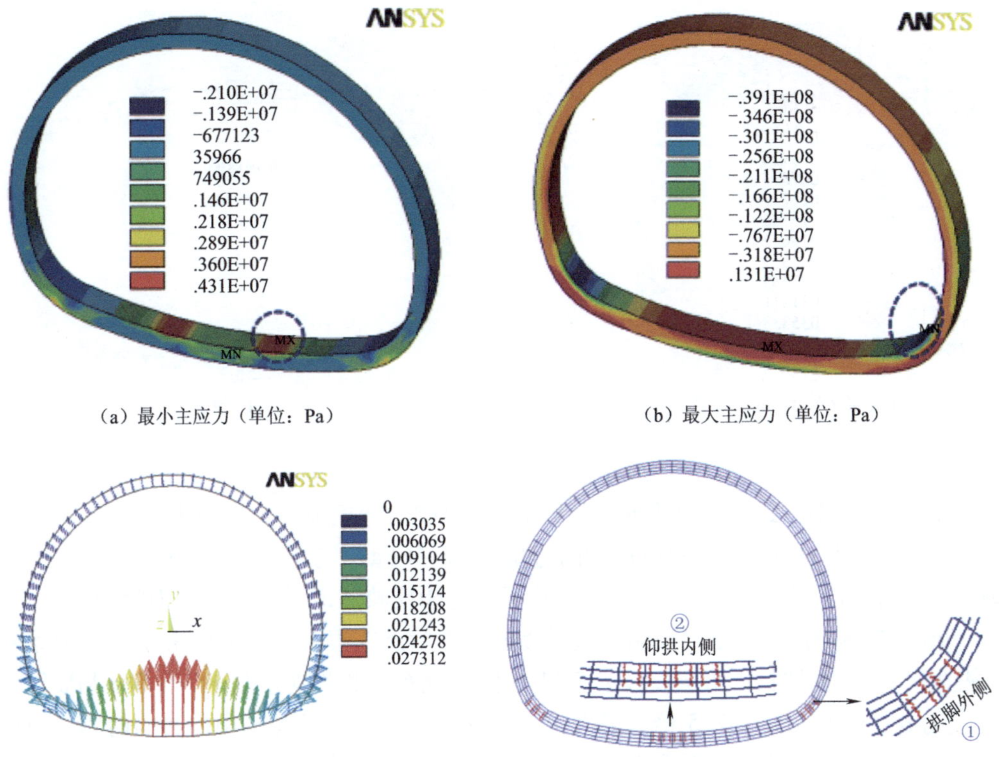

（a）最小主应力（单位：Pa）　（b）最大主应力（单位：Pa）

（c）变形（单位：m）　（d）裂纹

图 5-70　542 kPa 外部水压力作用下的隧道衬砌力学性能

在表 5-11 中的自重应力场主导情况下，垂直地应力的大小为 σ_y =1.20 MPa，是 σ_x = 600 kPa 水平地应力的 2 倍。衬砌拱顶内侧出现 3.14 MPa 的拉应力[图 5-75(a)]，大于 C25 混凝土抗拉强度(f_{ctm} =2.60 MPa)，会出现拉裂缝。最大压应力为 31.00 MPa，出现在衬砌拱腰内侧[图 5-71(b)]，这也接近 C25 混凝土的抗压强度(f_{cm} =33.00 MPa)。因此，主应力与图 5-66(b)中衬砌模型的弯矩分布一致。从图 5-71(c)看出，主要的变形主要集中在模型的左右拱腰之间，其他部分的变形量很小。在逐步施加荷载的过程中，最初的破坏发生在拱腰，之后，衬砌拱顶的内侧承受太大的拉应力而发生破坏，如图 5-71(d)所示，与

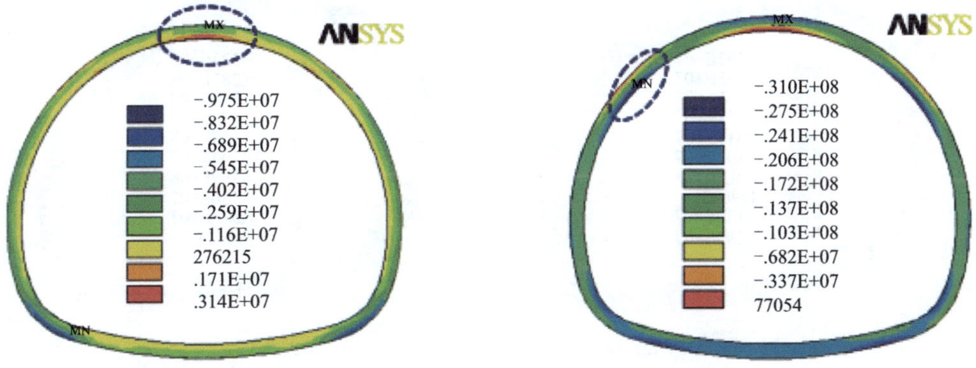

（a）最小主应力（单位：Pa）　（b）最大主应力（单位：Pa）

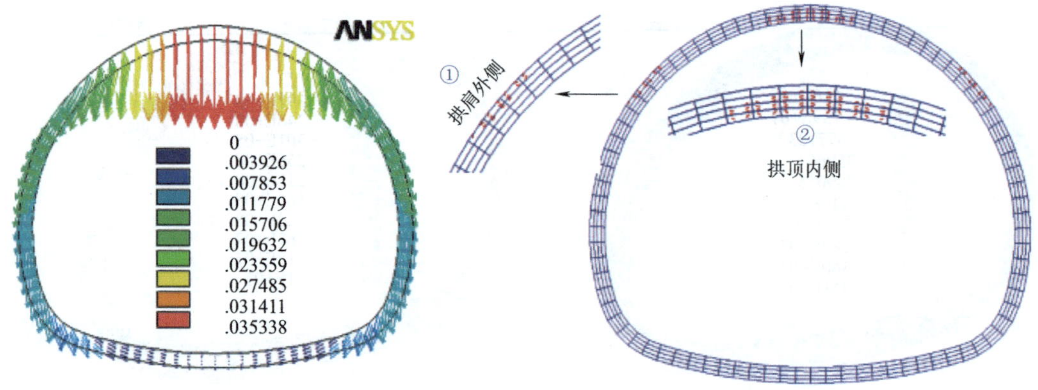

(c) 变形（单位：m）　　(d) 裂纹

图 5-71　自重应力场主导情况下的隧道衬砌力学性能

图 5-68中间栏的结果一致。结果表明，马蹄形隧道衬砌的弯矩破坏位置[图 5-66(b)]与变形表现不一致[图 5-71(c)]，而隧道衬砌的弯矩[图 5-66(a)]与主应力[图 5-71(a)和(b)]和破坏模式[图 5-71(d)]一致，这表明变形并不一定能反映隧道衬砌真实的力学行为。

对于图 5-71 和图 5-72，结果表明隧道衬砌的力学状态在很大程度上取决于侧压力系数 K。当构造应力占主导时，即 $K=2.5$(表 5-11 中的工况 6)，水平地应力 $\sigma_x=1\,018$ kPa 等于垂直地应力 $\sigma_y=407$ kPa 的 2.5 倍。最大拉应力 σ_3 出现在图 5-72(a)中的边墙内侧。拉应力峰值为 2.90 MPa，超过 C25 混凝土的抗拉强度($f_{ctm}=2.60$ MPa)。从图 5-72(b)看出，衬砌墙脚内侧的最大压应力 σ_1 为 32.30 MPa，接近 C25 混凝土的抗压强度($f_{cm}=33.00$ MPa)。就主应力分布而言，裂纹最初形成于隧道衬砌拱腰的内侧，然后形成于衬砌墙脚，如图 5-72(d)所示。在 $K=2.5$ 构造应力场主导情况下，图 5-72(c)中隧道衬砌的变形主要表现为垂直位移分量大，与图 5-71(c)中自重应力场主导情况下隧道衬砌的变形特性明显不同。值得注意的是，发生最大压应力[图 5-72(b)]和发生破坏的墙脚变形非常小。因此，某些情况下马蹄形隧道衬砌的变形与其力学状态并不能很好地相对应。非线性有限元模型[图 5-72(d)]中衬砌的破坏位置与图 5-66(c)中模型试验的弯矩结果非常一致，其破坏顺序与图 5-68最下一栏中的试验结果一致。

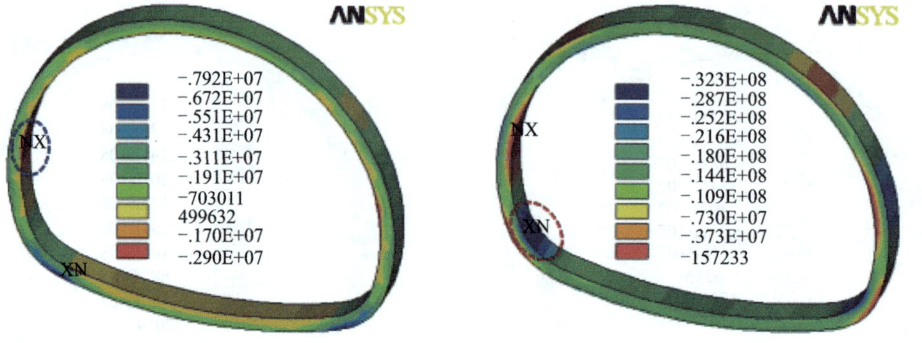

(a) 最小主应力（单位：Pa）　　(b) 最大主应力（单位：Pa）

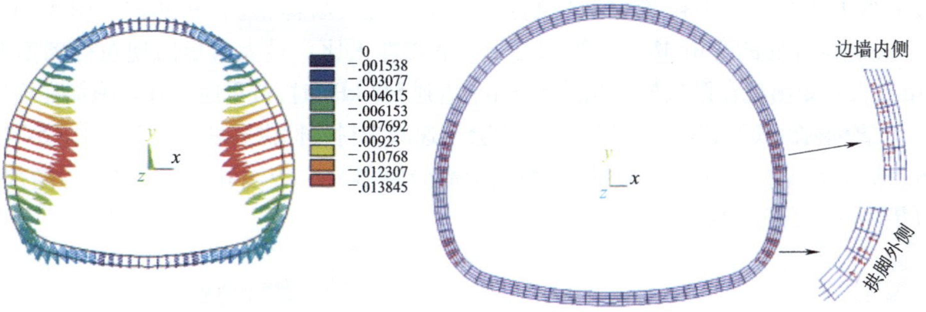

（c）变形（单位：m）　　　　（d）裂纹

图 5-72　构造应力场主导情况下的隧道衬砌力学性能

5.6　地应力对隧道衬砌承受最大外部水压力荷载的影响

通过模型试验可以深入研究隧道衬砌上地应力荷载与外部水压力荷载的相互作用。根据表 5-11 中的工况 1，当外部水压力 σ_w = 542 kPa 就会导致隧道衬砌的破坏，如图 5-73 中红色实线所示。弯矩主要集中在衬砌模型的下半部分，特别是在墙脚和仰拱。相比之下，衬砌模型上半部分的弯矩要小得多。实验结果表明，衬砌墙脚和仰拱是最容易发生破坏的位置，而上半部分（即拱顶、拱腰和边墙）安全，有较大的安全冗余。通过表 5-11 中的工况 7，综合分析在初始极限外部水压力作用下，自重应力场对衬砌力学性能的影响，揭示地应力作用下隧道衬砌的变形特性、内力及破坏模式。

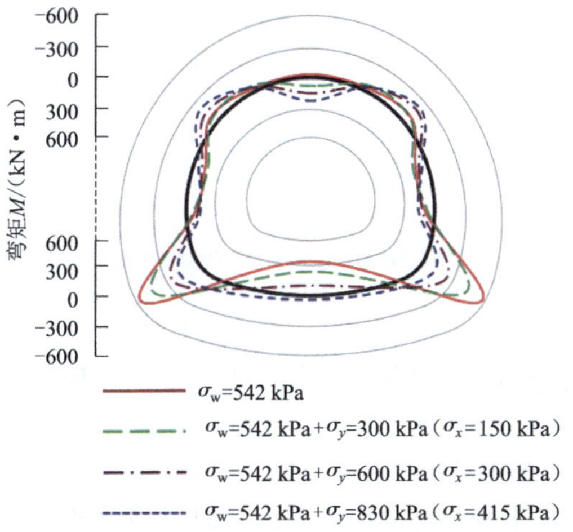

图 5-73　水压极限状态逐步增加地应力荷载下的弯矩分布

图 5-73 显示，当自重力应力分量保持 $K = 0.5$ 逐步增加时，衬砌墙脚和仰拱处的弯矩 M 显著下降，而弯矩在上半部分逐渐增加。结果表明，隧道衬砌下半部分更安全，易产生破坏的位置过渡到上半部分衬砌，在外部水压 σ_w = 542 kPa 的情况下，上半部分的衬砌具有较大的安全冗余。但是，轴力在衬砌模型周围的分布几乎是一致的。隧道衬砌上加载的外部水压力，削弱了自重应力场，影响衬砌上半部分的性能，大大提高了衬砌结构的稳定性。

最值得关注的在五个衬砌模型控制点:拱顶、拱腰、墙脚、边墙和仰拱。图 5-74(a)显示,五个关键位置处的弯矩 M 与外部水压 σ_w 呈线性正比。最大弯矩出现在衬砌模型的墙脚,而第二大弯矩出现在仰拱处。当外水压 σ_w 达到 542 kPa 时,自重应力开始施加在模型围岩的边界上,直到衬砌模型破坏。施加自重应力会迅速减少衬砌仰拱和墙脚的弯矩[图 5-74(b)],并显著提高其稳定性。相反,当衬砌模型上半部分(即拱顶、边墙和拱腰)的弯矩增加,将降低衬砌模型上半部分的结构安全性。

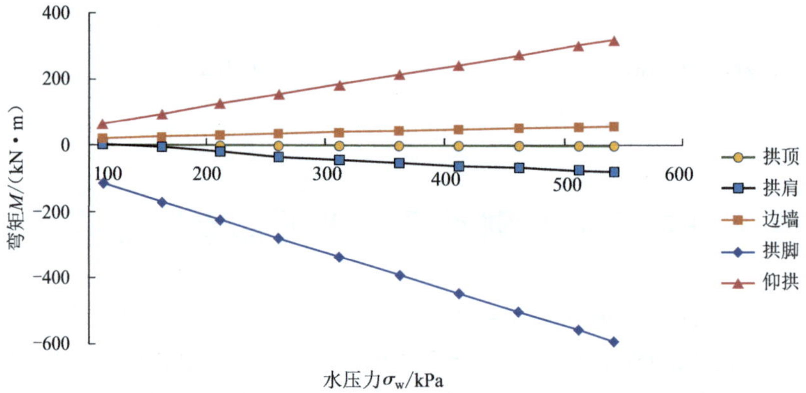

(a) 542 kPa水压

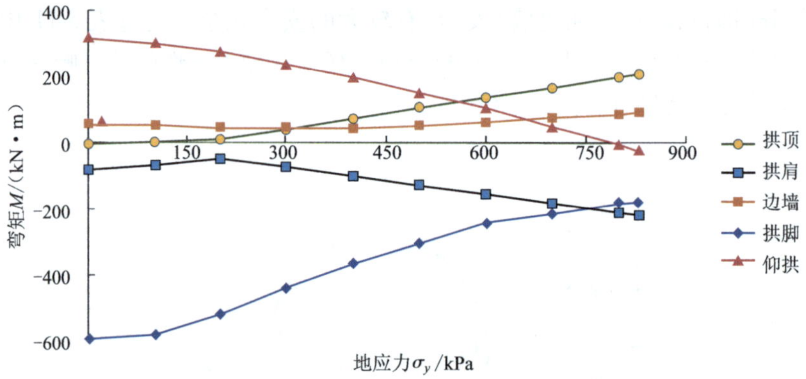

(b) 542 kPa水压+K=0.5的地应力场

图 5-74　衬砌荷载弯矩变化

根据欧洲标准和《公路隧道设计规范　第一册　土建工程》(JTG 3370.1—2018),绘制了衬砌弯矩—轴力包络线图,如图 5-75 所示,可以更好地判断地应力对极限破坏水压力的影响。在衬砌模型承受初始极限外部水压力后,增加竖向应力可以迅速降低其弯矩,但会适度增加轴力。因此,在模型上施加竖向应力可以显著提高单独承受水压力的隧道衬砌的结构稳定性。当外水压力达到 542 kPa 时,衬砌模型的墙脚处于极限状态[图 5-74(a)]。之后,K=0.5 的竖向应力分量开始作用于模型围岩的三个方向的边界。当 σ_y =200 kPa 时,衬砌的墙脚变得更加安全,控制点都远离弯矩—轴力包络线图。

当施加 σ_y =400 kPa 时,所有控制点都是安全的,并且有很大的安全冗余。弯矩与轴力的比值定义为偏心距 e(即 M/N),它是表征隧道衬砌力学性能的一个重要指标。较大的偏心距表明可能发生张拉破坏,而较小的偏心距表明可能发生压缩破坏。对于表 5-11 中的工况 7,弯矩 M 总体上迅速下降,而轴力 N 适度增加,因此偏心率 e 随图 5-75(a)中竖向应力的增加而减小。隧道衬砌的最终极限力学状态从弯矩张拉控制转变为轴力压缩控制。

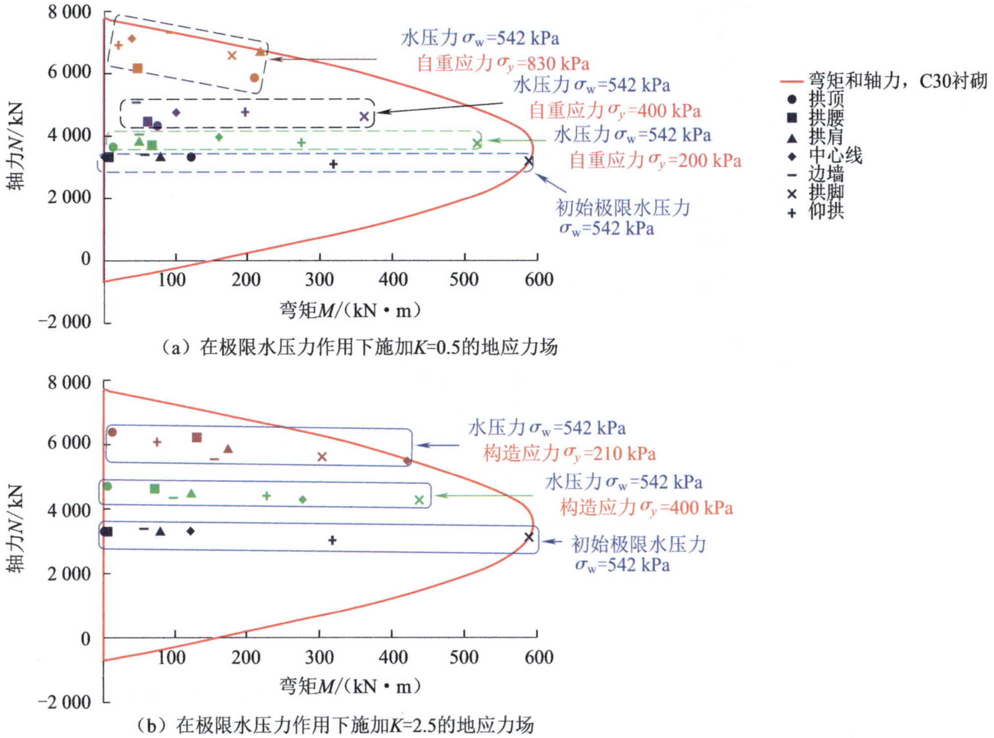

(a) 在极限水压力作用下施加K=0.5的地应力场

(b) 在极限水压力作用下施加K=2.5的地应力场

图 5-75　控制点极限状态包络线

表 5-11 中的工况 8 是指在初始极限外部水压力作用下,$K=2.5$ 的构造应力场对衬砌安全性的影响。当水压力的极限状态达到 542 kPa 时,施加构造应力 $K=2.5$[图 5-75(b)]有利于改善衬砌模型的力学状态。对于垂直应力 $\sigma_y=100$ kPa,衬砌墙脚处的弯矩 M 迅速下降,而轴力 N 适度增加。对于 $\sigma_y=210$ kPa 和 $\sigma_x=525$ kPa 的构造应力场,衬砌模型的拱脚处接近极限状态的红色包络线,将会发生破坏。从总体上看,施加构造应力场有助于提高隧道衬砌遇到外部水压荷载时的承载能力。

5.6.1　外部水压力荷载对地应力场条件下隧道衬砌力学性能影响

在初始极限地应力场条件下($\sigma_x=600$ kPa,$\sigma_y=1\ 200$ kPa,$K=0.5$;表 5-12 中的工况 9),衬砌模型周围的弯矩用图 5-76 中的红色实线表示。最大负弯矩分布在拱腰外侧,最大正弯矩出现在拱顶内侧。

图 5-77 中红色实线显示了衬砌弯矩—轴力包络线图。衬砌模型的拱腰接近极限状态的条件[图 5-77(a)]。利用水压加载装置,增加 50 kPa 的外部水压力可以显著影响内力状态,特别是对于轴力 N,导致衬砌拱腰和边墙位置都越过 M-N 包络线图,从而产生破坏[图 5-77(b)]。关于在极限地应力场的隧道衬砌,增加很小的外部水压力荷载会逐渐减小弯矩,但会大幅快速增加轴力(图 5-77)。因此,施加外部水压力会大大降低隧道衬砌在极限地应力场条件下的稳定性。

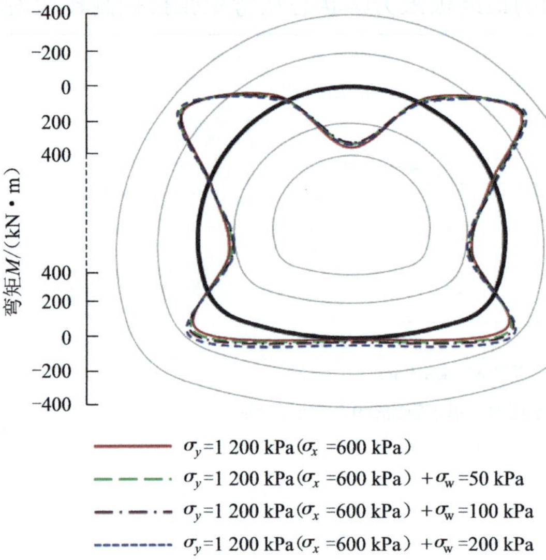

图 5-76　极限地应力状态下($K=0.5$)增加外部水压弯矩

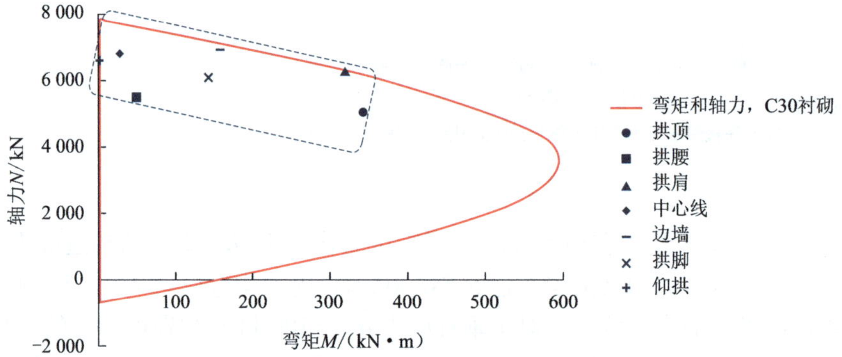

(a) 水压力 σ_w=542 kPa，自重应力 σ_y =400 kPa

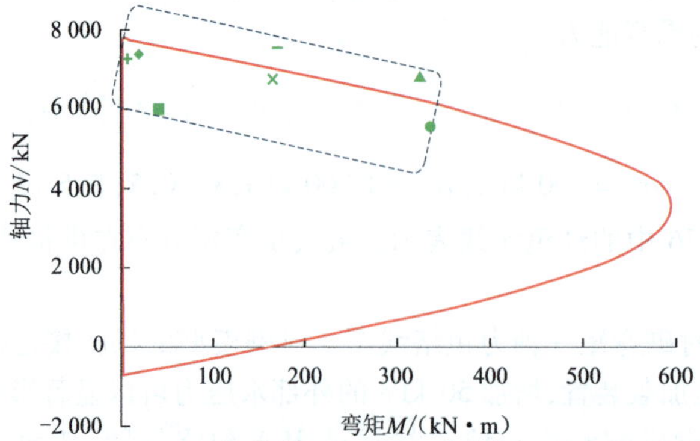

(b) 水压力 σ_w=542 kPa，自重应力 σ_y =200 kPa

图 5-77　极限地应力状态下($K=0.5$)增加外部水压极限破坏包络线

在表 5-11 中的工况 10,初始极限地应力(σ_y =407 kPa, σ_x =1.02 MPa, $K=2.5$)下,在衬砌上增加外部水压力 σ_w 可以增加拱脚以及各控制点的弯矩(图 5-78)。外部水压 σ_w = 50 kPa大大劣化衬砌的力学性能。

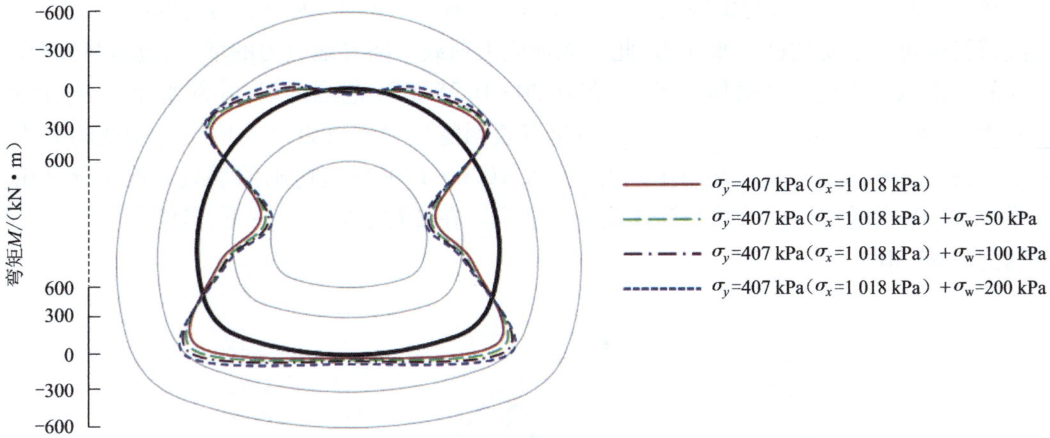

图 5-78 极限地应力状态下($K=2.5$)增加外部水压弯矩

图 5-79 显示了在初始极限地应力场作用下,增加很小的水压力可以显著增加隧道衬砌的轴力,并在一定程度上增加了隧道衬砌的弯矩。*M-N* 包络线上在拱脚处的点不在极限状态图的红色曲线中[图 5-79(b)],衬砌模型的拱脚发生破坏。此外,拱顶、拱肩和拱腰均接近 *M-N* 包络线的破坏极限状态。

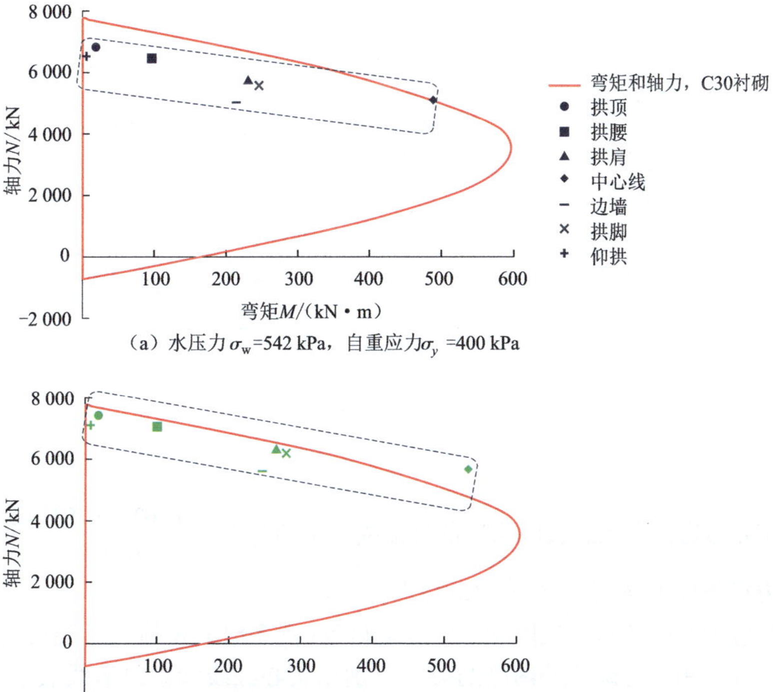

图 5-79 极限地应力状态下($K=2.5$)增加外部水压极限破坏包络线

5.6.2 水压力—地应力耦合作用下破坏极限状态

选择 K 值分布在 0.4～3.0 的延伸范围进行研究,以便更好地探讨在水压力和地应力耦合作用下的破坏状态。

在图5-80中每点上，衬砌模型都处于破坏极限状态。例如，纵轴上的交点0.54 MPa，表示隧道衬砌可以承受的极限水压力，此时无地应力荷载。随着地应力的增大，隧道衬砌所能承受的极限水压力也随之增加。当σ_e在0.30～0.35 MPa范围内时，外部水压力σ_w达到0.63 MPa的峰值，与K值无关。横轴上的交点表明隧道衬砌可以承受地应力荷载的大小，而不考虑外部水压力荷载。在图5-80中，当$K=0.6\sim1.0$，隧道衬砌的承载力被充分利用。如果$K=3.0$，则隧道衬砌承受的等效地应力最小。在各种地应力条件下，最终水压力σ_w峰值约为0.63 MPa。

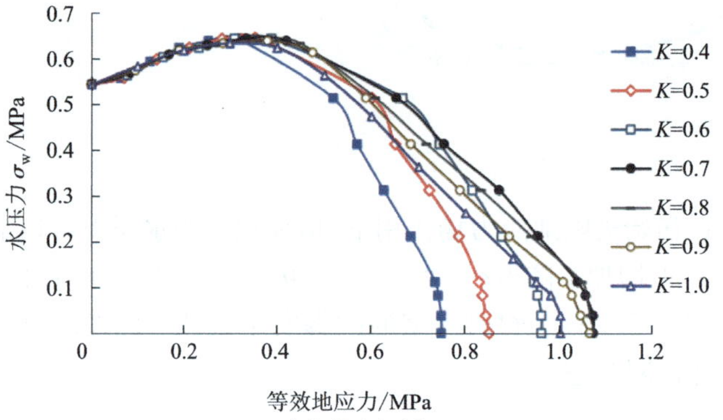

（a）K=0.4~1.0

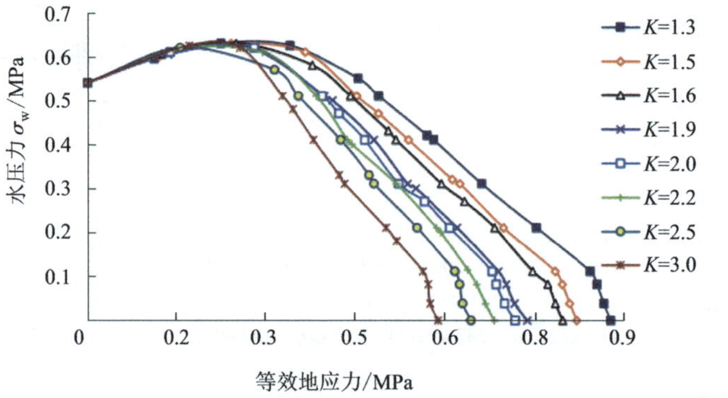

（a）K=1.3~3.0

图5-80　外水压力随等效地应力极限荷载变化

图5-80显示隧道衬砌承载极限水压的性能提升率约为17%$\left(\frac{0.63-0.54}{0.54}\times100\%=17\%\right)$。但不同地应力场条件下，$K$始终不影响最终水压力$\sigma_w$。

对于受地应力影响的水压极限状态的隧道衬砌（图5-81），K值在影响衬砌的开裂位置和开裂中起主导作用。衬砌内外两侧的裂纹分别用实心红线和虚线蓝线表示。在$K=0.4$时[图5-81(a)]，裂纹最初出现在衬砌模型的墙脚外侧，负弯矩导致墙脚向外弯折。此后裂纹产生在衬砌模型仰拱的内侧，由于外部水压力引起的正弯矩导致其向内弯折。裂纹产生在隧道衬砌压应力超过抗压强度的边墙外侧。最后一道裂缝产生于衬砌模型拱腰内侧。在$K=0.5$时[图5-81(b)]，裂纹首次出现在衬砌模型墙脚外侧。随后，裂纹依次产生在衬砌模型边墙内侧，拱腰的外侧和拱脚的内侧。对于$K=0.6\sim3.0$时，开裂首先出现在墙脚内侧，如图5-81(c)所示。然后裂纹出现在拱脚内侧。

总的来说，隧道衬砌的破坏模式直接取决于侧压力系数K的地应力分量的大小以及外部水压力荷载。若在施工前现场测量地应力和外部水压力,可以更可靠地预测隧道衬砌易发生破坏的位置(图 5-80 和图 5-81),这将有助于选取隧道衬砌支护参数,采用特殊的支护对策以避免隧道衬砌易损位置的潜在破坏。

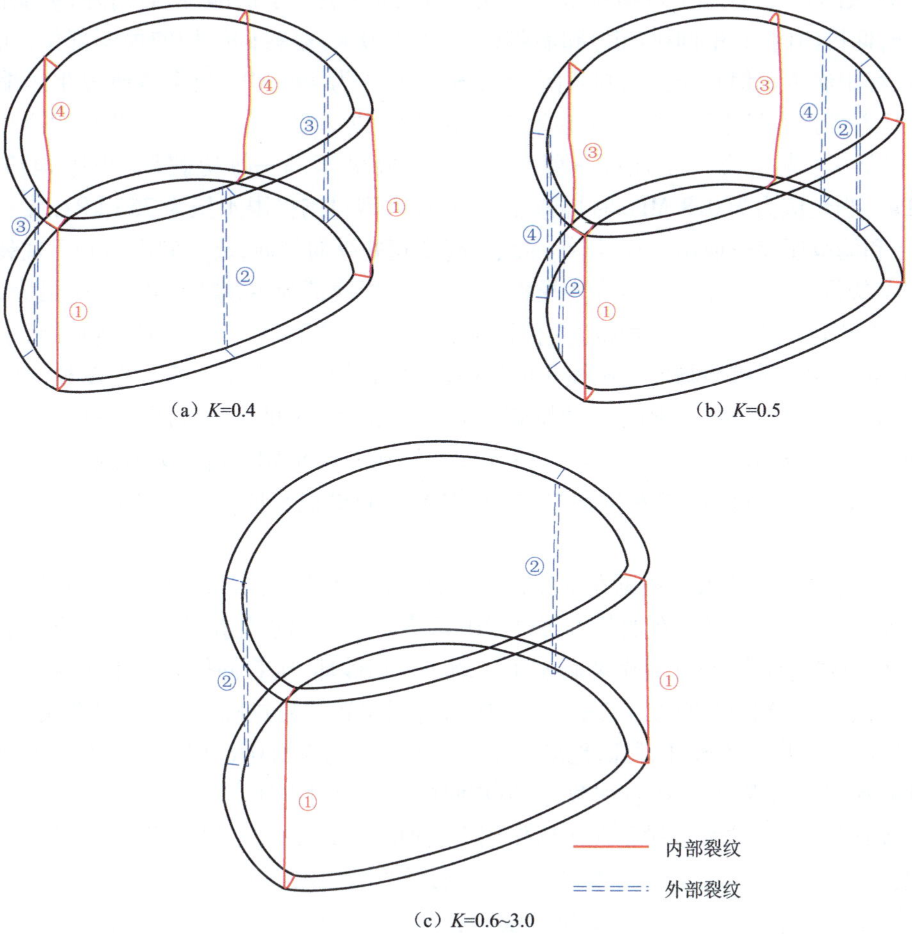

图 5-81　破坏位置分布示意

5.7　小　　结

本章介绍了一种用于隧道结构试验的模拟水压加载装置,实现了对马蹄形隧道衬砌的非均匀水压加载,建立了隧道主体结构受力特征与地应力、水压力的动态关系,探索了不同类型衬砌结构的失稳模式和极限承载力。

(1)通过对非圆形断面结构上下段分别施加大小合适的箍拉力来等效模拟实际水压力的作用,其产生的衬砌内力和变形与实际水压力作用下衬砌内力和变形是一致的,可较真实地模拟灯泡形水压作用的衬砌结构受力特征,为实现模型试验水压力加载提供一种有效的方法,成功解决了模型试验中水压力加载"瓶颈"问题。

(2)针对非圆形断面结构上下段分别施加大小合适的箍拉力加载实际情况,特别设计了针对非圆形断面隧道模型试验的全周密闭水压加载装置,实现了对马蹄形隧道衬砌非均匀水压加载。可较真实地模拟“灯泡形”水压作用的衬砌结构受力特征。

(3)通过研制高水压—地应力连成加载试验装置,可再现不同类型(防水型、排水型)马蹄形隧道主体结构与赋存环境相互作用特征。

(4)Ⅳ级围岩时,排水型衬砌在水压作用下,底部弯矩大于拱部,拱肩向外,边墙向内,墙脚向外,仰拱向内,其中仰拱(正)和墙脚(负)弯矩最大,是衬砌结构的薄弱部位,在加载水压力过程中属于大偏心受拉控制截面;承受极限水压为490 kPa,衬砌墙脚发生压缩—剪切破坏,接着仰拱先发生压弯。在单独地应力条件下,拱部弯矩大于底部,仰拱(正)和拱脚(负)弯矩最大,先拱腰发生压缩—剪切破坏,后墙脚压缩—剪切破坏,极限地应力是1.45 MPa。当地应力为0.8 MPa时再施加水压,排水型衬砌极限水压为750 kPa,首先拱腰压弯破坏和墙脚压缩—剪切破坏,继续加载裂缝变宽并纵向贯通,接着仰拱内侧出现裂缝。

(5)Ⅴ级围岩时,排水型衬砌在水压作用下,弯矩以底部为主,墙脚(负)弯矩最大,其次仰拱(正)弯矩也很大,均属于大偏心受拉控制截面,其余截面属于小偏心抗压控制;承受极限水压为400 kPa,衬砌墙脚发生压缩—剪切破坏,接着仰拱先发生压弯。在单独地应力条件下,拱部弯矩大于底部,拱顶(正)和拱脚(负)弯矩最大,先拱腰发生压缩—剪切破坏,后墙脚压缩—剪切破坏,极限地应力是1.25 MPa。先施加0.8 MPa地应力时施加水压时,拱顶和拱腰弯矩较大,首先墙脚发生裂缝,接着拱腰和仰拱似乎同时出现裂缝,极限水压为550 kPa。

(6)Ⅳ级围岩时,防水型衬砌在水压作用下,底部弯矩大于拱部,墙脚正弯矩,仰拱负弯矩,为衬砌结构的薄弱部位,在加载水压过程中始终处于大偏心受拉控制;承受极限水压为780 kPa,在加载过程中,首先衬砌墙脚发生压缩—剪切破坏,接着仰拱先发生压弯。在地应力条件下,拱顶(正)和拱脚(负)弯矩最大,成为薄弱位置。先拱腰、拱顶出现裂纹,然后继续加载,墙脚和仰拱发生破坏,极限地应力是1.7 MPa。先施加0.8 MPa地应力时再施加水压时,拱腰和墙脚出现裂纹,接着加载,拱顶和仰拱几乎同时出现。

(7)Ⅴ级围岩时,防水型衬砌在水压作用下,仰拱(正)弯矩和墙脚(负)弯矩最大,处于大偏心受拉控制,其余截面属于小偏心抗压控制;承受极限水压为620 kPa,衬砌边墙偏下的位置和仰拱似乎同时发生大偏心受拉裂纹,其中边墙偏下的位置略微早于仰拱出现裂缝。在地应力作用下,拱部弯矩大于底部,拱顶(正)和拱脚(负)弯矩最大。拱顶首先发生大偏心受拉裂缝,继续加载,拱腰出现小偏心裂缝,极限地应力是1.6 MPa。先施加0.8 MPa地应力再施加水压时,墙脚、仰拱、拱顶和拱腰弯矩较大,但是仰拱和拱腰较厚,首先拱脚先发生裂缝,继续加载,拱腰和仰拱发生裂缝,极限水压为1.03 MPa。

(8)由于地应力作用往往导致隧道拱部破坏,因此防水型衬砌抗地应力破坏能力有限(因为其仰拱较厚,而顶部增加不多),提高效果不明显。当衬砌先施加水压时,引起的拱部弯矩很小,墙脚和仰拱的相对弯矩较大,结构处于大偏心受拉控制状态。再施加地应力后,开始时墙脚和仰拱弯矩减小,受力状态由大偏心抗拉状态向小偏心抗压控制转化,关键控制截面是拱部,因此采用大仰拱的防水型衬砌并不经济。

(9)衬砌先施加地应力,会使仰拱和墙脚部位处于较稳定的小偏心受压状态。在此基础上施加水压,由于开始时小偏心受压抑制向大偏心受拉转化,最后是小偏心破坏,而混凝土结构抗压不抗拉,因此会大大提高衬砌的抗水压能力,采用大仰拱的防水型衬砌效果较明显。现实中,如果地应力不是很大,而水压很大时,衬砌承载水压极限值很大;如果水压小,而是地应力致裂时,拱部发生破坏,衬砌极限承载值比纯地应力要小。相对排水型衬砌,地应力起主导破坏因素时,防水型(厚仰拱)衬砌效果并不明显,应提高拱部配筋率;如果水压是主要因素,防水型衬砌效果很明显。

(10)排水型衬砌在地应力(侧压力系数 $K=1.5$)作用下,墙脚弯矩最大,相当于拱肩的2~3倍,而仰拱弯矩相当小;仰拱轴力是拱顶的1.5倍;拱顶向外变形很小,墙脚向外变形很大;承载极限荷载为1.0 MPa;先墙脚外侧出现裂缝,然后仰拱内侧出现裂缝。对比侧压力系数 $K=0.5$ 时,拱顶和拱肩的弯矩最大,大于墙脚,是安全控制部位;仰拱轴力是拱顶的1.5倍;拱顶向内变形很大,墙脚向外变形很小;承载极限荷载为1.25 MPa;拱顶发生大偏心抗张拉破坏,接着墙脚和拱腰发生小偏心抗压破坏。

(11)排水型衬砌在先施加地应力(侧压力系数 $K=1.5$)再施加水压时,拱顶和拱肩弯矩向外,拱脚向内,墙脚向外;仰拱轴力基本是拱顶的1.4倍;拱顶向外变形很小,拱腰向内变形很大;水压承载极限荷载为600 kPa;首先墙脚出现裂缝,继续加载仰拱出现裂缝。对比侧压力系数 $K=0.5$ 时,拱顶弯矩向内,拱肩基本没有弯矩,拱脚弯矩向外,墙脚弯矩向外;仰拱轴力约是拱顶的2倍;拱顶向内变形很大,拱腰向内变形很小;水压承载极限荷载为550 kPa;首先墙脚发生裂缝,接着拱腰和仰拱似乎同时出现裂缝。

(12)防水型衬砌在地应力(侧压力系数 $K=1.5$)作用下,拱顶向内弯矩最大,拱肩向外弯矩次之,墙脚向外弯矩均小于前两者;拱顶向内变形最大,边墙向外变形;承载极限荷载为0.6 MPa;拱顶首先发生大偏心受拉裂缝,继续加载,拱腰出现小偏心裂缝。对比侧压力系数 $K=0.5$ 时,墙脚向外弯矩最大,相当于拱肩的3倍,拱顶向内弯矩,但数值很小;拱顶向外变形很小,拱肩向内变形最大,边墙向内变形;承载极限荷载为1.25 MPa;墙脚出现裂缝,继续加载,拱肩出现裂纹。

(13)防水型衬砌在先施加地应力(侧压力系数 $K=1.5$)再施加水压时,拱顶和拱肩弯矩向外,拱脚向内;拱顶向外变形很小,拱腰向内变形很大;水压承载极限荷载为100 kPa;墙脚出现裂缝,继续加载,仰拱和拱顶似乎同时出现裂纹。对比侧压力系数 $K=0.5$ 时,拱顶弯矩向内,拱肩基本没有弯矩,拱脚弯矩向外较大;仰拱轴力约是拱顶的2倍;拱顶向内变形很大,拱腰向内变形很小;水压承载极限荷载为1.03 MPa;拱脚先发生裂缝,继续加载,拱腰和仰拱发生裂缝。

(14)在侧压力系数 $K=1.5$ 条件下,地应力起主导作用时,墙脚或墙脚偏上位置为薄弱部位,防水型衬砌(大仰拱,或称厚仰拱)比排水型衬砌提高抗地应力能力30%。水压起主导作用时,防水型衬砌比排水型衬砌提高抗水压能力60%。

6 结　　论

针对深埋隧道面临的高应力、高水压力、含空洞等衬砌服役性能和破坏模式问题，本书采用物理模型试验、数值模拟、理论推导和现场原位测试相结合的研究手段，分别研究了高地应力隧道衬砌的破裂机制和破坏模式，分析了含空洞交通隧道衬砌的典型破坏模式，对隧道衬砌盲管限量排水和防水板排水计算理论进行了推导和完善，并成功应用于富水山区公路隧道涌水量调控和优化中，揭示了深埋隧道主体结构的受力特征和破坏模式，系统性研究了深埋富水大断面隧道衬砌结构受力特征及其覆水分担载荷，得出的主要结论如下：

(1)研究了高地应力隧道衬砌破裂机制，基于地应力场分布特征，设计了衬砌相似材料物理模型试验，阐明了地应力作用下衬砌的变形、内力和破坏模式，揭示了侧压力系数(K)对衬砌破坏模式和位置的影响。结果表明：马蹄形隧道衬砌的开裂破坏在较大程度上取决于侧压力系数，隧道设计者在选择隧道衬砌设计参数时应充分考虑。在自重应力场条件下，衬砌拱顶弯矩向内、拱肩弯矩向外；衬砌变形呈现扁平状，拱顶向内弯曲，拱肩变形小，拱顶内侧破坏，拱肩外侧破坏，裂纹发展与弯矩一致，与变形不符。随着 K 值的增加，隧道衬砌周围各部位的安全系数先增大，达到峰值，然后减小。K 值的最佳范围是 0.6 ~ 1.2。当 $K<0.6$ 时，最容易在拱顶发生破坏，但当 $K>1.2$ 时，墙脚是最容易发生破坏的部位。当 $K<0.7$ 时，衬砌拱顶出现最大正弯矩，衬砌拱腰出现最大负弯矩。随着 K 值的增加，顶部和拱腰的弯矩会迅速减少。当 $K>0.9$ 时，最大正弯矩出现在衬砌内部拱脚处，而最大负弯矩出现在墙脚，隧道衬砌开裂模式与弯矩分布规律吻合较好。但在自重应力场占主导的情况下，则不能很好地与变形规律相吻合。因此，当隧道处于自重应力场占主导时，监测隧道衬砌的变形可能不会可靠地反映衬砌的力学性能。建议在施工过程中，采用弯矩、轴力作为指标，评价衬砌结构的安全性。

(2)研究了含空洞隧道衬砌典型的破坏模式，分析了空洞范围和侧压力系数对衬砌极限状态的影响，得到了含空洞衬砌弯矩、轴力相互作用关系，揭示了含空洞衬砌的变形和破坏模式。结果表明：当隧道衬砌无空洞时，其破坏模式取决于侧压力系数。当空洞范围 $\varphi\leqslant 20°$ 时，侧压力系数对隧道衬砌的力学性能有显著影响，隧道衬砌受到轴力诱发的压缩—剪切破坏与高轴力和小偏心距有关(在隧道衬砌的拱脚和墙脚)。当 $20°\leqslant\varphi\leqslant 50°$ 时，衬砌最易破坏的位置是拱顶，拱顶承受的轴力较小，但偏心距较大。拱顶的弯矩从正变为负，衬砌破坏模式从轴力引起的压缩—剪切破坏转变为弯矩引起的张拉破坏。当 $\varphi\geqslant 50°$ 时，破坏模式完全取决于空洞的范围。无论 K 值如何，空洞在很大程度上不会破坏隧道衬砌的承载能力。

(3)推导了盲管排水及防水板在是否失效条件下，支护体系分担水荷载的理论解析公式，反映了盲管排水和防水板隔水效应的真实情况，获得了盲管排水量与衬砌水压力、水压折减系数以及排水量等相互关系，并且通过工程实例进行了验证和分析，为排水量的“主动控制”提供了依据。结果表明：初期支护、注浆圈和围岩承担的水荷载与二次衬砌规律成反比，当盲管排水量增大时，初期支护、注浆圈和围岩承担的水荷载增大，而二次衬砌水压力减小。当防水板年久失效时，随着盲管导水系数的增大，盲管排水量增大，而透过衬砌的排水量减小，总水量增大。注浆圈堵水降压效果明显，随着注浆圈渗透系数减小和厚度增加，隧道盲管排水量减小，注浆圈部位范围消耗水压增大。注浆圈厚度在5～7 m较合适。围岩和注浆圈的相对比值n=50～70为宜。衬砌在承受土压条件下，逐渐施加水荷载，弯矩分布形态发生改变，最大弯矩从拱顶向墙脚、仰拱转移，最终墙脚压弯破坏。

(4)提出了一种利用压力阀调节作用在运输隧道支护系统上水压的排水新方法，推导了完整的解析解，评估了支撑系统承受的水压(假设压力阀安装在隧道的边沟中)。与传统方法相比，新型排水方法可以显著减少注浆区的厚度，从而降低成本并加快施工过程。通过与现场监测和数值(有限元)建模得出的结果相验证，相对误差小于0.15%，表明此解析解为评估新型排水系统预期渗漏提供了可靠方法。

(5)研制了一种用于隧道结构试验的模拟水压加载装置，实现了对马蹄形隧道衬砌的非均匀水压加载，建立了隧道主体结构受力特征与地应力、水压的动态关系，探索了不同类型衬砌结构的失稳模式、极限承载力。试验结果表明：排水型衬砌在水压作用下，Ⅳ级围岩时，底部弯矩大于拱部，拱肩向外，边墙向内，墙脚向外，仰拱向内，其中仰拱(正)和墙脚(负)弯矩最大，是衬砌结构的薄弱部位，在加载水压过程中属于大偏心受拉控制截面；Ⅴ级围岩时，弯矩以底部为主，墙脚(负)弯矩最大，其次仰拱(正)弯矩也很大，均属于大偏心受拉控制截面，其余截面属于小偏心抗压控制。防水型衬砌在水压作用下，Ⅳ级围岩时，底部弯矩大于拱部，墙脚正弯矩，仰拱负弯矩，是衬砌结构的薄弱部位，在加载水压过程中始终处于大偏心受拉控制；Ⅴ级围岩时，仰拱(正)弯矩和墙脚(负)弯矩最大，处于大偏心受拉控制，其余截面属于小偏心抗压控制。

(7)研究了地应力—水压耦合下隧道衬砌的力学行为，揭示了衬砌不同部位的弯矩、变形和破坏模式。结果表明：当衬砌先施加水压时，引起的拱部弯矩很小，墙脚和仰拱的相对弯矩较大，结构处于大偏心受拉控制状态。再施加地应力后，开始时墙脚和仰拱弯矩减小，受力状态由大偏心抗拉状态向小偏心抗压控制转化，关键控制截面是拱部。衬砌先施加地应力，会使仰拱和墙脚部位处于较稳定的小偏心受压状态，再施加水压，由于开始时小偏心受压抑制向大偏心受拉转化，最后是小偏心破坏。

本书创新点：(1)研究了含空洞隧道衬砌典型的破坏模式，分析了空洞范围和侧压力系数K对衬砌极限状态的影响，得到了含空洞衬砌弯矩、轴力相互作用关系，揭示了含空洞衬砌的变形和破坏模式。(2)推导了盲管排水及防水板在是否失效条件下，支护体系分担水荷载的理论解析公式，反映了盲管排水和防水板隔水效应的真实情况，获得了盲管排水量与衬砌水压力、水压折减系数以及排水量等相互关系，并且通过工程实例进行了验证和分析，为排水量的“主动控制”提供依据。

参考文献

[1] 黄锋,朱合华,徐前卫.不同地应力场软岩隧道渐进破坏试验与分析[J].铁道科学与工程学报,2015,12(6):1412-1419.

[2] 夏勇.白垩系全风化红砂岩深埋隧道初期支护受力特性与荷载模式[J].铁道建筑,2019,59(10):84-87.

[3] 杜明庆,张顶立,王旭春,等.大断面隧道仰拱底鼓破坏模式[J].中国公路学报,2018,31(10):292-301,358.

[4] 梁宁,伍法权,王云峰,等.大埋深高地应力关山隧道围岩变形破坏分析[J].岩土力学,2016,37(S2):329-336.

[5] 徐国文,何川,代聪,等.复杂地质条件下软岩隧道大变形破坏机制及开挖方法研究[J].现代隧道技术,2017,54(5):146-154.

[6] 杨青莹.富水断层破碎带对隧道围岩稳定性的影响[J].煤矿安全,2019,50(8):148-153.

[7] 徐世军.富水溶洞对隧道白云岩围岩稳定性的影响[J].建筑施工,2019,41(12):2205-2209.

[8] 郭小龙,谭忠盛,李磊,等.高地应力陡倾层状软岩隧道变形破坏机理分析[J].土木工程学报,2017,50(S2):38-44.

[9] 周森.高速公路隧道仰拱底鼓破坏机理分析及处治措施[J].交通科技,2013(5):97-99,108.

[10] 涂瀚.水平层状围岩隧道稳定性及破坏机理研究[J].铁道工程学报,2018,35(9):75-79,87.

[11] 艾光读.软弱围岩隧道施工方法的比较研究[D].兰州:兰州大学,2018.

[12] 丁少梅.断层区域隧道围岩稳定性分析[D].兰州:兰州大学,2018.

[13] 罗鑫.深埋软岩隧道大变形特征及支护措施探讨[D].西安:长安大学,2017.

[14] 沙鹏,伍法权,李响,等.深埋隧道结构型围岩变形机理及控制研究[J].现代隧道技术,2018,55(3):112-120,159.

[15] 成晓峰.深部隧道围岩的局部破坏失稳机制与有限变形分析[D].大连:大连理工大学,2020.

[16] 王文谦.大跨度隧道围岩压力拱效应研究[D].北京:北京交通大学,2018.

[17] 陈红宾.超大断面隧道初期支护拱架承载作用机制研究[D].济南:山东大学,2019.

[18] 高啸也.断层破碎带隧道围岩变形破坏机理研究[D].重庆:重庆交通大学,2018.

[19] BianK,Liu J,Xiao M,et al. Cause investigation and verification of lining cracking of bifurcation tunnel at Huizhou Pumped Storage Power Station[J]. Tunnelling and Underground Space Technology, 2016, 54: 123-134.

[20] Möller S C. Tunnel induced settlements and structural forces in linings[M]. Univ. Stuttgart, Inst. f. Geotechnik Stuttgart, Germany, 2006.

[21] Kong C, Gao X, Cao L, et al. Analysis of the failure of primary support of a deep – buried railway tunnel in silty clay[J]. Engineering Failure Analysis, 2016, 66: 259-273.

[22] Ráček V, Zlámal J. The ultimate limit state of the underground circular tunnel segment lining[J]. IOP Conference Series: Materials Science and Engineering, 2017, 236: 012085.

[23] Wang T. Characterizing crack patterns on tunnel linings associated with shear deformation induced by

instability of neighboring slopes[J]. Engineering Geology, 2010, 115(1-2): 80-95.

[24] Amorim D L N D F, Proença S P B, Flórez-López J. Simplified modeling of cracking in concrete: Application in tunnel linings[J]. Engineering Structures, 2014, 70: 23-35.

[25] Feng H, Zhang X, Gou D, et al. Cause investigation of side-wall cracking in an operational tunnel[J]. Engineering Failure Analysis, 2019, 101: 157-171.

[26] 赵勇，肖明清，肖广智. 中国高速铁路隧道[M]. 北京:中国铁道出版社有限公司, 2016.

[27] Pankhurst R C. Dimensional analysis and scale factors[M]. London: Institute of Physics and Physical Society, 1964.

[28] Hobbs D W. Scale model studies of strata movement around mine roadways. Apparatus, technique and some preliminary results[J]. International Journal of Rock Mechanics and Mining Sciences & Geomechanics Abstracts, 1966, 3(2): 101-112.

[29] Youakim S, El-Metewally S, Chen W. Nonlinear analysis of tunnels in clayey/sandy soil with a concrete lining[J]. Engineering Structures, 2000, 22(6): 707-722.

[30] Bobet A, Nam S W. Stresses around Pressure Tunnels with Semi-permeable Liners[J]. Rock Mechanics and Rock Engineering, 2007, 40(3): 287-315.

[31] Du D, Dias D, Yang X. Analysis of earth pressure for shallow square tunnels in anisotropic and non-homogeneous soils[J]. Computers and Geotechnics, 2018, 104: 226-236.

[32] Duddeck H. Application of numerical analyses for tunnelling[J]. International Journal for Numerical and Analytical Methods in Geomechanics, 1991, 15(4): 223-239.

[33] Bieniawski Z T. Engineering rock mass classifications: a complete manual for engineers and geologists in mining, civil, and petroleum engineering[M]. London: John Wiley & Sons, 1989.

[34] Rabcewicz L. The New Austrian Tunnelling Method[J]. Tunnelling and Tunnel Mechanics, 2005: 171-175.

[35] Yin J, Wu Z, Asakura T, et al. Cracking and failure behavior of concrete tunnel lining predicted by smeared crack model[J]. Doboku Gakkai Ronbunshu, 2001, 2001(668): 17-27.

[36] Dahmani L, Khennane A, Kaci S. Crack identification in reinforced concrete beams using ANSYS software [J]. Strength of materials, 2010, 42: 232-240.

[37] Kolymbas D. Geotechnik-Tunnelbau und Tunnelmechanik: eine systematische Einführung mit besonderer Berücksichtigung mechanischer Probleme: Vol. 2[M]. Berlin: Springer, 2013.

[38] Clough G W, Duncan J M. Finite element analyses of retaining wall behavior[J]. Journal of the Soil Mechanics and Foundations Division, 1971, 97(12): 1657-1673.

[39] Timoshenko S, Goodier J N. Theory of Elasticity[M]. New York: McGraw-Hill, 1969.

[40] Bhatt P, MacGinley T, Choo B. Reinforced concrete design to Eurocodes: Vol. 4[M]. London: CRC Press, 2014.

[41] He BG, Li H, Zhang XW, et al. A novel analytical method incorporating valve pressure for the controlled drainage of transport tunnels[J]. Tunnelling and Underground Space Technology, 2020, 106: 103637.

[42] Ji L, Zhou C, Lu S, et al. Numerical Studies on the Cumulative Damage Effects and Safety Criterion of a Large Cross-section Tunnel Induced by Single and Multiple Full-Scale Blasting[J]. Rock Mechanics and Rock Engineering, 2021, 54(12): 6393-6411.

[43] British Tunnelling Society, Institution of Civil Engineers (Great Britain). Monitoring underground construction: a best practice guide[M]. London: ICE, 2011.

[44] He B G, Li H P, Zhang Z Q. The effect of earth pressure on the failure mode of high-speed railway tunnel linings[J]. Engineering Failure Analysis, 2020, 110: 104398.

[45] He B G, Zhang X W, Li H P. Ground load on tunnels built using new Austrian tunneling method: study of

a tunnel passing through highly weathered sandstone [J]. Bulletin of Engineering Geology and the Environment, 2019, 78(8): 6221-6234.
[46] Gao Y, Jiang Y, Li B. Estimation of effect of voids on frequency response of mountain tunnel lining based on microtremor method[J]. Tunnelling and Underground Space Technology, 2014, 42: 184-194.
[47] Meguid M A, Dang H K. The effect of erosion voids on existing tunnel linings [J]. Tunnelling and Underground Space Technology, 2009, 24(3): 278-286.
[48] Wang J, Huang H, Xie X, et al. Void-induced liner deformation and stress redistribution[J]. Tunnelling and Underground Space Technology, 2014, 40: 263-276.
[49] Yasuda N, Tsukada K, Asakura T. Elastic solutions for circular tunnel with void behind lining [J]. Tunnelling and Underground Space Technology, 2017, 70: 274-285.
[50] Carranza-Torres C, Zhao J. Analytical and numerical study of the effect of water pressure on the mechanical response of cylindrical lined tunnels in elastic and elasto-plastic porous media[J]. International Journal of Rock Mechanics and Mining Sciences, 2009, 46(3): 531-547.
[51] Ahn S Y, Ahn K C, Kang S-G. A study on the grouting design method in tunnel under ground water[J]. Tunnelling and Underground Space Technology, 2006, 21(3): 400-400.
[52] Huang Y, Zhou Z. Study on external water pressure of water conveyance tunnel for the pumped storage power stations in Huizhou City[J]. Journal of Hydrodynamics, 2010, 22(5): 674-679.
[53] Kompani-Zare M, Zhan H, Samani N. Water flow from a horizontal tunnel in an unsaturated zone [J]. Journal of hydrology, 2005, 303(1-4): 125-135.
[54] Lisa H, Christian B, Åsa F, et al. A hard rock tunnel case study: Characterization of the water-bearing fracture system for tunnel grouting [J]. Tunnelling and Underground Space Technology, 2012, 30: 132-144.
[55] Xue F Z, Yao N Z. Study on a new-styled measure for treating water leakage of the permafrost tunnels[J]. Tunnelling and underground space technology, 2006, 21(6): 656-667.
[56] Lipponen A, Manninen S, Niini H, et al. Effect of water and geological factors on the long-term stability of fracture zones in the Päijänne Tunnel, Finland: a case study[J]. International Journal of rock mechanics and Mining Sciences, 2005, 42(1): 3-12.
[57] Yang X L, Huang F. Influences of material dilatancy and pore water pressure on stability factor of shallow tunnels[J]. Transactions of Nonferrous Metals Society of China, 2009, 19: 819-823.
[58] 郭富利. 堡镇软岩隧道大变形机理及控制技术研究[D]. 北京: 北京交通大学,2010.
[59] 王树栋. 复杂地应力区隧道软弱围岩大变形控制技术研究[D]. 北京:北京交通大学,2011.
[60] 宋嘉辉. 高地应力千枚岩地层隧道大变形控制措施探讨[J]. 施工技术,2012,41(13):90-92,95.
[61] 吴广明. 高地应力软岩大变形隧道施工技术[J]. 现代隧道技术,2012,49(4):94-98.
[62] 陈志敏. 高地应力软岩隧道围岩压力研究和围岩与支护结构相互作用机理分析[D]. 兰州:兰州交通大学,2012.
[63] 胡广磊. 高风险岩溶隧道施工安全控制研究[D]. 济南:山东大学,2010.
[64] 赵天熙. 关角隧道区域稳定性评价与地质分析[J]. 铁道建筑,2009(9):36-39.
[65] 张波. 基于岩体各向异性深埋公路隧道安全稳定性研究[D]. 武汉:中国科学院研究生院(武汉岩土力学研究所),2008.
[66] 黄庆文,柳超,汪贻谋. 两水隧道围岩破坏原因分析与治理措施[J]. 施工技术,2011,40(15):82-85.
[67] 杜立新,王庆林. 浅谈兰渝铁路隧道四大高风险源及应对措施[J]. 现代隧道技术,2011,48(2):9-16.
[68] 姜云,王兰生. 深埋长大公路隧道高地应力岩爆和岩溶涌突水问题及对策[J]. 岩石力学与工程学报,2002(9):1319-1323.
[69] 刘春. 深埋大断面隧道施工力学性态研究[D]. 重庆:重庆大学,2007.

[70] 赵瑜. 深埋隧道围岩系统稳定性及非线性动力学特性研究[D]. 重庆:重庆大学,2008.
[71] 罗俐. 深埋隧道围岩应力释放规律研究[D]. 北京:中国地质大学(北京),2012.
[72] 杨彩红. 水对深部工程软岩蠕变规律的影响[D]. 阜新:辽宁工程技术大学,2005.
[73] 陈寿堂. 水岩耦合作用对隧道稳定性影响分析及隧道围岩分级修正方法研究[D]. 成都:西南交通大学,2012.
[74] 郭富利,张顶立,苏洁,等. 围压和地下水对软岩残余强度及峰后体积变化影响的试验研究[J]. 岩石力学与工程学报,2009,28(S1):2644-2650.
[75] 刘中华. 雅泸高速大相岭泥巴山隧道围岩大变形研究[D]. 成都:西南交通大学,2010.
[76] 苗德海,马涛,王伟,等. 宜万铁路隧道工程特点及设计对策[J]. 铁道标准设计,2010(8):56-61,99.
[77] 侯艳娟,张顶立,郭富利. 涌水隧道支护对围岩力学性质的影响[J]. 中南大学学报(自然科学版),2010,41(3):1152-1157.
[78] Egger P. Design and construction aspects of deep tunnels (with particular emphasis on strain softening rocks)[J]. Tunnelling and Underground Space Technology, 2000, 15(4): 403-408.
[79] Espedal T G, Nærum G. Norway's rennfast link: The world's longest and deepest subsea road tunnel[J]. Tunnelling and underground space technology, 1994, 9(2): 159-164.
[80] 张志强,关宝树,仇文革,等. 圆梁山隧道在高水位条件下支护结构体系研究[J]. 岩石力学与工程学报,2004(5):763-769.
[81] 乔春生,管振祥,滕文彦. 饱水黄土隧道变形规律研究[J]. 岩土力学,2003(S2):225-230.
[82] 郭富利,张顶立,苏洁,等. 地下水和围压对软岩力学性质影响的试验研究[J]. 岩石力学与工程学报,2007(11):2324-2332.
[83] 郭小红,陈飞飞,褚以惇,等. 富水软弱带公路隧道支护技术研究[J]. 岩土力学,2011,32(S2):449-454.
[84] 任松,姜德义,杨春和,等. 共和隧道开裂段页岩蠕变本构试验及离散元数值模拟研究[J]. 岩土力学,2010,31(2):416-421,426.
[85] 藤宏伟,任松,姜德义,等. 共和隧道页岩饱水软化试验研究[J]. 岩石力学与工程学报,2010,29(S1):2657-2662.
[86] 许振浩,李术才,李利平,等. 基于层次分析法的岩溶隧道突水突泥风险评估[J]. 岩土力学,2011,32(6):1757-1766.
[87] 黄明,刘新荣,邓涛. 基于含水劣化特性的隧道围岩时效变形数值计算[J]. 岩土力学,2012,33(6):1876-1882.
[88] 张志强,何本国,何川. 水底隧道饱水地层衬砌作用荷载研究[J]. 岩土力学,2010,31(8):2465-2470.
[89] 吉小明,王宇会,阳志元. 隧道开挖问题中的流固耦合模型及数值模拟[J]. 岩土力学,2007,28(S1):379-384.
[90] 王永红,齐文彪. 铁矿软弱地层巷道快速安全施工关键技术研究——"浅埋暗挖"技术的应用新进展[J]. 岩土力学,2013,34(2):417-425.
[91] Lisa H, Gunnar G, Åsa F, et al. A statistical grouting decision method based on water pressure tests for the tunnel construction stage-A case study[J]. Tunnelling and Underground Space Technology, 2013, 33: 54-62.
[92] Wang X, Wang M, Zhang M, et al. Theoretical and experimental study of external water pressure on tunnel lining in controlled drainage under high water level[J]. Tunnelling and Underground Space Technology, 2008, 23(5): 552-560.
[93] 信春雷. 不同防排水模式对山岭隧道衬砌水压力影响关系研究[D]. 成都:西南交通大学,2013.
[94] 龚书贤. 层状围岩隧道力学特性及稳定性研究[D]. 重庆:重庆大学,2012.
[95] 胡维芬. 城市道路排水设施水力特性研究[D]. 天津:天津大学,2011.

[96] 张霄. 地下工程动水注浆过程中浆液扩散与封堵机理研究及应用[D]. 济南:山东大学,2011.
[97] 沈乐. 富水花岗岩蚀变带隧道变形机理及稳定性控制的模型试验研究[D]. 成都:西南交通大学,2012.
[98] 魏星,沈乐,陶志平. 富水软岩隧道突泥塌方及地层沉降的模型试验[J]. 岩土力学,2012,33(8):2291-2296.
[99] 李利平. 高风险岩溶隧道突水灾变演化机理及其应用研究[D]. 济南:山东大学,2010.
[100] 宋占辉. 公路隧道防排水技术与工艺研究[D]. 西安:长安大学,2011.
[101] 丁浩,蒋树屏,陈林杰. 公路隧道外水压力的相似模型试验研究[J]. 公路交通科技,2008(10):99-104.
[102] 陈林杰,蒋树屏,丁浩. 公路隧道外水压力折减规律研究[J]. 重庆交通大学学报(自然科学版),2008(3):383-386,404.
[103] 谭忠盛,曾超,李健,等. 海底隧道支护结构受力特征的模型试验研究[J]. 土木工程学报,2011,44(11):99-105.
[104] 冯雨. 蓝商公路李家河三号隧道渗流分析与防渗措施研究[D]. 西安:西安理工大学,2010.
[105] 李大伟. 老岭隧道渗漏机理及防治措施研究[D]. 长春:吉林大学,2010.
[106] 沈东东. 乐广高速岩溶隧道稳定性及突涌水研究[D]. 武汉:中国地质大学,2012.
[107] 陈红江. 裂隙岩体应力—损伤—渗流耦合理论、试验及工程应用研究[D]. 长沙:中南大学,2010.
[108] 赵晋乾. 山岭公路隧道注浆效果评价及技术指南研究[D]. 成都:成都理工大学,2010.
[109] 马栋. 深埋岩溶对隧道安全影响分析及处治技术研究[D]. 北京:北京交通大学,2012.
[110] 赖志乐. 渗流场与应力场耦合在关角隧道中的应用[D]. 兰州:兰州交通大学,2010.
[111] 李鹏. 水—岩作用的岩体剪切特性试验与 M-H-C 耦合数值模拟[D]. 武汉:中国科学院研究生院(武汉岩土力学研究所),2010.
[112] 姜帅. 水岩耦合效应试验及隧道渗流智能反分析[D]. 大连:大连海事大学,2012.
[113] 莫阳春. 隧道底部隐伏空腔充水对二次衬砌内力影响研究[J]. 水文地质工程地质,2011,38(5):31-37.
[114] 李苍松,胡元芳,丁建芳,等. 隧道地下水处治的设计理论及方法研究[J]. 工程地质学报,2012,20(5):832-840.
[115] 潘海泽. 隧道工程地下水水害防治与评价体系研究[D]. 成都:西南交通大学,2010.
[116] 王秀英,谭忠盛,李健,等. 隧道工程全包与半包结构防水体系受力特征试验研究[J]. 岩土工程学报,2012,34(4):654-659.
[117] 刘新荣,石建勋,刘元锋,等. 隧道水灾害模型试验研究[J]. 中国公路学报,2013,26(1):121-126.
[118] 李树忱,冯现大,李术才,等. 新型固流耦合相似材料的研制及其应用[J]. 岩石力学与工程学报,2010,29(2):281-288.
[119] 陈伟君. 雅泸高速公路泥巴山隧道及断层涌突水预测研究[D]. 成都:西南交通大学,2010.
[120] 刘记. 岩溶地区隧道突水机理与结构力学行为研究[D]. 成都:西南交通大学,2012.
[121] 王遇国. 岩溶隧道突水灾害与防治研究[D]. 北京:中国铁道科学研究院,2012.
[122] 汪成兵,朱合华,叶飞. 雨水作用下隧道塌方模型试验研究[J]. 公路,2009(10):235-238.
[123] Brown E T, Hoek E. Trends in relationships between measured in-situ stresses and depth[J]. International Journal of Rock Mechanics and Mining Sciences & Geomechanics Abstracts, 1978, 15(4): 211-215.
[124] Кирпичев М. В. 相似理论[M]. 北京: 科学出版社, 1955.
[125] 林韵梅. 实验岩石力学[M]. 北京:煤炭工业出版社,1984.

附　　录

附表 1　1979—2019 年期间典型深部工程地应力测试结果统计

序号	位置	岩石种类	深度/m	σ_v/MPa	σ_{hmax}/MPa	σ_{hmin}/MPa	K
1	Ingula Pumped Storage, SA	Sandstone	322	8.1	—	—	1.52
2	Ingula Pumped Storage, SA	Sandstone	566	14.2	—	—	0.90
3	Japan Nankai	Claystone	1 386	25.4	23.7	22.0	0.90
4	Japan Nankai	Claystone	1 534	49.4	55.1	41.6	0.98
5	Pahang - Selangor Tunnel, MY	Granite	1 130	28.8	—	—	0.38
6	Daxing Coal Mine	Mudstone	800	31.2	—	—	0.72
7	Kohala in Pakistan	Sandstone, Mudstone	330	8.1	11.9	7.4	1.19
8	Kohala in Pakistan	Sandstone, Mudstone	341	8.4	13.4	7.8	1.26
9	Water Transfer Tunnel, MY	Granite	227	4.7	—	—	1.36
10	Water Transfer Tunnel, MY	Granite	1 130	28.2	—	—	0.38
11	Renstrüm	Andesite	1 150	24.0	48.0	14.0	1.29
12	Xiezhuang Coal Mine	Shale	1 071	28.4	39.8	20.6	1.06
13	Xiezhuang Coal Mine	Shale	1 150	30.5	34.6	17.9	0.86
14	JinPing in Sichuan	Marble	970	27.2	26.7	18.7	0.84
15	Lajishan Tunnel	Dolomite	842	21.9	24.4	17.8	0.96
16	Zhongtianshan Tunnel	Sandstone	825	21.8	—	—	1.59
17	QinLing Tunnel	Granite	231	6.3	14.1	11.4	2.02
18	WuShaoLing Tunnel-5	Shale, Sandstone	545	14.7	19.3	11.3	1.04
19	PingAn Tunnel	Limestone	1 430	38.6	36.4	22.9	0.77
20	KuoCangShan Tunnel	Tuff	284	7.8	18.8	12.8	2.03
21	ErLangShan Tunnelm	Shale, Sandstone	573	15.1	18.1	12.1	1.00
22	NiBaShan Tunnel	Andesite	1 339	34.8	34.3	23.6	0.83
23	Kohala hydropower plant, PK	Sandstone, Mudstone	330	8.1	11.9	7.4	1.19
24	Kohala hydropower plant, PK	Sandstone, Mudstone	341	8.4	13.4	7.8	1.26
25	Switzerland Alps	Granite	585	12.5	32.5	22.5	2.20
26	Switzerland Alps	Granite	445	12.1	23.4	15.1	1.589
27	North German Basin	Rock Salt	5 043	121.6	—	—	0.612
28	North German Basin	Rock Salt	4 993	119.6	—	—	0.583
29	Aspo HRL Sweden	Granite	465	12.3	21.4	11.4	1.333
30	Aspo HRL Sweden	Granite	737	19.2	40.5	21.0	1.60
31	Norwegian and Danish tunnels	Gneiss	200	5.4	—	—	1.50

续上表

序号	位置	岩石种类	深度/m	σ_v/MPa	σ_{hmax}/MPa	σ_{hmin}/MPa	K
32	Norwegian and Danish tunnels	Granite	1 500	40.5	—	—	1.50
33	Brofjorden	Granite	50	2.0	20.0	8.0	7.00
34	Garpenberg	Limestone	175	24.0	45.0	40.0	1.77
35	Heggura	Garnet-Gneiss	670	7.5	24.5	8.5	2.20
36	Kobbskaret	Gneissic Granite	630	12.0	24.0	17.0	1.71
37	Zinkgruvan	Quartz-Feldspar Leptite	960	28.0	55.0	54.0	1.95
38	Politecnico di Torino Italy	Shale	1 500	26.0	—	—	2.00
39	Beaumont/English TBM tunnel	Sandstone	120	2.4	—	—	0.33
40	Upper Silesian Coal Basin	Siltstone, Claystone	1 050	8.1	—	—	2.00
41	Upper Silesian Coal Basin	Siltstone, Claystone	1 100	9.6	—	—	1.70
42	URL in Canada	Granite	1 003	27.0	13.5	9.0	0.42
43	URL in Canada	Granite	1 003	27.0	54.0	40.5	1.75
44	Canada Donkin-Morien	Sandstone	200	4.9	12.5	6.3	1.92
45	Canada Darlington	Limestone	254	6.4	19.6	11.3	2.42
46	US Appalachian Basin	Sandstone	3 949	103.2	95.8	68.5	0.80
47	US Appalachian Basin	Sandstone	4 061	106.1	113.2	73.7	0.88
48	South Australia	Granite	1 779	46.3	88.5	76.3	1.78
49	South Australia	Granite	1 907	49.6	80.5	79.7	1.62
50	Cheves Hydropower Project PE	Andesite Sandstone	1 000	21.7	20.3	12.8	0.76
51	Cheves Hydropower Project PE	Andesite Sandstone	1 250	22.1	21.3	13.7	0.79